Das Buch

»Solche Einsicht in die Gottgegebenheit unseres Daseins könnte zu Fatalismus und zu Resignation führen. Sie müßte es sogar, wenn jemand dem Leben so illusionslos gegenübersteht wie die Autorin und mit einer so unerbittlich-nüchternen Intelligenz alle jene zeitgenössischen Mythen durchschaut, welche die Einsicht in menschliche Gemeinheit und Dummheit, aber auch Hilflosigkeit und Armseligkeit verbauen sollen. Um so schwerer wiegt in Anbetracht dieser unbestechlichen Weltschau die unerschütterliche, bald verbissene, bald übermütige Lebensgläubigkeit der Autorin – um so stärker kann sich solch aufbauender Optimismus auch auf den Leser übertragen. Freilich, es werden keine Worte des Trostes gespendet in diesem gar nicht damenhaften, auch an Makabrem und Unappetitlichem reichen Buch. Aber dies alles wird mit soviel entwaffnender Unschuld und lausbübischem Schulterzucken, mit soviel unbeirrbarer Sachlichkeit mitgeteilt, daß zwar das »Was« immer wieder betroffen macht, aber das »Wie« – ohne dazu in einen Gegensatz zu geraten – um so unbeschwerter unterhalten kann. Und dazu gehört auch der Stil: spannungsvoll-knapp auf sein Ziel zudrängend, bald das Ungeheuerliche durch kühle Feststellung entlarvend, bald das scheinbar Gewöhnliche durch hinterhältigen Aberwitz in Frage stellend, immer intelligent, immer amüsant – und immer … Teilnahme auffordernd an unser … Zürcher Zeitung)

Die Autorin

Christa Reinig, 1926 in Berlin g… zunächst als Fabrikarbeiterin; später legte sie das Abitur ab und studierte Kunstgeschichte und Archäologie. Ab 1957 wissenschaftliche Mitarbeiterin am Märkischen Museum in Ostberlin. 1964 erhielt sie – deren Arbeiten in der DDR schon seit Jahren nicht mehr gedruckt wurden – für ihren Band ›Gedichte‹ (1963) den Bremer Literaturpreis und siedelte in die Bundesrepublik über. Bekannt wurde Christa Reinig vor allem mit der Gedichtsammlung ›Die Steine von Finisterre‹ (1960). Für den vorliegenden, autobiographischen Roman wurde sie mit dem Kritikerpreis für Literatur ausgezeichnet. Als letztes veröffentlichte sie den Roman ›Entmannung,‹ (1977).

Christa Reinig:
Die himmlische und die irdische Geometrie
Roman

Deutscher
Taschenbuch
Verlag

dtv

Ungekürzte Ausgabe
April 1978
Deutscher Taschenbuch Verlag GmbH & Co. KG,
München

ISBN 3-87365-080-0
Umschlaggestaltung: Celestino Piatti
Gesamtherstellung: C. H. Beck'sche Buchdruckerei,
Nördlingen
Printed in Germany · ISBN 3-423-05451-4

Inhalt

Erwägungen

In einem meiner Vorleben hieß ich Tenakeh. An diesem Namen hängt eine Assoziation von Freitod. Eines Tages stieß ich unvermutet auf eine altehrwürdige Photographie, die um das Jahr 1900 aufgenommen war. Sie zeigte einen Menschen namens Tenokkay. Natürlich war es ein ganz und gar fremder Mensch für mich. Aber vieles, was mir in diesem leibhaftigen Leben, das ich jetzt lebe, widerfuhr, wurde mir bei seinem Anblick deutbar.

Mein erster Eindruck von dieser Welt stand kopf. Allerdings empfand ich diese Umkehr als normal. Es schien mir, als schaute ich von hoch oben herab auf zwei Gestalten, die eine weiß gekleidet, die andere dunkel, schwarzes Haar, bräunliches Gesicht. Meine Mutter. Es herrschte eine erhabene Stille. Die dunkle Gestalt öffnete plötzlich ihren Mund und schloß ihn, öffnete und schloß ihn wiederum wie ein schnappender Goldfisch in einem Aquarium. Meine Mutter beugte sich gemeinsam mit der Kinderschwester über mich und sagte etwas. Aber da ich stocktaub war, vernahm ich kein Geräusch und da ich mein Gesichtsfeld noch nicht mit Hilfe meines Tastorgans korrigiert hatte, sah ich linsengetreu das Oberste zu unterst und das Unterste zu oberst. So erschien es mir, als ob ich hoch oben schwebte und tief herabblickte.

Da meine Mutter mich, sobald sie die Entbindungsanstalt verlassen mußte, in Pflege gegeben hat, und wir uns erst zwei Jahre später wiedersahen, stammt dieses Erinnerungsbild wohl aus der ersten Lebenswoche. Damals konnte ich noch nicht hören.

In den zwei Jahren, die ich bei Pflegeeltern verbrachte, lernte ich weder sprechen noch laufen. Meine Mutter sagte darüber: Du warst schon damals so faul. Meine Tante Greta drückte sich deutlicher aus: Wir dachten schon, du seist doof. Beide berichteten übereinstimmend, von einem zum anderen Tag sei ich aufgestanden und hätte ohne vorherige Übung laufen gekonnt und gleichermaßen ohne Übergang des Sprechenlernens den Mund aufgetan und deutlich geredet. In meine zwei Jahre währende Finsternis ist aber doch ein Licht gefallen. Es leuchtet heute noch auf bei dem Wort »Arkonaplatz«. Es gibt auch eine Emotion dazu. Sie tritt ein, wenn ich an einem Kinderspielplatz mit Sandkasten vorübergehe, oder wenn Arbeiter das Pflaster aufgerissen haben. Ich gehe an dem Erdhaufen vorbei und habe ein

»Gefühl«, nicht gut nicht bös, nicht lieb nicht unlieb, eher ein räumliches – fern-fern, tief-tief –.

Meine Pflegeeltern, liebe Leutchen, die ich später manches Mal besuchte, hatten die Angewohnheit mit ihren Pflegekindern, also auch mit mir, zum Arkonaplatz zu gehen. Dort haben die Kinder gespielt und wohl auch im Buddelkasten Sandkuchen gebacken und ich, stumm und dumm, habe wohl da herumgelegen. Vielleicht ist meine Mutter einmal dorthin gekommen, um mich zu sehen?

Genug der Legenden. Mein eigentliches geistiges Dasein beginnt damit, daß Tante Greta mich in einem Kinderwagen durch die Artilleriestraße kutschiert. Ich hocke zwischen den Rädern, stillvergnügt. Die Sonne scheint. Wir biegen um die Ecke in die Große Hamburger Straße ein. Das Erinnerungsbild ist zu Ende.

Die nächsten fünfundvierzig Jahre kann ich überfliegen, denn sie sind zum gußeisernen Paradepferd der Weltgeschichte geworden. Dort, bei den Sockelfiguren findet man auch meine Gestalt, wenn man sucht. Natürlich war alles ganz anders.

Gestern, am Sonntagnachmittag war das Spiel des Jahres. F. C. Köln gegen Borussia Mönchengladbach. Ich hörte die gelegentlichen Aufschreie der Nachbarschaft, dann den brausenden Jubel der Mattscheiben-Afficionados. Meine Nachbarn waren hörbar auf der richtigen Seite gewesen. Sie konnten sich gar nicht voneinander trennen. Sie feierten bis tief in die Nacht hinein. Ich schlief ein, wachte auf, schlief ein, wachte auf und hatte das aufregendste Traumleben seit Jahren. Als erstes träumte ich, ich wäre nach Königsberg gereist, Königsberg war eigentlich ein richtiges Kuhdorf, aber mir gefiels. In der Nähe von Königsberg wohnten die Polen. Anstandshalber stattete ich auch ihren Gegenden einen Besuch ab. Aber am liebsten war ich in Königsberg. Wir standen, einige Leute, nach Touristenart und warteten auf ein großes Ereignis. Dann kam er. Er sah recht südländisch aus mit seinem breiten dunklen Gesicht. Auch ohne daß er lächelte, schaute er immer offen und freundlich auf uns. Er war sehr jung, aber mit hochgekämmten, schwarzgrauen Haaren. Er hatte einen breiten Nasenrücken. Ich dachte, er sieht ganz anders aus als auf den Bildern. Dann führte er uns selbst durch die Gegend und erklärte uns etwas, natürlich nichts von Philosophie. Als ich dann aufwachte, dachte ich, eigentlich war er gar nicht unähnlich, er hätte doch so aussehen können, der Kant.

Als zweites träumte ich, ich wäre in Weimar, in einem Saal, halb Speisesaal, halb Museum, eigentlich eine rechte Rumpelkammer. Auch war der große Tisch nicht gedeckt. Diesmal standen wir, eine ganze Menge Touristen, auf einem Haufen. Ein Diener erklärte uns, Goethe sei steinalt aber noch recht munter. Trotzdem sollten wir vermeiden, ihm Fragen zu stellen, denn er erkenne niemanden mehr. Wir gingen um den Tisch herum, als wollten wir Platz nehmen, und ich sagte irgend so etwas wie: Ja, das kommt vom Alkohol.

Als drittes träumte ich, daß ich mit einem Freund seine Mutter besuchen ging. Sie wohnte in der Ludwigstraße. Wir gingen durch das Haus hindurch und kamen in einen Garten. Dort saß die Mutter meines Freundes und wir unterhielten uns. Nach einiger Zeit verließ ich das Haus, um irgend etwas zu besorgen. Ich fand das Haus nicht wieder. Ich orientierte mich nach der Straßenbahnhaltestelle. Immer wieder kehrte ich zur Haltestelle zurück und meinte: Da entlang muß ich gehen, dann ging ich in ein Haus, ins zweite Haus, alle Häuser hatten Gärten, aber in keinem fand ich die Mutter vor.

Als viertes träumte ich, ich sei in einer medizinischen Behandlung. Ich sollte auf einem Kissen Platz nehmen, das Kissen war verklebt von angetrocknetem Kot. Ich weigerte mich und redete mit irgendwelchen Pflegern, die ich aber nicht recht ins Gesicht bekam. Dann begann ich selbst das Kissen zu säubern. Ich kämpfte mit der Übelkeit und besiegte sie. Gleichmütig begann ich auch das verkotete Bänkchen abzuschrubben. Unter dem Bänkchen war ein Kanister, er war bis zum Rand vollgeschissen. Ich begann wieder mit den unsichtbaren Pflegern zu verhandeln, wenn ich da auch noch raufscheiße, dann läufts doch über. Das kann man doch nicht so lassen. Dann faßte ich den Kanister an den Rändern an, hob ihn vorsichtig heraus, so daß nichts überschwappte und leerte ihn in eine Senkgrube. Nach diesem Traum war endlich Morgen und ich durfte aus dem Bett aufstehen. Und dann gibt es Leute, die beklagen sich über Schlaflosigkeit.

Ich habe eine Eigenschaft, die viel Platz wegnimmt, vom Geld, das sie mich kostet, zu schweigen. Ich muß alle Dinge, die mir im Augenblick am Herzen liegen, multiplizieren. Als ich einst Schachspielen lernte (in dem Gedanken, daß ich so etwas mal in einer künftigen Wiedergeburt gebrauchen könnte), kaufte ich mir ein Schachbrett nach dem anderen, einen Figurensatz nach dem anderen und kombinierte das schönste Schachbrett mit den elegantesten Figuren. Es war die einzige elegante Kombination meiner Schachlaufbahn. Einige Jahre lang arbeitete ich über das Thema: Buddhismus bei den alten Germanen. Aus dieser Zeit stammen die ›Edda‹-Stapel. Eine echt isländische ›Edda‹ mit Wörterbuch, von jeder möglichen Übersetzung ein Exemplar und von einer Übersetzung mehrere verschiedene Ausgaben. Über dieses vergangene Erdzeitalter schichten sich nun die Kritiken der reinen Vernünfte. Kürzlich habe ich eine neue erworben. Ich habe sie mit einem goldbedruckten irischen Lesezeichen versehen und in eine Plastiktüte getan. Was wird sich meine Neurose als nächstes Thema erwählen?

Kürzlich habe ich mir meine beiden Hände recht genau angeschaut. Ich wartete auf den Beginn eines Vortrags. Die Hände hatte ich zusammengelegt, Daumen an Daumen, die Finger leicht gekrümmt. Da plötzlich erkannte ich, daß ich gar nicht zwei Hände hatte sondern nur eine Hand, die beide Hände zugleich war. Gleichzeitig erkannte ich, daß es außer dieser Hand im Raume überhaupt nichts gab, die Hand füllte den ganzen Raum aus. Gleichzeitig erkannte ich, daß ich alles in einem und zugleich sei, alles, was es gibt. Darüber war ich sehr glücklich. Später las ich die Schrift von Kant ›Von dem ersten Grunde des Unterschieds der Gegenden im Raume‹. Ich bin froh, daß ich diese Schrift vorher nicht gekannt habe, denn dann hätte ich nur die Theorie gehabt, nicht aber das Erlebnis. Wenn ich im Bett auf dem Rücken liege, eine Haltung, in der ich grundsätzlich nicht einschlafen kann, dann versuche ich herauszufinden, wo ich aufhöre und die Außenwelt beginnt. Ich versuche, den Rand meines Körpers zu empfinden. Aber an meinem Körper klebt die Luft oder das Laken, alles Dinge, die zu mir gehören. Dann knipse ich das Licht an und betrachte die Wand. Die Wand ist weiter weg. So versuche ich, mir das Nicht-Ich bewußt zu machen. Manchmal aber glaube ich, daß es mich gar nicht gibt.

Ein anderes Leiden, das mich häufig befällt, ist das gelängte Déjàvu. Ich habe diese Erlebnisse nicht als ein Augenblick sondern als eine Strecke. Wenn es einen Fernsehkrimi gibt, eine echte Uraufführung, nichts also, das ich vielleicht gesehen und wieder vergessen habe, dann weiß ich von Einstellung zu Einstellung: das kenne ich schon. Dann denke ich, na gut, wenn du den Krimi schon kennst, (ich sage Du zu mir, nur manchmal, wenn ich mir Vorwürfe mache, sieze ich mich), also gut, wenn du diesen Krimi schon kennst, dann weißt du ja, wer der Mörder ist. Aber das eben weiß ich nicht. Überhaupt, die Mörder. Einmal wollte ich anfangen, einen neuen Krimi zu lesen. Das Buch klappte zwischen meinen Händen von selbst auseinander und ich schlug versehentlich die vorletzte Seite auf. Da stand: »... und darum also, N. N. sind Sie und kein anderer der Mörder!« Ich schloß das Buch und dachte, wie schade, jetzt hat es ja gar keinen Sinn, daß ich überhaupt anfange. Ich begann doch zu lesen, und siehe! Alsbald hatte ich den Namen des Mörders so gründlich vergessen, daß ich, nun vorschriftsmäßig auf der vorletzten Seite angelangt, mit Erstaunen zur Kenntnis nahm: »... und darum also, N. N. sind Sie und kein anderer der Mörder.« Der also war es. Wer hätte das gedacht!

In meinem Horoskop steht drin, daß ich keines natürlichen Todes sterben werde. Ich werde erdolcht werden. Allerdings machen die Sterne keinen Unterschied zwischen dem Messer eines Mörders und dem Skalpell eines Chirurgen, mag sein, daß alles ganz legitim mit Hilfe eines Krankenscheins enden wird. Bis dahin ist es hoffentlich noch eine Weile.

Ich muß ins Auge fassen, daß ich in diesem Jahr 47 bin. Das zu glauben, fällt mir schwer, aber ich kann es dokumentarisch belegen. Damit habe ich die meiste Zeit meines Lebens hinter mir. Selbst, wenn ich gedächte, uralt zu werden, wie die Leute, die ihre Ernährungsgrundlage noch unter Kaiser Wilhelm gelegt haben und jetzt alle um die achtzig sind (meine Generation wird sowieso nicht 80) selbst dann, stünde mir nur noch die kleinere Hälfte bevor. Das Leben ist ein ansteigender Inflationsvorgang, je älter man wird, um so schneller verfliegt die Zeit. Für ein Kind ist ein Tag so lang wie für einen Erwachsenen ein Jahr und für einen Greis läuft das Jahr so geschwind davon wie ein Tag des Erwachsenen. Allerdings gibt es eine Art Lebensversicherung, die sich mit den Jahren verzinst. Der lebensgefährlichste Augenblick ist die Geburt. Aber wenn man ein gewisses Alter erreicht hat, stirbt man einfach nicht mehr.

Um die Zeit zu verlängern, stehe ich neuerdings um sechs Uhr auf. Als ich noch berufstätig war, mußte ich meinen Arbeitsplatz wechseln, weil ich nicht um diese Zeit aus dem Bett kam. Sonntags wälzte ich mich bis um zehn in den Federn. Nun ist aus einem Morgenmuffel ein Frühaufsteher geworden. Die Nachbarn freuen sich darüber, daß ich »auch schon auf« bin, »obwohl Sie es doch gar nicht nötig haben.« Diese Freude ist so ziemlich mein einziger Sozialbeitrag, den ich der Mitmenschheit stifte. Ich lese auch kaum mehr Zeitungen. Wenn ich einmal kurz reinschaue, packt mich der Zorn, daß alles so falsch geht. Besonders im Liebesleben ist jetzt alles verquer. Nur mit Empörung kann ich zur Kenntnis nehmen, wie sich heutzutage diese jungen Dinger an die alten Kerle wegwerfen. Ich finde das ekelhaft, das gehört sich einfach nicht. Dabei fällt mir ein, daß meine erste Flamme auch genau 47 war. Damals habe ich mit einem mathematischen Aufwand, der für die Relativitätstheorie ausgereicht hätte, mir eingeredet, daß siebenundvierzig Jahre für einen Mann kein Alter sind. Nun also bin ich mit meinem Ersten gleichaltrig, und wenn es nicht auseinandergegangen wäre, hätte ich jetzt, in der Blüte meiner Jahre, einen Dreiundsiebzigjährigen am Hals.

In der Nacht vor Sylvester (Mein Gott, das ist schon wieder ein halbes Jahr her) hätte ich mir um ein Haar das Leben genommen. Gegen Mitternacht bekam ich einen Gallenanfall. Ich versuchte es, einige Zeit auszuhalten. Ich konnte nicht mehr im Bett stilliegen. Ich riß alle Fenster auf, warf das Bett weg und den naßgeschwitzten Schlafanzug. Ich machte mir klar, daß es doch kalter Winter sei und daß ich mir was wegholen könne, wenn ich hier so nackend herumliege. Ich deckte mir das klatschnasse Laken über. Dann trieb es mich in der Wohnung umher. Unaufhörlich dachte ich an das Telefon. Ich verscheuchte diesen Gedanken und ging in die Küche. Ich zog die Schublade auf und sah das Küchenmesser. Es war stumpf. Ich hätte ganz schön säbeln müssen. Ich ging zurück zum Telefon. Der Arzt würde mich ins Krankenhaus abfahren lassen, da würde ich dann liegen wie ein Stück Dreck. Nein nicht, denn wenn ich ein Stück Dreck wäre, würde ich doch die Ärzte interessieren, sie würden mich unter ein Mikroskop legen. Aber so würden sie nichts tun. Sie würden um mein Bett stehen und durch mich hindurchblicken und mechanisch wie eine Spieluhr würde die Stimme des Chefarztes erklingen: Na, wie geht's uns denn heute? Dann würde ich sagen: »Ich habe Schmerzen« und dann würden sie sich alle zugleich wie angewidert von meinem Bett wegwenden und mit ihren leeren Augen das nächstgelegene Krankenmaterial fixieren. Ich ging zurück in die Küche und betrachtete das Messer. Das Tenakeh-Erlebnis hemmte meinen Entschluß. Wenn ich mir im vorigen Leben die Eigenmächtigkeit erlaubt hatte, dann wollte ich mir für dieses Leben etwas anderes einfallen lassen. Ich ging zurück zum Telefon. Was könnte man für mich tun? Eine Gallenoperation ist eine Lebensversicherung für den Mediziner, genau wie eine Nasenoperation. Einmal an der Nase operiert und schon gehts alle halbe Jahre unters Messer zu einer neuen Nase, genauso ist es mit der Galle. Es ist unglaublich, wie oft manche Menschen an der Gallenblase operiert sind. Leute, die etwas gegen Selbstmord haben, sind sich wohl nicht ganz klar darüber, was einem in der Welt alles zustoßen kann. Sonst wären sie ihrer

Sache nicht so sicher. Aber solange es noch einen Arzt anzurufen gilt, darf ich einfach nicht das Messer schleifen. Andererseits, den Arzt anzurufen, das wagte ich nicht. Ich nahm ein paar Rheumazäpfchen, die noch aus meiner vorvegetarischen Zeit stammten, preßte mein Lieblingsbuch gegen die schmerzende Stelle und legte mich wieder ins Bett. Nach einiger Zeit entspannte ich mich und schlummerte endlich gegen Morgen ein.

Alle Menschen sind sterblich, Cajus ist ein Mensch. Ergo! Dieser Schluß ist der fadenscheinigste aller Deduktionsschlüsse. Er ist nämlich ein verkappter Induktionsschluß. Jahrmillionenlang starb Mensch um Mensch hinweg. Und schließlich hatte man es begriffen. Habe ich es begriffen?

Das Grundübel der Ärzte ist, daß sie alle so schrecklich gesund sind. Auch der geduldigste Patient kommt sich vor, als wolle er bei einem Südseeinsulaner Schifahren lernen. Beide Seiten geben sich Mühe, aber irgendwie können sie sich über das Thema nicht einigen. Ich habe Morbus Bechterew, das ist eine Bänder-Verkalkung. Da nun die Bänder endlos dehnbar sind, kann der Bechterewer durch unentwegte Leibesübungen die Bänder wieder zerren und die Wirbelsäule die von den schrumpfenden Bändern gestaucht wird, aus dieser Richtung in jene biegen. Mal ist er nach vorn gekrümmt, mal nach hinten, mal aufrecht wie ein Laternenpfahl, mal geschweift wie eine Peitschenleuchte. Er gleicht den modernen Drahtplastiken, die der Künstler von Zeit zu Zeit umfunktioniert und dann als Neuschöpfung mit neuem Titel (und neuem Preis) ausstellt. Einmal hatte ich mich wie ein normaler Mensch hingekriegt. Alle Freunde waren stolz auf mich. Da baute ich einen Unfall und erstand im rechten Winkel wieder. Ich konnte nur noch mit Hilfe von Prismen und Spiegelbrillen geradeaus sehen. Die Kinder sind außer sich vor Begeisterung, wenn sie mich auf der Straße sehen. Sie versammeln sich um mich, und da sie die einzigen Menschen sind, denen ich ins Auge blicken kann, halte ich ihnen einen optischen Vortrag über Lichtbrechungen und Blickwinkel. Die Erwachsenen mögen mich nicht. Ich bin ihnen unheimlich.

Durch den Unfall kam ich zur Heilpraktikerin Berndt. Sie hatte alle Krankheiten der Welt am eigenen Leibe. Es war, als blieben sie an ihr hängen, während der Patient geheilt von dannen schritt. In kürzester Frist war ich meinen Morbus Bechterew los. Nur der Unfall blieb an mir hängen. Bei der Mutter von Frau Berndt klappte es nicht. Sie behielt ihren Morbus. Wir spazierten gemeinsam durch den Kurpark von Mölln. Wie ich es im Traum gesehen hatte, schlichen wir, zwei uralte Leutchen, tief zur Erde gebeugt dahin. Kein Krüppel war so krüppelhaft, daß er nicht stehen blieb, und sich nach uns umblickte. Mama Berndt sagte: Einmal den Himmel wieder sehen können!

Die Hölle ist ein Abgrund. Es gibt keine Grenze nach unten. Es gibt kein Elend, das das tiefste ist. Ich genieße es, beim Anblick menschlichen Ruins denken zu dürfen: Ich bin einer von Euch, ich bin Euch nichts schuldig. Immer, wenn die Möglichkeit an mich herantritt, meinen Krüppelzustand um auch nur einen Millimeter zu bessern, fällt mich die Frage an: Habe ich denn das Recht dazu? Darf es mir gutgehn in einer mißratenen Welt? Die Heilpraktikerin Else Berndt antwortete mir auf diese Zweifel: Ja, Sie haben das Recht. Sie müssen sogar daran arbeiten, aus Ihrem Elend herauszukommen, und seis auch nur um einen Millimeter. Sie müssen danach streben, gesund zu werden, und zu körperlichem Wohlbefinden und zur Schmerzfreiheit zu gelangen. Denn mit jeder Stufe, die Sie steigen, machen Sie Platz frei für einen Elenderen, der nun auch eine Stufe höher kann, Ihren Platz einzunehmen. Jeder hilft jedem, auch wenn er scheinbar nur sich selber hilft.

Ich gebe dies als Vermächtnis weiter nicht an die Missetäter, die Egoisten, die Zyniker, Heuchler und Sadisten sondern an die Gewissenskranken, die Skrupelbehafteten, die Masochisten, die es nicht wagen, ihr Schicksal zu ändern, weil sie glauben, das Band zwischen sich und den Elenden würde dadurch zerschnitten.

Erstes Kapitel
Tod und Sterben

La vache qui rit

Die Kuh lacht nicht. Aber sie weint auch nicht. Das Verhältnis zwischen Opfer und Mörder ist äußerst delikat. Einmal wurde ich von zwei Tieffliegern zugleich beschossen. Ringsum keine Deckung. Mein tierischer Instinkt trieb mich zur Flucht. Aber mein menschlicher Instinkt hinderte mich daran. Der Held bekommt die Todeswunde in die Brust und nicht in den Rücken, so hatte ich es in hundert Kriegsbüchern gelesen und so machte ich mich auf den Weg ins Angesicht meiner Mörder. Am Anfang eines Aberglaubens steht häufig eine statistische Zahl. In der Angelegenheit, um die es hier ging, beginnt die Statistik in der Altsteinzeit. Das Ergebnis ist offenbar: die meisten Kriegstoten haben ihre tödlichen Verwundungen in den Rücken erhalten. Es ist gar nicht so einfach, einem entschlossenen Feind die Todeswunde in die Brust oder den Bauch zu versetzen. Erst mit der Erfindung der Feuerwaffen kamen die Kopfschüsse in Mode. Aber die Statistik des XX. Jahrhunderts würde uns auch hier darüber aufklären, daß die meisten Kriegstoten nicht durch Kopfschuß sondern durch Genickschuß gefallen sind. Nun, ich begann direkt ins Feuer hineinzulaufen. Der Bordschütze von rechts lag so tief, daß ich durch das Glas der Kanzel seine zähnebleckende Lachfresse erkannte. Dieses teuflische Grinsen erbitterte mich so, daß ich auf der Stelle beschloß, nicht zu sterben, einfach um meinem Feind den Gefallen nicht zu tun.

Vor meinem Bauch erschien ein liegendes Feuerkreuz. Dort überschnitten sich die Geschoßgarben der beiden Tiefflieger. Da ich ein bewegliches Ziel war, sollte ich ins Feuer hineinlaufen. Von mir aus hätte ich das prompt getan und staunte auch, daß es mir nicht gelang und ich immer noch am Leben war. Ich trug nämlich eine Wasserkanne in der Hand, und durch ihr Gewicht beschwert, konnte ich gar nicht so schnell laufen, wie ich wollte. Die Tiefflieger hatten mich nämlich am Brunnen erwischt. Ich hoffte einen Augenblick lang, wenn sie da ein Mädchen sähen, das friedlich Wasser pumpte, dann würden sie mich verschonen. Statt dessen schossen sie sich auf mich ein, und ich begann meinen Weg. Plötzlich blieb der Feuerstrahl, der von links vorn oben nach rechts hinten unten an mir vorbeiflammte, weg. Allein Kamerad Lachfresse werkelte weiter. Aber es half ihm nichts. Ich scherte nach rechts aus und erreichte eine Deckung. Auf dieses Ergebnis eines Dreikampfes zwischen zwei Tieffliegern und einem mit Wasserkanne bewaffneten Fußgänger war ich sehr stolz. Er ist mir stets als der Höhepunkt meiner Heldenlaufbahn erschienen. Den rettenden Trick mit dem Zu-langsam-ins-Feuer-laufen, zeigt kein James-Bond-Film. Freilich, ein James Bond wird nicht von seinen Vorgesetzten zum Wasserpumpen ausgeschickt.

Aber das Grinsen des Todesschützen habe ich nie verwinden können. Es hat mich stets mit Trotz und Ingrimm erfüllt. Den habe ich besiegt! so dachte ich. Später, viel später, als ich schon alt und grau war und die Gewohnheit angenommen hatte, mich zum Nachdenken in einen Schaukelstuhl zurückzuziehen, fiel mir ein: Dieses teuflische Lachen war gar kein teuflisches Lachen, es war eine Maske der nackten, blanken Todesangst. Aber wovor hatte dieser Mensch solch schreckliche Angst gehabt? Angst davor, ein Mädchen in Fetzen zu schießen? Das tat er jeden Tag. Er hatte mich genauso fixiert, wie ich ihn. Wie auf einer Party, wo die Leute sich zwanghaft anfeixen, weil jeder das Gesicht des Partners nachschneidet, so hatte er meine Grimasse nachgeschnitten. Es war mein eigenes schauerliches Grinsen, das mir da entgegenkam.

Das Verhältnis zwischen Opfer und Mörder ist äußerst delikat. Das gilt auch für die Opfer, die von ihren Mördern als Delikatessen angepriesen werden. Wenn ich die Wahl habe, Pflanzen oder Tiere zu essen, dann ziehe ich Pflanzen vor. Wenn ich die Wahl habe, Tiere oder Menschen zu essen, dann ziehe ich Tiere vor. Wenn ich die Wahl habe, Fremde oder Freunde zu essen, dann ziehe ich die Fremden den Freunden vor. So ist es dem Menschen gemäß. Es gibt einen müßigen Journalismus, der sich darin gefällt, unpassende Vergleiche anzustellen. Das bringt dem Zeilenschinder zwar Geld, zerstört aber oft die letzten Maßstäbe, die in unserer versinkenden Welt noch aus der Sintflut herausragen. Die Überlebenden einer Flugzeugkatastrophe finden eine Möglichkeit des Überlebens. Sie essen ihre toten Kameraden auf. Wenn sie den Tod ihrer Leidensgefährten nicht gewaltsam herbeigeführt haben, besteht für sie nicht einmal ein Anlaß zur Reue, und kein Richter wird sie verurteilen. Flugs erscheint eine Menschenfresserserie, in der diese Unglücklichen mit Massenschlächter Haarmann in eine historische Reihe eingegliedert werden.

Wenn ein Mensch zur Erhaltung seines eigenen Lebens ausnahmsweise dazukommt, die Leichen seines Freundes, seiner Mutter oder seines Kindes verzehren zu müssen, trifft ihn die Reue unmittelbar bei der Mahlzeit. Das geschieht auch einer Familie, die sich ein Kaninchen angeschafft hat, es frei in der Behausung herumhoppeln läßt, es streichelt, liebkost und eines Tages schlachtet. Das Weihnachtsmahl wird dieser Familie auf alle Fälle verdorben sein.

Alles ändert sich mit einem Schlage, wenn der Mensch sich freiwillig zum Opfer gibt. Sei es, daß er ein König ist oder ein Priester, dessen geistige Kraft mit seinem Fleisch in die Mägen der Untertanen eingehen soll, sei es, daß es der Vater selbst ist, der zum Zeichen der Resignation seinen Söhnen die Ehre gibt. Da ein Tier niemals dieses freiwillige Opfer vollziehen kann, ist der Kannibalismus ursprünglich die höhere ethische Form der Nahrungsaufnahme im Vergleich zur Tierfresserei.

Eines Tages war ich kurz davor, mit einem Säbel in zwei Teile gehauen zu werden. Wir plünderten ein Lebensmitteldepot. Da die Russen nicht lesen konnten, piekte ihr Offizier mit der Säbelspitze in eine Konservendose. Es spritzte Sauerkrautbrühe heraus. Statt den Säbel nun wieder in seine Scheide zurückzustekken, spielte sich der Offizier als Kosak auf. Er stützte den blanken Säbel auf die Erde und legte seine verschränkten Hände über dem Griff zusammen. Dabei wackelte er mit den Hüften. Alle Russen mußten sich in eine Reihe aufbauen. Der erste nahm die erste Konservendose und gab sie dem zweiten, dann nahm er die zweite Konservendose und so weiter. Die Reihe endete im Nichts. Als letzter stand ein winziger Russe, der nicht wußte, was er tun sollte. Die Dosen waren eimergroß. Er ging langsam in die Knie, während sich die Dosen auf seinen Armen bis über den Kopf stapelten. Da er soviel kleiner war als ich, faßte ich Mut. Ich erlöste ihn von seiner Last. Neben mir stand meine Mutter mit einer Sacktasche, so bekam die Reihe ihren Sinn. Da drehte sich der Offizier um, sah mich, wie ich seine Pläne durchkreuzte. Er stieß einen Schrei aus und schwang den Säbel. Der Säbel benahm sich merkwürdig. Ich hörte ihn zischen. Aber er stand wie eine blitzende Halbscheibe unbeweglich in der Luft. Die Halbscheibe reichte von den Stiefelspitzen des Russen bis hoch über seinen Kopf. Wenn sie dreiviertel war, würde ich bis zum Nabel gespalten sein. Ich merkte nicht, daß ich sprang. Ich landete irgendwo im Dunkeln. Da blieb ich und hielt mich still. Nach einiger Zeit fing ich an, mich zu langweilen, wagte mich aber nicht wieder ans

Licht. Ich befühlte meine Barriere, die mich verbarg. Es waren Säcke. Ich schlitzte sie mit dem Taschenmesser an. Da quollen grüne Erbsen heraus. Die Erbsen zu unserem Sauerkraut.

In jenen Tagen haben wir unmäßig viel gelacht. Es war ein Lachgemisch aus Grauen und Verblüffung. Dreißig Jahre nach der Entchristianisierung der Russen fanden wir sie genau so vor, wie der arabische Reisende Ibn Fadlan sie dreißig Jahre vor ihrer Christianisierung vorgefunden hatte. Nur die Witwenverbrennungen waren noch nicht wieder eingeführt. Aus Gründen, die man einem Mann nicht erklären kann, hatte ich es einfach nicht darauf abgesehen, mich vergewaltigen zu lassen, ja schlimmer als das, ich machte sogar Pläne, mich davor zu schützen. Wenn ich ein Sofa hätte und einen Psychiater zum Zudecken, würden wir wahrscheinlich herausbekommen, daß dies der Anfang meiner mannigfachen Geisteskrankheiten gewesen ist. Jedenfalls schnitt ich mir die Haare ab und verwandelte mich in einen Jungen, wie man damals sagte. Heute heißt es ja wohl Bub oder Boy. Wie auch immer. Meine Mimikry war vorzüglich. Ich stand alsbald an einer roten Mauer. Warum sind Mauern, an denen man erschossen wird, eigentlich immer rot? Da man mir die Brille von der Nase geschlagen hatte, bekommt mein Leben erst dann wieder Konturen, als ich zur Tür meines Hauses eintrat und mit einem Griff die Brille aus dem Waschbecken fischte, die ich dort hatte landen hören. Sie war ganz geblieben. Ich setzte sie auf und besah die Trauergesellschaft, die sich dort zu meinem Gedenken zusammengefunden hatte. Das ganze Haus war versammelt. Meine Mutter war nicht darunter. Sobald man sich an meinen Anblick gewöhnt hatte, und durch Berührung vergewissert, daß ich keine Geistererscheinung war, nahm man mich bei der Hand und führte mich in ein abgelegenes Zimmer. Einige waren mit der frohen Botschaft vorausgeeilt. Dann kam ich selbst. Da saß meine Mutter, unbeweglich, ungerührt, die Ellenbogen auf den Knien, den Kopf in die Hand gestützt, genau in der Trauerhaltung, die seit altrömischen Zeiten den Müttern vorgeschrieben ist. Man ließ uns allein. Vergeblich versuchte ich, die Leidensmauer zu durchbrechen und mich verständlich zu machen: Liebe Mutti, ich bin da! Ich bin gerettet! Ich lebe! Es war mir nicht möglich, bis in ihr Bewußtsein vorzudringen. Ich kniete vor ihr und weinte. Da stieß sie mich von sich weg. Sie hatte sich von mir trennen müssen. Meine Wiederkehr konnte sie nicht verkraften.

Viele Indianer halten fest an ihren alten Bräuchen. Wir sind Kannibalen, sagen sie. Wir leben davon, daß wir unsere kleinen

Brüder verzehren. Aber wenn wir tot sind, geben wir uns den kleinen Brüdern zurück. Darum begraben sie ihre Toten nicht, sondern hängen sie in die Bäume, daß die Vögel nach Belieben sich an ihnen atzen können. Die abgerissenen Teile fallen zur Erde und dienen den Wölfen. Der Rest geht an Käfer und Würmer.

Dieses in die Bäume hängen (als Vogelfutter) oder auf den Müll werfen (als Hundekuchen) war auch die altgeheiligte Bestattungsart meiner deutschen Vorfahren. Es ist ein Zeichen ihrer Spiritualität. Der Leib war ihnen ein Kleid. Sie waren das absolute Gegenteil von Mumienverehrern. Darum sind sie heute aus der Mode gekommen. Den Archäovandalen gelten sie als kulturlos, manchmal sogar als gar nicht vorhanden, weil sie keine Begräbnisklamotten hinterlassen haben. So standen die alten Deutschen vor zehntausend Jahren vor demselben Problem wie ihre degenerierten Nachkommen heute: Der Mensch muß sich entscheiden können, entweder richtig handeln oder den Menschen gefallen.

Planet der Affen

Bekanntlich wiederholt der Mensch, ehe er geboren wird, den Entwicklungsgang des Lebens in allen seinen Stadien. Nur das Affenstadium passiert er nicht. Ganz anders benimmt sich ein Affenembryo, das nicht eher geboren werden kann, ehe es nicht ein kleines Menschlein gewesen ist. Erst zum Schluß verwandelt es sich in ein Äffchen und tritt hinaus in die Welt als Primat, Letztgeborener auf diesem Planeten. In Sachen Altsteinzeit befinden sich unsere Urgeschichtsforscher in der Lage eines Suppenhuhns, das auf dem Misthaufen die Reste eines Dudens aufpickt und sagt: Gleich werde ich hinter das Phänomen Goethe kommen und sehen, ob er sich geirrt hat. Denn sowohl der Neandertaler als auch der Cromagnon-Mensch hatte je ein halbes Pfund Gehirn mehr unter der Kalotte als der moderne Mensch, und ihre Hinterlassenschaften zeigen, daß sie von diesem ihrem halben Pfund einen ehrfurchtsgebietenden Gebrauch gemacht haben. Der einzige zeitgenössische homo sapiens, der einen Steinzeitschädel trug, war Immanuel Kant und gerade der hat sich nicht mit Archäologie abgegeben. So werden wir nie erfahren, was damals eigentlich geschah. Ich stelle mir das so vor: Die eingeborenen Irdischen waren die Intelligenzschicht und die zugereisten Götter aus dem Weltall schwachsinnige Schrumpfköpfe. Die Vermischung der hochgeistigen Irdischen mit den debilen Weltraumgöttern erzeugte dann den Blödian, der nun diese Erde bevölkert, mich, dich, uns alle.

Eines Feierabends las ich in der Ostberliner U-Bahn die Ostberliner ›Abendzeitung‹. Das übliche Foto, ein schwarzgrauer Fleck, darunter stand: Dies ist die große Terrasse von Baalbeck, auf der vor 5000 Jahren die Weltraumfahrer gelandet sind.

Ich las diese Zeilen mehrmals. Am liebsten hätte ich geweint. Da dachte ich den ganzen Tag, es sei der 30. September und dabei haben wir den 1. April. So weit ist es mit mir gekommen! Als die U-Bahn ins Tageslicht auftauchte und die trüben Lämpchen erloschen, wagte ich es, auf das Datum zu schauen. Die Zeitung war vom 30. September. Ich hatte also gar nicht den Verstand verloren. Mit der großen Terrasse von Baalbeck begann mein Einstieg in die Politik. In der Politik gibt es eine Faustregel und sonst keine: Man muß immer so angeben, als seien seine schlimmsten Feinde die besten Freunde. Wenn dann die wirklichen Freunde kommen (die man immer etwas kurz hält) und einen vor den finstersten Intrigen warnen, dann muß man die Augen zur Decke hochdrehen (zum Himmel), und muß sagen: Freunde! Was redet ihr! N. N. ist mein bester Freund! Ich will nichts Böses über ihn hören. Anschließend halten einen dann die wirklichen Freunde für geistesgestört, was nicht schaden kann. Das ist alles. Dazu das Phänomen, daß man, wenn man bis über die Ohren in der Politik drinsteckt, blind wie man ist, alles hört, alles spürt, alles weiß, und der auf seinem hohen Berge, der die Situation überschaut, hört nichts, spürt nichts, weiß nichts. In meinem Fall kam noch ein drittes hinzu: Ich konnte den Verdacht nicht los werden, daß die andere Seite eigentlich recht abergläubisch war. Sie wars! So bekam ich mein Lebensschiffchen wieder flott und segelte nach München. Hier nützte es mir nichts, daß ich ein großer Politiker gewesen war. Man lachte mich einfach aus. Da ging ich zu Woolworth, kaufte mir eine große lederne Geldtasche und wurde Geschäftsfrau.

Aus irgend einem Grunde, den ich nie ganz einsehen konnte, wurde das alte München, das ich nur kurz genießen durfte, plötzlich abgerissen und neu aufgestellt. Es war wie Hiroshima und dann wie Las Vegas. Die ganze Stadt aber über mehrere Jahre lang ein einziger Bauplatz. Nun muß man wieder die Statistiken kennen: der Beruf mit den meisten Todesopfern ist nicht der Beruf des Kriminalisten, des Tiefseetauchers oder des

Tupamaros sondern der des Bauarbeiters. Auch kann man nirgendwo so gut die Wahrscheinlichkeitsrechnung als empirische Realität studieren wie auf dem Bau. Monatelang geht alles so gleichmäßig gut wie an irgend einer Heimatfront und dann plötzlich hagelt der böse Feind alles über den Haufen und die Toten werden stückweise aus den Löchern geborgen. Dann ist wieder ein halbes Jahr Ruhe. Infolgedessen glichen die Zeitungsnachrichten dieser Ära einem an- und abschwellenden Geheule. Man hat nie ganz begriffen, daß man die gesamte Münchner Einwohnerschaft zu Bauarbeitern gemacht hat und was das für die Lebensversicherungen und die Sterbestatistik bedeutete. Einmal schickte mich der Polier auf den Trümmerberg, ich sollte unversehrte Ziegel herabwerfen, die wollte er mit den anderen Spitzbuben aus der Bauleitung in die eigene Tasche verkaufen. Ich ließ mich auf dem Gipfel des Berges nieder und genoß das Leben. Es war der Job des Tages. Ab und zu zog ich einen Stein aus dem Schutt und feuerte ihn in hohem Bogen in eine Lore. Tief unter mir, eingeklemmt zwischen Berg, Hausmauer und einer Zwei-Kubikmeter-Lore, war eine Kollegin damit beschäftigt, die Lore vollzuschippen. Ich kannte sie als eine stille, fleißige Frau, die man, wenn es zur Pause oder zum Feierabend ging, aus einer Art Trance erwecken mußte. Wir nannten diese Arbeitstypen Rachuldas und haßten sie. Mir aber tat sie leid, und ich dachte daran, unser beider Schicksal auszutauschen. Sollte sie auch mal das Leben genießen. Ich hatte geradezu Sehnsucht danach, sie abzulösen. Aber gegen diese Sehnsucht mußte ich ankämpfen. Denn es ist gefährlich, Gutes zu tun. Irgendwie gehen gute Taten immer ins Auge, in zwei Augen sogar, ins eigene und in das des Beglückten. Außerdem würde sie mein Angebot empört zurückweisen wie ein Almosen. Die Frau lehnte die Schippe an die Wand und ging aufs Klo. Jetzt konnte ich es tun, dachte ich, wenn sie dann wiederkam, würde sie zwar protestieren aber sich freuen. Während ich noch gegen das anhaltende Ziehen in meiner Brust ankämpfte, und mich mühsam davon zurückhielt, einfach den Berg herunterzurutschen und an die Arbeit zu gehen, begann sich die Lore zu bewegen. Ganz langsam erst, dann kippte sie um. Sie war schief geladen, weil die Frau in der verklemmten Lage ihre Schaufelwürfe nicht kontrollieren konnte. Fast zwei Kubikmeter Schutt. Als die Frau zurückkam, schrie sie vor Freude: Ich bin gerettet, darunter hätte ich gelegen. Ich dachte: Oder ich. Wir räumten den Schutt beiseite, richteten das Gleis und stellten die Lore wieder auf. Unter dem Schutt fanden wir die Reste der Schippe. Das eiserne Blatt zerknüllt wie ein Papier, der Stiel in kleinen Splittern. Ein Teil war zusammengeblieben aber kreuz und quer gebrochen. Es sah aus wie eine hölzerne Säge. Die Frau hielt das Stück hoch und sagte: So würden jetzt meine Knochen aussehen! Ich dachte: Oder meine!

Im Depot unseres Museums gab es viele Folterwerkzeuge, eine aufgereihte Kompanie Richtschwerter, einige winzige eiserne Jungfrauen. Der Depotverwalter erzählte: Eine richtige große eiserne Jungfrau habe es nie gegeben. Die Nürnberger hängten ihre Diebe ganz gewöhnlich auf, sobald sie sie hatten. Aber in jede ihrer Warensendungen in alle Welt legten sie eine kleine »Eiserne Jungfrau« je nach dem Wert der Sendung eine bleierne oder silberne, als Drohung, traut euch nur her ihr Diebe: So strafen wir euch. Es gab auch ein Rad zum Rädern an einem langen hölzernen Stiel. Aber der Depotverwalter wußte nicht, wie es eigentlich funktionierte. Wir holten den Direktor zu Hilfe. Er faßte den Stiel am äußersten Ende an, schwang das Rad um seinen Kopf und schlug es mit Behagen gegen die Erde. Dann erklärte er: Man legt eine Reihe dreieckiger Klötzer und darauf den Delinquenten. Als erstes schlägt man das Rad auf die Fußknöchel, sodann auf die Schienbeine, auf die Schenkel und so weiter, die Klötze wirken als Hebel. Der Verurteilte kann von oben herab zusehen, wie ihm jeder Knochen einzeln gebrochen wird, das nennt man »von unten auf rädern«. Der letzte Schlag geht auf den Hals. Dann wird der Leichnam, der jetzt kreuz und quer beweglich ist, »aufs Rad geflochten«. Was in mir vorging, weiß ich nicht. Der Direktor sah mich groß an und tröstete mich: Frauen werden von oben nach unten gerädert. Da geht der erste Schlag auf den Hals.

Eines Tages kam auf unserer Baustelle das Gerücht auf, Unter den Linden sei die Decke eines Kellergewölbes eingestürzt. Mehrere Bauarbeiter seien tot. Ein paar Tage später wurden einer Frau auf der Nachbarbaustelle alle zehn Finger abgefahren. Sie hatte beim Weichenstellen die Hände nicht rechtzeitig vor der anrollenden Lore weggekriegt. Ich ging zur Baubude und holte mir einen Krankenschein. Nahe dem Platz, wo ich schippte, lag ein Eisenrohr im Sand. Es lag in Wurfweite neben dem großen Eisenabfallberg. Jeden Mittag stieg ich mehrmals über das Rohr hinweg, wenn ich zum Klo oder zum Frühstückskeller ging, jedesmal machte ich in Gedanken die Gebärde des Bückens, Aufhebens und Werfens. Jedesmal aufs neue, unterdrückte ich das Gefühl und ließ das Rohr, wo es war. Als ich nach einer

Woche bei der Baubude erschien, meine Krankschreibung abstempeln zu lassen, empfingen mich die Kollegen mit einer blutigen Neuigkeit: Erinnerst du dich an das Rohr, das da lag? Ich erinnerte mich, jede der Frauen erinnerte sich. Dem Polier war es plötzlich aufgefallen. Er brüllte was von Schlamperei. Dann wollte er das Rohr aufheben und zu den anderen Metallteilen werfen. Es war das Rohr einer Panzerfaust und randvoll mit Schwarzpulver. Nun lag er mit aufgerissenem Bauch im Krankenhaus.

An einem Morgen streikten wir. Es war ein Wirbelwind aufgekommen. Die alten, erfahrenen Arbeiterinnen behaupteten, bei solch einem Wind ist es lebensgefährlich. Zum Beweis warfen sie trockene Blätter auf die Erde, die vom Wind kreisförmig emporgestrudelt wurden. Gut, sagte der Polier, geht nach Hause. Aber Geld gibt es nicht für die Zeit. Die Gewerkschaft war, wo sie hingehörte, bei einer Gewerkschaftsfunktionärsversammlung. Jeder einzelne überlegte sich die Sache und alle kamen zum selben Schluß. Wir gingen an die Arbeit. Mein Platz war damals »beim Deibel uff de Rinne«, eine abschüssige Straße, die ein 30 Grad Gefälle hatte. Jede Lore wurde von zwei Arbeiterinnen begleitet wie ein Sarg, vier Frauen faßten die Ecken, zwei Frauen gingen voraus, zwei hinterher, eine Frau bediente den Bremsbaum, der Rest ging, wo er Platz fand, zuzugreifen. Einmal brach der Bremsbaum mitten durch wie ein Streichholz. Die Lore haute ab. Die Frauen rannten mit, solange sie konnten und warfen Eisenstücke auf die Schienen, die Lore überrollte sie alle. Dann blieben wir zurück. Eine blieb nicht zurück, ihre Schürze hatte sich in der Lore verfangen. Die Holzpantoffeln flogen ihr von den Füßen. Dann stürzte sie, die Schürze riß. Die Lore verließ das Gleis und spazierte querfeldein bis ans Ufer. Dann plumpste sie in die Spree. Wir standen und sahen uns das Gluckgluck der Blasen an.

Zuvor hatte ich im »kleinen Glück« gearbeitet. Es war das Parterre eines Hauses, ohne Dach, aber von drei Wänden umgeben. Durch die offene Vorderfront ließen wir ein Gleis legen, so daß die Lore einfahren konnte. Wir waren dann nicht mehr vom Lorenzug abhängig, mochte er fahren, wann er wollte. Von oben schien die Sonne, wir gammelten. Jeden Tag wollte ich den Polier bitten, er möge mich zurückschicken ins kleine Glück, zu »meiner Kolonne«. Jeden Tag ließ ich es bleiben und plagte mich mit korkenzieherförmig aufgerollten T-Trägern. An dem Morgen, als der Wirbelwind aufkam, war ich dabei, einen Träger freizukratzen. Ich schaute auf den herrlichen blauen Himmel, vom obersten Zacken der Ruine stieg ein kleines Wölkchen auf. Hatte die Spitze nicht eben noch anders ausgesehen oder täuschte ich mich. Dann hörte ich das Geschrei. Zwei Tote im »kleinen Glück«, Frau Wedel und Frau Bohn, Lieschen Müller (die damals noch nicht sprichwörtlich war) hatte einen mehrfach gebrochenen Arm. Als sie wieder zu uns zurückkam, war der Arm nicht richtig zusammengewachsen und merkwürdig verbogen.

Kurz vor dem Unglück war der Polier erschienen und hatte gemeint, Frau Wedel solle zur Post gehen. Frau Wedel verwahrte sich dagegen, sie sei Bauarbeiterin und kein Botenjunge. Der Polier tobte: Ich denke, ich mach Ihnen ne Freude und Sie kommen mir dämlich. Frau Wedel zog sich weiterhin auf ihren hohen Rang zurück. Der Polier: Nun gut, und ich bin Ihr Vorgesetzter und erteile Ihnen hiermit den dienstlichen Auftrag. Frau Wedel lehnte es strikt ab, eine vertragsfremde Tätigkeit auszuüben. Die anderen Frauen rissen sich um das Paket. Die Erwählte trabte glückstrahlend ab. Ein paar Minuten später war Frau Wedel tot.

Das schrecklichste Sterben, das ich mitangesehen habe, war nicht das Sterben eines Menschen sondern einer Katze. Meine Mutter hatte mir, bevor sie starb, ihre Katze vermacht. An einem schönen Sonnabend war ich zu Freunden nach Westberlin gefahren und hatte bei ihnen übernachtet. Am anderen Morgen erfuhren wir, daß Ostberlin von der Außenwelt hermetisch abgeschlossen war. Niemand durfte mehr heraus. Ich schlug alle Bitten, Mahnungen, Warnungen, alle Einladungen und Hilfeangebote in den Wind und sagte: »Ich muß Kolumbus füttern«, ging in den Osten zurück und ließ mich einmauern. Ein halbes Jahr später lag Kolumbus im Sterben. Es war am späten Abend. Das Haus war verschlossen und vermutlich auch das Haus des Tierarztes. Telefon gab es nicht. Man konnte das Tier auch nicht transportieren. Kolumbus war bei Freunden und Nachbarn berühmt als die größte Katze der Welt. Die Leute erschraken, wenn er auf der Straße erschien oder ich ihn irgendwohin trug. Ich hielt ihn an den Hinterpfoten gepackt, die Hand nahe der Hüfte. Er hing über meine Schulter, seinen Kopf auf meinem Rücken, schrie und zerkratzte mir mit den Vorderpfoten den Hintern. Die Leute, die das sahen, türmten. Nun war er vierzehn Jahre alt. Die Hungerkur hinter der Mauer gab ihm den Rest. Er schickte sich an, mich, die ich seinetwegen zurück in den Osten gekommen war, zu verlassen.

Einen Augenblick dachte ich daran, wegzurennen, und einen Arzt zu holen, so wie ich seinerzeit daran dachte, vom Sterbebett meiner Mutter wegzurennen. Aber meine Mutter hatte mich gehindert. Auf meine Frage, ob ich nicht versuchen solle, einen Arzt zu bekommen, stieß sie ein verächtliches »Ach!« aus. Dann sagte sie: Ich sterbe. Ich sagte: So leicht stirbt sichs nicht. Doch! sagte sie und starb. In dem Buch ›Unsere kleinen Lieblinge‹ stand geschrieben: Wenn eure kleinen Lieblinge, deren Lebensdauer doch soviel begrenzter ist, als die des Menschen, sterben müssen, verlaßt sie nicht in ihrem Todesaugenblick. Ihr habt sie in die Schicksale der Menschenwelt hineingezogen, nun erfüllt an ihnen eure Menschenpflicht. Nun, hier meine Menschenpflicht erfüllt zu haben, das hat mich fast das Leben gekostet. Man kann zu einem Tier nicht sagen, jetzt stirb mal schön. Man kann es nicht einmal denken. Das Sterben eines Menschen ist eine Aufgabe. Er hat hoffentlich gewußt, daß er sterben muß und er hat sich darauf vorbereitet, hoffentlich. Ich kann mich nicht, wie vielleicht Martin Luther, damit trösten, daß ich meinen kleinen Liebling im Jenseits wiedersehe. Denn das, was für den Menschen der Trost seines Lebens und Sterbens ist, daß er mit allen seinen Lieben über den Tod hinaus vereint bleiben wird, das kann ich mit dem Tier nicht teilen. Ich kann mir einbilden, daß ich mit Kolumbussens Seele auch nach seinem Tode innig vereint bleibe. Aber er kann sich das nicht einbilden. Ich dachte daran, diesen grauenhaften Todeskampf abzukürzen, der mir sinnlos erschien, weil ich mir nicht einreden konnte, daß Kolumbus durch diesen Todeskampf geläutert zu höherem, edlerem Dasein emporsteigen würde. Ich plante, eine Kiste abzudichten und den Gasschlauch hineinzuführen. Dann blieben meine Gedanken stehen und ich wußte, wenn ich nur den kleinsten Finger rührte, dann würde ich mich wie ein Automat bewegen, Fenster und Türen mit eingerollten Papieren verstopfen und uns beide, die Katze und mich in der Küche auf die Erde betten. Nun wußte ich, wie der Tod aussieht. Manchmal hatte ich gedacht: Jetzt gehts ans Sterben? Komisch, mir ist nicht zum Sterben zumute. Und so war es dann auch. Aber hier gings ans Sterben. In diesem Haus, in diesem Zimmer strudelte der Trichter einer riesigen Windhose. Ich saß mitten drin. Nur die kleinste Bewegung, es hätte mich davongewirbelt. Ich hielt mich still mit aller Kraft und widerstand der Versuchung, mich zu rühren. Da spürte ich, wie der Strudel langsam nachließ. Das Sterben ging weiter. Ich erinnerte mich daran, wie meine Mutter in der Nacht ihres Todes zurückgekehrt war, obwohl sie doch ausgestreckt auf ihrem Bett lag. Sie kam zur Tür herein und legte mir Kolumbus in den Arm. Ich spürte ihn, wie er sich gegen mein Festhalten sträubte, obwohl ich doch hörte, wie er in der Küche auf dem Kästchen kratzte. So, wie es mir meine Mutter vorgemacht hatte, wollte ich jetzt handeln. Ich legte mich wie zum Schlafen und nahm Kolumbus in meinen Arm. Sogleich hörte der Todeskampf auf. Kolumbus schien eingeschlafen zu sein. Nach einiger Zeit kam der Strudel wieder. Unvermittelt war er da, sehr viel schwächer als das erste Mal. Ich war gewiß, er könne mir nichts anhaben. Es ging vorüber. Dann sprang Kolumbus mit einem gräßlichen Schrei auf die Füße. Ich knipste das Licht an. Kolumbus sprang vom Bett und rannte durch die Stube. Noch einmal schrie er: den Todesschrei. Ich nahm ihn auf. Seine Glieder knickten nach allen Seiten ab. Sein Fell war klatschnaß. Er war ganz klein geworden. Wenn es nicht aufhört, – dachte ich, und schloß die Hände um seine Kehle. Ich wollte zudrücken. Da wurde er ganz leicht in meiner Hand wie eine Feder. Das Leben hatte ihn verlassen. In kürzester Frist würde er schwer wie ein Stein sein. Schwerer als je im Leben und steinhart. Ich rollte ihn zusammen, so daß er in einen Koffer passen konnte. Am andern Morgen wollte ich ihn beisetzen. Ich ging in einen Park, grub einen Tunnel unter die Monumentalplastik, die »Herakles und der Löwe« heißt, und setzte ihn bei. So bekam er das größte Katzendenkmal der Welt.

Erste Pause
Satan disputiert mit Johann Sebastian Bach über den Tohuwabohu in der Musik

SATAN: Du bist der größte Theologe der Christenheit. Niemand hat die Grenzen des christlichen Denkens umfassender gezogen. In deiner h-moll-Messe gibst du Katholiken und Protestanten jedem sein Credo, gewährst Unitariern und Trinitariern die gleichen Rechte, ja selbst die Doketen im fernen Afrika bekommen ihr »cruzifixus« und ohne daß dem Papst sein Triumphkreuz eingerissen wird. Ich möchte ausdrücklich betonen, daß nicht ich dieses Gespräch gesucht habe.

BACH: Du bist der älteste der Elohim. Dein Name ist El Schaddai. Dieses Wort ist so alt, daß es allen Völkern aus der Zeit vor der babylonischen Sprachverwirrung verblieben ist. Die Araber nennen es Scheitan, die Ägypter Seth, die Inder Schada, die Deutschen Schaden und Schatten, die Engländer shadow.

SATAN: Ich begrüßte es, daß du das Wort Elohim in seinem ursprünglichen Sinn gebrauchst. Ja, ich bin der älteste der Götter, mehr zu sein habe ich nie beansprucht. Du wirst zugeben müssen, daß der Monotheismus, der mich zum Allmächtigen erhoben hat, ein unheilvolles Ereignis war.

BACH: Heil und Unheil sind keine Ereignisse. Aus diesem Ereignis des Monotheismus erwuchs beides.

SATAN: Du sagst es: *Beides!* Damit sind wir beim Thema. Du weißt, auf was du dich eingelassen hast.

BACH: Wir begegneten uns über dem Wohltemperierten Klavier.

SATAN: Was weißt du über den Tohuwabohu?

BACH: Luther übersetzt »wüst und leer«. Und die Erde war Tohuwabohu.

SATAN: Wir wissen beide, was wir von Luther zu halten haben. Seine Übersetzung ist hübsch. Sie bläst dem Leser ein, Gott habe eine Erde erschaffen, die »wüst und leer« ist, während doch der Tohuwabohu das Gegenteil des Schöpfungsaktes ist.

BACH: Ich darf das Wort bringen, das dir versagt ist: bereschit. »Am Anfang« schuf Gott Himmel und Erde. Bereschit ist eigentlich »köpflings«. Gott setzte nicht einen Punkt, er schafft eine Richtung.

SATAN: Diese Richtung ist also der Schöpfungsakt. Jedes entsteht, indem es vom anderen getrennt wird. Einverstanden?

BACH: Einverstanden.

SATAN: Es gibt Leute, die vermeiden es, Fleisch- und Milchgerichte von einem Teller zu essen. Denn das ist Tohuwabohu.

BACH: Ich esse alles von allen Tellern, wie es kommt.

SATAN: ... und Leute, die kaufen nicht Hemden aus Polyester mit 10% Baumwollgemisch. Denn das ist Tohuwabohu.

BACH: Da haben Sie recht. Reine Baumwolle ist viel gesünder. Diese Kunststoffe taugen alle nichts.

SATAN: Du aber hast gemengt. Das Wohltemperierte Klavier ist Tohuwabohu.

BACH: Ich bin nicht nur Theologe, ich bin auch Musiker. Meine Aufgabe in dieser Welt ist es: Mit aller Kraft Johann Sebastian Bach zu sein. Es ist nicht meine Aufgabe Gott zu sein.

SATAN: Trotzdem, du hast gemengt. Du hast die Töne verunreinigt. Es gibt Leute, die ...

BACH: Ich weiß, daß es Leute gibt. Hör zu. Ich habe religio. Das heißt, ich bin gebunden und ich bin als Christ gebunden. Und darum, weil ich Religion habe, habe ich den Quintenzirkel durchmessen. Ich habe den göttlichen Bereich der Musik bis an die äußerste Grenze erweitert.

SATAN: Damit hast du nun leider an meine Tür geklopft.

BACH: Du sagst: leider. Ich sage nicht: leider.

SATAN: Ehrt mich. Aber mit deinem Anliegen, die Musik in die Kreisbahn des Quintenzirkels einschwingen zu lassen, hast du den Beweis erbracht, daß der Tohuwabohu mit der Kreisbahn identisch ist. Du hast die Töne entstimmt, den Menschen das Gehör verdorben, damit sie mich besser hören können. Ich bin der Kreis. Ich bin der Dämon der in sich selbst zurücklaufenden Zeit. Ich bin Kalatschakra. In girum imus nocte et consumimur igni.

BACH: Ein artiges Wortspiel, vorwärts und rückwärts zu lesen und es ergibt sogar einen Sinn: Im Kreis gehen wir nachts und verzehren uns durch das Feuer. Was mich betrifft, ich geh nicht nachts im Kreis herum und verzehre mich nicht durch das Feuer.

SATAN: Aber eine Vorliebe für solche Spielchen hast du doch.

BACH: Wenn ich alt genug sein werde und spüre, daß es zu Ende geht, wenn ich mich auch vor dem Letzten nicht mehr zu fürchten habe, dann werde ich das Spiel wagen. Im Kreis werde ich gehen, vorwärts und rückwärts und mich verzehren.

SATAN: Ich werde dabei sein.

BACH: Ich weiß, aber du wolltest mich auf den Quintenzirkel festnageln.

SATAN: Die Naturwissenschaftler haben die Hypothese aufgestellt, daß die Welt einst den Entropietod sterben wird. Kalt und warm und alle Gegensätze werden sich so miteinander ausgleichen, daß jede Bewegung aufhören wird. Das ist das Ende des göttlichen Wirkens. Angenommen, ein neues – ein neues –

BACH: Bereschit.

SATAN: ... ein neues – hm! hebt an. Dann entsteht ein neuer Zeitkreis und ich habe gewonnen. In der Musik nun bist du es, der den Entropietod eingeleitet hat. Mit deinem Werk beginnt die Verunreinigung.

BACH: Als du meine Verdienste aufzähltest, hast du mein negatives Verdienst übersehen: Die Katharer und ihre Lehre habe ich nicht in die h-moll-Messe eingebracht.

SATAN: Damit hast du dich den Schlächtern der Katharer beigesellt. Die Katharer waren deine allernächsten Nächsten. Sie ernährten sich mit dir aus einer Speise, aus dem Johannesevangelium. Ihre Leichenhaufen liegen nun zu deinen Füßen.

BACH: Ich bin kein Materialist und Mumienverehrer. Ein Bündel abgelegter Kleider wirfst du mir vor die Füße. Einst werde ich den Rock, den Gott mir angezogen hat, dazu legen. Warum wohl habe ich die Katharer nicht in die h-moll-Messe aufgenommen?

SATAN: Das weißt nur du allein.

BACH: Gott weiß es. Vor ihm bin ich nur der zweitgrößte Theologe. Ich gestehe, daß ich das Problem gar nicht gesehen habe.

SATAN: Ja, du siehst nur das Licht. Aber es gibt sie, die Finsternis. Es gibt den Abgrund der Hölle und es gibt mich.

BACH: Ich zweifle nicht an dir und deinen Worten. Aber im Avatamsaka-Sutra steht das Wort: Schattenlosigkeit.

SATAN: Übernimm dich nicht. Vom Buddhismus kannst du noch gar nichts wissen.

BACH: Denk an Kant. Er wollte nichts weiter als das Christentum aus seinem Märchenkleid befreien. Was ich als eine unnötige Pingelei empfinde. Aber die Kritik der reinen Vernunft ist ein rein buddhistisches Werk geworden.

Denk an Goethe: »Alles Vergängliche ist nur ein Gleichnis« und »Wer immer strebend sich bemüht, den können wir erlösen«. Beide Verse zusammen ergeben Buddhas letzte Worte: Vayadhamma sankhara, appamadena sampadetha. Oder:

»Denn alles, was entsteht, ist wert, daß es zugrunde geht.« Wörtlich: Yam kinci samudayadhammam sabbamtam nirodhadhammam.

SATAN: Das ist der Text des Mephistopheles.

BACH: Gleichviel. Der Buddha sagt: Wovon alle Weisen sagen: Das ist, davon sage ich auch: Das ist.

SATAN: Jetzt hast du dich zu einem Widerspruch hinreißen lassen. Wenn du der Partei des Mephisto Weisheit zubilligst, dann kämpfen am Ende aller Tage nicht nur Finsternis und Licht, sondern auch Weisheit gegen Weisheit miteinander.

BACH: Das Licht kämpft nicht gegen die Finsternis. Es verwandelt sie.

SATAN: Du bist kein Lampenputzer, du bist ein Musiker. Du hast nicht das Licht in die Finsternis geschickt, sondern die Form in den Quintenzirkel. Du hast im Übereifer des Missionierens den reinen göttlichen Ton abgeschafft und ihn durch ein Geräusch ersetzt. Eines Tages werden deine Kollegen rülpsen und furzen und werden das Musik heißen.

BACH: Mögen sie! In meinem gottergebenen Haus geschieht es jeden Tag, daß einer rülpst und furzt. Das ist nicht Widerspruch sondern das Gegenteil von Widerspruch, nämlich Freiheit.

SATAN: Du sprichst von Freiheit!

BACH: Es steht dir frei eine Maultrommel zu nehmen und die Fugen des Wohltemperierten Klaviers damit zu begleiten.

SATAN: Nein danke!

BACH: In jeder meiner Fugen ist soviel Freiheit, daß die Magd mit einem Kochlöffel am Topfdeckel klingend, den Einsatz für ihre Stimme findet.

SATAN: Das ist mehr Tohuwabohu als selbst ich ertragen kann.

BACH: Übrigens stimmt es nicht, daß die christliche Theologie Lücken haben soll. Das Thema der Reinheit, der Manichäismus, das Katharertum, der Chiliasmus erscheint im Bilde des Erzengels Michael, der den Drachen tötet. Erinnerst du dich an die Passacaglia a-moll Bachwerkverzeichnis 582?

SATAN: Als du jung warst, da bist du vor nichts zurückgeschreckt.

BACH: Ich gebe zu, ich hatte meine Kunst noch nicht fest genug im Griff. Aber welche Kühnheit! Damals brachte ich es fertig, eine Fuge zu schaffen, die ein Abfall aus der Ordnung ist und gleichzeitig der Schmerz über diesen Abfall. Das kann ich heute nicht einmal mehr denken, daß eine Fuge ein Abfall aus der Ordnung ist. Am Schluß, in der Vereinigung der Stimmen zum All-Ton glaubte ich, ich selbst hätte mich mit dem Speer des Michael durchbohrt. Nie habe ich eine schrecklichere Musik gemacht.

SATAN: Und nie mehr ein Ende gefunden, das mir so selbstverständlich entgegenkam. Ich danke dir für das Gespräch.

BACH: Wir wollen die Reinig mit ihrem tibetanischen Geseire nicht länger warten lassen ...

Zweites Kapitel
Am Jenseits

Haiku

Wenn Seele und Körper sich trennen, dann merkt der »Wisser«, wie er im tibetanischen Totenbuch genannt wird, oder die transzendentale Apperzeption, wie wir sagen würden, erst, wie schwer verheiratet sie miteinander waren. Es ist, als ob zwei frischgeschiedene Eheleute sich im Gerichtssaal in die Arme sinken. Diese Freude, der gegenseitigen Tyrannis, der ewigen unausgesetzten Mißverständnisse entronnen zu sein und nun jeder seinen eigenen Weg gehen zu dürfen, drückt sich aus durch ein prickelndes Körpergefühl. Man glaubt zu spüren, wie jedes Atom im Körper sich einzeln um sich selber dreht und dabei aufleuchtet.

Als Kinder sangen wir Spottverse, in denen wir das Radebrechen der zeitgenössischen Gastarbeiter nachahmten:

> Schmeckt sich Selterwasser sisse
> schmeckt wie aingeschlaffne Fisse.

Man kann versuchen, dieses Gefühl eines monumentalen Fußes, der eingeschlafen ist und sich dabei noch wohlfühlt, durch eine bestimmte Meditationspraxis hervorzurufen. Am besten klappt es, wenn man sich aufs Ohr legt und einschläft.

Früher oder später muß sich die Seele in den unterirdischen Depots der Traumbilder dahin verlaufen, wo die Mord- und Totschlagrequisiten aufbewahrt sind. Es scheint, daß die Seele sich ganz gern in diese Ecke verirrt. Dann bekommt sie Angst vor der eigenen Courage. Das ergibt den Alp. Irgend ein namenloses Entsetzen scheint zu drohen, der »Wisser« schaltet sich ein und ruft mitten in den Traum hinein: »Ich will aufwachen, ich will aufwachen.« (Im Alptraum denkt man, sobald das Bewußtsein einsetzt: »Ich«, und denkt niemals, wie im alltäglichen Mit-sich-selber-Reden: »Du.« Man denkt nicht: Du mußt aufwachen.) Dann liegt man da und spürt, wie das Prickeln durch den Körper läuft und fragt sich, was eigentlich so furchterregend an den Traumbildern war. Es gibt Träume, in denen man Peinvolleres durchgestanden hat, ohne daß ein Alp daraus wurde. Dann will man sich auf die andere Seite legen und denkt: Nein, lieber nicht einschlafen, sonst geht der Traum weiter. Tatsächlich, wenn das Prickeln noch nicht abgeklungen ist, geht der Traum an derselben Stelle weiter und der Alp setzte wieder ein.

Auf Alpträume bin ich studiert. Es gab Zeiten, da waren sie mein tägliches Brot und zusätzlich auch mein nächtliches. Ich pflegte mich jeden Tag mehrmals auf einen Stuhl zu setzen, still vor mich hinschauend und die Gedanken auszuknipsen. Ich hörte, ich sah, ich fühlte meine Umgebung. Aber ich ließ kein Wort oder Bild in meinem Inneren aufkommen. Alsbald befiel mich eine ungeheuere Müdigkeit. Ich kämpfte nicht mehr um die Gedankenleere, sondern um das Wachbleiben, ein Kampf, den ich jedesmal verlor. Ich stemmte mich gegen die Augenlider, die schwer waren wie eine Tresortür. Vergeblich. Einmal blieb ich so weg, daß ich meinen Aufschlag auf die Erde nicht mitbekam. Setzte ich mich vorsichtshalber gleich aufs Bett, wurde der Kampf von Anfang an aussichtslos. Ich rollte mich gleich in die Federn und dann begannen die Alpträume. Heute kann ich getrost sagen, soweit ich mich an sie erinnern konnte, sind sie alle in Erfüllung gegangen. Damals nahm ich jede Ohrfeige meines künftigen Lebens im voraus entgegen.

Mein Vorhaben war, durch einen solchen Alptraum durchzuträumen, ohne dem Wunsch, erwachen zu wollen, nachzugeben. Sobald ich mir mitten im Traum der Situation bewußt wurde, befahl ich gegen das: Ich will aufwachen! Nein! Weiterträumen! Dann begann ein wilder Kampf, der damit endete, daß ich mehr oder weniger zähneklappernd doch erwachte. In späteren Zeiten, als ich uralt geworden und zu jeder Erleuchtung unfähig war, (denn Religiosität ist eine Jugendbegabung wie Musik und Mathematik), machte ich nun keine Experimente mehr sondern vorschriftsmäßige Meditationsübungen. Da stellten sich dann von Zeit zu Zeit nachts Alpträume ein. Sogleich bekam ich wieder den Willen, einen Alptraum zu Ende zu träumen. Eines Morgens wachte ich auf und wußte: Da war doch ein Alptraum gewesen? Ich war nicht aufgewacht, sondern hatte ihn durchgestanden und war weiterhin in friedlichem Schlummer mit sanfteren Träumen verblieben. Von da an plagte mich der Alp nicht mehr.

Einmal brachte Joachim der Freundesrunde die neueste Neuigkeit: Wißt ihr, die Japaner, die machen Gedichte, Gedichte machen die! Einfach nur so ein paar Silben.

In meinen Wein fällt Schnee
O Dunkelheit meines Gesanges.

Fertig, aus, das ist das ganze Gedicht. Wie findet ihr das? Ich fands wie er und bat ihn, mir doch das Buch zu leihen, in dem diese Herrlichkeiten gedruckt standen. Nun hätte er sagen müssen: Warte doch einen Augenblick, gleich kommt meine Braut hier zur Tür herein, frag sie, es ist ihr Buch, sie wird es dir gerne leihen. Aber das Schicksal verschloß ihm den Mund und er sagte recht einsilbig: Das Buch gehörte mir nicht. Ich habe es bereits zurückgegeben. Ich trug nun das Gedicht mit mir fort und wiederholte es, wo ich ging und stand. In einem Buch fand ich eine Abbildung des wahnsinnigen Nietzsche mit hängendem Bart und Sabberlatz. Ich riß das Bild aus dem Buch heraus und schrieb auf die weiße Fläche, die den Sabberlatz darstellte:

In meinen Wein fällt Schnee
O Dunkelheit meines Gesanges.

Das ganze pinnte ich an die Wand. Ich war damals Arbeiter- und Bauern-Studentin (weil ich frühmorgens nicht aus dem Bett kam, und folglich studieren mußte, wie ich schon berichtet habe). Die anderen Arbeiter-und-Bauern-Studenten lachten sich kaputt. Wenn ich wiedermal mein unmarxistisches Zeug schwafelte, spotteten sie: Ja, ja, liebe Christa, in deinen Wein fällt Schnee.

Joachim und seine Braut überlegten sich ihre Angelegenheiten recht gründlich einige Jahre lang, dann heirateten sie und zum Zeichen der Gemeinschaft legten sie ihre Bibliothek zusammen. Als ich sie besuchte, fand ich das Buch. Der Vers hieß ganz anders, nämlich:

In meinen Wein fällt Schnee
schwarz wird mein Nachtgesang sein.

Er kam nicht mehr bei mir an. Der Vers war erloschen. Dafür fand ich in dem Buch ein anderes, nämlich das Schlüsselwort »Zen«.

In der folgenden Zeit war ich nicht mehr da. Ich war so verschwunden, daß ich auch auf ein Foto nicht mehr draufkam. Zunächst dachte ich mir nichts dabei. Ein Foto kann ja mal mißlingen, dann ist man eben nicht auf dem Film drauf. Aber der Fotograf war außer sich. Er raste im Atelier herum wie Charlie Chaplin und stammelte: Das kann ja nicht, das ist ja nicht, ja wie ist denn sowas! Damals waren mir genug Wunder widerfahren und ich schaltete sofort. Wie war das Foto zustandegekommen? Es war ein Zwangsfoto für staatliche Angelegenheiten. Ich lehnte mich gegen das Fotografiertwerden auf. Die Leute standen beim

Fotografen an, denn der Staat hatte die Personalausweise annullieren lassen. Als ich dran war, drückte mir der Fotograf eine Nummer in die Hand, die sollte ich hochhalten. Er entschuldigte sich: Die Nummer wird auf dem Foto nicht mit draufsein. Dann bat er, dann flehte er: Bitte lächeln, bitte, ja, so lächeln sie doch. Er knipste nicht, er wollte, daß ich lächelte. Da schaltete ich ab. Ich merkte innerlich, daß es gerissen war. Nun triumphierte ich: Er hat mich nicht aufs Bild geschafft. Weil ich nicht wollte. Ich war so stolz, daß mir ein Experiment mißlang: Auf dem neuen Bild, das der Fotograf nun schaffte, grinste ich wie ein Honigkuchenpferd.

Zum Zenbuddhismus gehören Blümlein, Steine, singende Vögel, Sonne, Mond und sehr viel Erde. Wir wohnten in der Gipsstraße. Jeden Sonntag ging ich meilenweit, um auf die Friedhöfe zu kommen. Der Zwang der Verhältnisse trieb mich zur Friedhofsmeditation. Das Wort selber kannte ich gar nicht und nicht die Sache. Auch ging ich nicht drauf aus, Dakinis, Khadomas, Walkyren und andere leichenfressende Dämoninnen des indisch-tibetisch-germanischen Buddhismus zu zähmen und ihnen Geheimnisse des Weltalls abzufragen. Auf meinen Friedhöfen gab es nur Stiefmütterchen, bemooste Bänke und auf den verfallenen Denksteinen der Generäle des Invalidenfriedhofs eiserne Adler. Aber die eben waren »Zen«, echt chinesisch-japanisch.

Insgesamt war ich Tag und Nacht nicht ganz bei mir und das mitten im Abschlußexamen. Eines Nachts trommelte der Regen aufs Fensterblech. Auf Blech trommelnder Regen ist unerhörtes Zen. Das kann man nicht ungenützt vorübergehen lassen. Ich halte mich wach und lausche. Nach einiger Zeit merke ich, daß ich meinen Standort gewechselt habe. Ich liege gar nicht mehr lang im Bett, sondern schwebe darüber. Wenn ich die einschlägige Literatur gekannt hätte, wäre ich auf Wanderschaft gegangen und hätte mir die Astralwelten angeschaut. Ich stelle fest: Ich bin nicht mehr in meinem Körper, sondern einen halben Meter über ihm. Meinen Körper kann ich nicht spüren. Ich weiß nur, daß er da ist. Ein lebloses Stück von einem Menschen, mit dem ich in dieser Bewußtseinslage nichts zu schaffen habe. (Seh- und Hörerlebnisse sind mir aus diesem Zustand nicht in Erinnerung.) Ich bin reines Denkorgan. Auf einmal kommt mir die Voraussicht, was sich morgen früh ereignen wird. Man wird einen leblos ausgestreckten Körper in meinem Bett finden. Er ist tot. Es sei denn, ich finde eine Möglichkeit, in diesen Körper zurückzukehren. Ich fand sie, und drehte mich zufrieden mit meinem Abenteuer und seinem glücklichen Ausgang auf die rechte Seite. Da es mir während des Vorgangs nicht gelungen war, aufzuwachen, nahm ich selbstverständlich an, daß ich die ganze Zeit wach gewesen war.

Aus einem sibirischen Lager erreichte uns eine Nachricht. Ein Freund verlangte nach seiner warmen Kleidung für den Winter. Es war Juni und keine Zeit zu verlieren, damit er rechtzeitig zu seinen Sachen käme. Aus irgend einem Grund, über den es sich nicht verlohnt, sich den Kopf zu zerbrechen (denn es ist ein russischer Grund), kamen Pakete aus Ostberlin nicht in Sibirien an, wohl aber die Sendungen aus Westberlin. Die Freunde aus Westberlin konnten aber an die Sachen nicht heran, die in Potsdam lagen. So war es meine Aufgabe, die Kleidung von Potsdam nach Westberlin zu schmuggeln. Es war an einem Montagmorgen, meine Mutter war noch nicht aus dem Haus und frühstückte mit mir. Dann machte ich mich auf den Weg. Sie blieb an meiner Seite. Ich bekam eine Ahnung: Ja, gehst du denn heute nicht zur Arbeit? Sie antwortete: »Ja, denkst du, ich lasse dich allein gehen?« In Potsdam packten wir die Sachen, die die getreue Wirtin für die Wiederkehr des Gefangenen aufbewahrte, zusammen und waren gegen Mittag fertig. Es war aber geraten, erst in der Dämmerung zurückzufahren, wenn Zwielicht herrschte und im Abteil die Lampen noch nicht brannten. Wenn die Soldaten, die den Zug kontrollierten, unser Bündel entdecken und in Augenschein nahmen, wie sollten wir zwei Weiber uns herausreden, wozu wir einen Haufen alter Unterhosen und Männerpullover nach Westberlin einführen wollten? Man hätte uns aus dem Zug geholt. Ich durfte mir diese Situation gar nicht ausmalen, um sie nicht heraufzubeschwören. Wir beschlossen uns im Park von Sanssouci die Zeit zu vertreiben. Leider waren wohl zehntausend Menschen auf die gleiche Idee gekommen. Der Auftrag, den ich zu erfüllen hatte, das Wagnis, auf das ich mich vorbereitete, drückten mich nieder und ich sprengte diesen Druck mit einem Haßausbruch gegen alles Menschliche. Ich hätte eine Atombombe auf die Massen der harmlos fröhlichen »Werktätigen« werfen können, die sich durch die Parkwege wälzten. Dies war geschaffen, einen großen Fürsten die Einsamkeit genießen zu lassen. So sah das nun heute aus. Ein Rummelplatz. Hoch die Revolution! Eine vierspurige Menschenschlange stand an der Hinterpforte und wartete Stunden um Stunden geduldig auf die Filzpantoffeln, mit denen sie durch den Raum schliddern konnten, in dem einst Friedrich der Große neben Johann Sebastian Bach gestanden und ihm die Noten umgeblättert hatte. Das königliche Thema!

Auf der oberen Terrasse, an der Vorderfront von Sanssouci landete ein endloser amerikanischer Wagen. Er verdeckte gut und gern den rechten Schloßflügel. Aus dem Wagen klappte ein endloser amerikanischer General heraus. Als er sich auseinandergezogen hatte, konnte er gut und gern über das Schloß hinwegschauen. Es war ein übelkeiterregender Anblick. Wäre Sanssouci in diesem Moment zu Staub zerfallen, ich hätte es als eine Erlösung empfunden. Ich verlangte danach, diese geschändete Gegend zu verlassen.

Auf dem Rückweg sah ich, einen Augenblick aus meiner düsteren Versunkenheit emporschreckend, in einiger Entfernung eine gelbe Blume auf dem Weg liegen. Da liegt sie nun und wird zertrampelt, dachte ich, wenn es der Zufall will, werde ich es sein. Man sollte sie aufheben. Dann fiel ich in meine Verblendung zurück und wachte nicht eher auf, als bis ich meine Mutter sagen hörte: »Schade! Ich hätte sie aufgehoben!« Da stand ich auf der Blume. Ich erlebte einen Kurzschluß in meinem Gehirn. Da war ein großes Licht. In diesem Licht sah ich den Weg, den ich gemacht hatte noch einmal, aber nicht zeitlich-räumlich zerlegt sondern wie auf einer Simultanfotografie, wo alle Bewegungen übereinander und doch deutlich unterscheidbar sind. Und ich sah mich den Weg noch einmal machen und erkannte, daß ich nicht einen Augenblick bewußtlos gewesen war, sondern durch meine Verblendung hindurch die Blume nicht aus den Augen ließ. Ich steuerte auf sie zu, und einen Schritt zuvor, hob ich den Fuß und zielte nach ihr, um sie mit einem ungeheueren Kraftausstoß zu zermalmen. Zwischen den Worten meiner Mutter und meiner letztendlichen Erkenntnis war gar keine Zeit vergangen. Es geschah alles auf einmal.

Wer weiß, was für ein Buddhalicht aus mir geworden wäre. Aber zwei Tage später war der 17. Juni 1953. Die hohen Wogen der Politik und der Volksmassen spülten mich hinweg aus dem Reich des Reinen Geistes. Die fremden Truppen schlossen uns ein und trieben uns Straße um Straße zur Stadtmitte zu, wo man auf dem Lustgarten (er heißt nun Marx-Engels-Platz), die Schüsse der Exekutionskommandos knallen hörte. Wir ließen uns treiben und lachten und scherzten, als ginge es zu einem großen Fest.

Aus der anderen Welt blieb mir nichts als ein leichter Dachschaden. Ich muß zwanghaft die Begriffe Ich und Gott verwechseln. Manchmal sitze ich gedankenverloren im Bus und vermerke: Gott darf nicht vergessen, Dickmilch einzukaufen. Einmal schlug ich die Bibel auf und buchstabierte mit Verwunderung: »Am Anfang schuf Ich Himmel und Erde.« Gott hörte auf zu lesen und versank in tiefes Nachdenken. Irgendwie hatte Er die Stelle anders in Erinnerung.

Lü, der Wanderer

Hat doch der Einstein, dieser gigantische Zausel, behauptet, daß Gott nicht würfelt. Wie ehrt es mich, daß ich diesen zauseligen Giganten widerlegen darf. Gott würfelt. Er braucht dazu nur drei Fünfmarkstücke und einen Becher. Es dauert nicht länger als 5 Minuten. Die Würfe fallen natürlich unregelmäßig aus. Aber Gott kann nichts anderes erhalten, als dieses Ergebnis:

(Ich bediene mich der chinesischen Kurzschrift,
Kopf ist —, Schrift ist – –)
Also:
☰ Tien, das Schöpferische, der Himmel
☳ Dschen, das Erregende, der Donner
☶ Gen, das Stillehalten, der Berg
☵ Kan, das Abgründige, das Wasser
☴ Sun, das Sanfte, der Wind (das Holz)
☱ Dui, das Heitere, der See
☲ Li, das Haftende, das Feuer
☷ Kun, das Empfangende, die Erde

Das ist »alles, was der Fall ist«.

Diese acht Größen bilden die Grundlage des chinesischen Buches der Wandlungen, des I-ging, dessen Zählsystem durch Leibnitz vermittelt, nun unsere Computer-Mathematik geworden ist.

Gegen Ende des Jahres 1960 machte ich mich daran, den ältesten Computer der Welt in Bewegung zu setzen. Allerdings nahm ich nicht drei Fünfmarkstücke wie der Liebe Gott. So leicht wollte ich es mir nicht machen. Ich nahm 50 Streichhölzer, stellvertretend für 50 Schafgarbenstengel. Schafgarbenstengel kann man besser in der Hand durchzählen. Das Hantieren mit den 50 Streichhölzern war schon eine Geduldprobe. Die 50 ist $2 \times$ die Pythagoräische Grundzahl

$$2\,(3^2 + 4^2) = 50$$

Eines lege ich beiseite. Dieses Eine ist Dschou-pei, der Sonnenuhrzeiger, Symbol des Himmelssohnes. Bleiben übrig 49, diese ergeben in der Geometrie ein Quadrat mit der Seitenlänge 7. Mit Hilfe eines Quadrates von 7×7 Einheiten beweise ich den pythagoräischen Lehrsatz, indem ich alle 4 Ecken des Quadrats im Verhältnis 3 zu 4 umknicke. Diese vier rechtwinkligen Dreiecke bedecken dann die gemeinsame Hypothenuse. Die fünfzigste Einheit jedoch, die ich zum Beweis benötige, befindet sich außerhalb des Quadrats von $7 \times 7 = 49$.

Ich lege also los und bekomme als erste Begegnung mit dem Buch der Wandlungen das Zeichen Dschung Fu, Innere Wahrheit, und die Sprüche:

> »Er besitzt Wahrheit, die verkettet, kein Makel.«
>
> »Hahnruf, der zum Himmel dringt. Beharrlichkeit bringt Unheil.«

Das Zeichen wandelt sich in Lin, die Annäherung:

> »Die Annäherung hat erhabenes Gelingen. Fördernd ist Beharrlichkeit. Kommt der achte Monat, so gibts Unheil«.

Ich bin mit meinen Texten sehr zufrieden, um den Hahnruf und den achten Monat kümmere ich mich nicht.

Ostern 1961 langweile ich mich und kröne das Fest mit einer I-Ging-Befragung und bekomme das Zeichen Hie, die Befreiung:

> »Fördernd ist der Südwesten. Wenn nichts mehr da ist, wohin man zu gehen hätte, ist das Wiederkommen von Heil. Wenn es noch etwas gibt, wohin man gehen muß, dann ist Raschheit von Heil.«

Am 26. Juli ist der Geburts- und Todestag meiner Mutter. Was kann man an einem solchen Tag groß anfangen? Ich i-ginge. Ich bekomme das Zeichen Sung, der Streit:

> »Man kann nicht streiten, kehrt heim und weicht aus. Die Menschen seiner Stadt, dreihundert Häuser, bleiben frei von Schuld.«

Einige Tage nach dem 13. August 1961 sitze ich in Ostberlin eingemauert und denke: Potzblitz, da habe ich das ganze Jahr über Orakelsprüche gesammelt, wenn die echt sind, muß doch was davon dringestanden haben. Ich suche die Papiere zusammen und studiere die Texte. Dann bin ich vom Potzblitz erschlagen! Ich sammle die Streichhölzer von einigen Schachteln und nun mit dem nötigen heiligen Ernst und der abergläubischen Scheu, die sich für solche Dinge schickt, beginne ich die große Zählung. Ich erhalte das Zeichen Lü, der Wanderer.

> »Wenn der Wanderer sich mit kleinlichen Dingen abgibt, so zieht er sich dadurch Unglück zu.«
>
> »Dem Wanderer verbrennt seine Herberge. Er verliert die Beharrlichkeit seines jungen Dieners.«

Jetzt muß ich aber doch lachen. Tagelang habe ich nur einen Gedanken: Wie halte ich es mit den Wahlen? Es sind Wahlen ausgeschrieben und ich gedenke sie zu boykottieren. Anschließend werde ich verhaftet werden. Aber wählen unter diesen Umständen – das kann ich nicht. Diese Wahlen nennt das I-ging »kleinliche Dinge«. Ich bin dann doch wählen gegangen und Millionen Deutsche mit mir, obwohl sie sich alle insgeheim geschworen hatten, nicht wählen zu gehen. Sie handelten wie ich und ganz ohne Orakel.

Ende 1963 wurde ich langsam ungeduldig. Die »Drei Jahre zwischen dornenumhegten Kerkermauern«, die mir das I-ging in einem weiteren Spruch verheißen hatte, waren noch nicht ganz um. Mein »junger Diener« hatte mich verlassen. Mich verlangte danach, meine »Herberge« hinter mir zu verbrennen. Da öffnete sich der Eiserne Vorhang nach der falschen Seite. Die Lawine der Verwandten überrollte mich. Ich war nicht einmal mit genügend Sitzgelegenheiten versehen. Wir saßen auf der Erde als hätten wir eine Literatenparty. Die Gäste, die als letzte eintrafen, stapelten ihre Geschenke auf den großen Haufen und stellten fest: Es sieht bei dir aus wie bei Karstadt. Tatsächlich war ich mit allen diesen Weihnachtsgaben begüterter als manch einer der Verwandten, der mir zu Ehren eine Flasche »Wirtschaftswunderbrause« gestiftet hatte.

Am 1. Januar 1964 befragte ich das I-ging und erhielt das Zeichen Da Dschuang, des Großen Macht, und den Spruch:

> »Beharrlichkeit bringt Heil. Die Reue schwindet. Die Hecke öffnet sich. Es gibt keine Verwicklung. Die Macht beruht auf der Achse eines großen Wagens.«

Ich las den Spruch der Familie vor. Die Beschaffenheit des »großen Wagens« wurde heiß diskutiert. Ich meinte, es müsse ein Eisenbahnwagen sein. Dann verschenkte ich meine Bücher. Jeder nahm sich, was er packen konnte. Wir umarmten uns in der Gewißheit, uns bald auf der anderen Seite des Eisernen Vorhangs wieder zu begrüßen.

Wenn ich gestehen muß, ich bin ein miserabler Schachspieler, dann drückt das nicht den wahren Zustand aus, denn alle Schachspieler behaupten das von sich, bis auf den Champion-Herausforderer. Er als einziger behauptet, er spiele gut, besser als der amtierende Weltmeister. Man stelle sich die Schachwelt als ein Rudel Hyänen vor. Weit zurückgeblieben hinter dem Rudel hinkt einsam eine dreibeinige räudige Hyäne, die ihren Schwanz durch die Disteln und Dornen der Schachsteppe schleift. Das letzte Haar an diesem Schwanz: Das bin ich.

Wenn ich meine Figuren anfasse, gleichen sie eisernen Geldschränken, die ich nur mit äußerster Kraft um ein wenig von der Stelle rücken kann. Wenn sie aber ein Gegner auch nur anblickt, verwandeln sie sich in Schneemänner und schmelzen vom Brett. Trotzdem habe ich es bis zur Leiterin unseres Betriebsschachklubs gebracht. Denn obwohl ich 99% aller Spiele verloren habe, die übrigen 1% waren glänzend. Allerdings habe ich sie gar nicht gespielt. Er hat sie gespielt, der Spielteufel. Vom Spielteufel aus gesehen ist der Unterschied zwischen Roulette und Schach nur einer: Roulette ist rund, Schach ist viereckig.

Jeden Morgen trat ich aufs Straßenpflaster hinaus wie auf die schwarzen und weißen Felder. Bauern und Läufer flitzten an mir vorüber. Auf g 3 löste ich eine Fahrkarte und landete vor der Rochade unseres Museums. Dort traf ich die ersten lebenden Wesen an, Schachspieler, die ab und zu ihre Partie unterbrachen, um geistesabwesend einen Sockel aufzustellen oder sonst einen Dienst zu versehen. Unser stärkster Spieler war der Tischler. Er hatte das Spiel bei einem sibirischen Schäfer erlernt. Er eröffnete, indem er mit beiden Händen zugleich den a-Bauern und den h-Bauern packte und auf die dritte Reihe zog. Das nannte er die »totsichere Eröffnung.« Ein anderes As (mit einem a) konnte mit seiner Dame sogar Rösselsprünge vollbringen. Wenn man nicht aufpaßte begann seine Dame in der großen Diagonale auf dem schwarzen Feld und landete auf einem weißen Feld. Seine Dame konnte einfach alles, außer en passant schlagen und mattgesetzt werden.

Seine andere Spezialität war die lange Rochade mit dem König auf b 8. Diese Regelwidrigkeit ließ mich jedesmal aufkochen. Immer und immer wieder verwickelte ich ihn in Diskussionen und empfahl ihm, den König auf c 8 zu stellen, wohin er bei der langen Rochade gehörte. Aber sein König war schwerer Rheumatiker und konnte den Zug auf c 8 nicht vertragen. Auf b 8 stand er näher an der Zentralheizung. Einmal, es war auf einem Betriebsausflug und viele Kiebitze umstanden uns, hatte sich sein König wie stets regelwidrig in Sicherheit gebracht und thronte auf b 8. Da ergrimmte ich so, daß ich dachte, jetzt strafe ich dich! Weil dein König auf b 8 steht, darum wirst du verlieren. Du wirst darum beten, ihn auf c 8 ziehen zu dürfen, um dich zu retten. Aber das gelingt dir nicht. Da merkte ich, daß *ER* die Führung übernahm. Aus der Eröffnung heraus machte ich den Plan. Es wurde mir weiß vor Augen. Das Brett sah ich, wie durch eine Gardine. Ich wußte, ich durfte nicht aufblicken, auf keine Rede erwidern. Von weit her hörte ich die Schreie der Kiebitze: He, du, was machst du für ein Gesicht! Der Spielteufel hatte von mir Besitz ergriffen. Nun konnte mir nichts mehr mißlingen. Es war ein vollkommener Sieg. Aber in der Revanche war ich dann wieder ich selber, die große Niete.

Einmal hätte mich der Spielteufel fast ins Irrenhaus gebracht. Die Schachzeitung hatte einen Achtzügler ausgeschrieben. Den Siegern winkten Ehren und Preise. Man bekam einen Monat Zeit. Ich war frohen Mutes. Stand ich doch kurz vor dem Höhepunkt meines Lebens. Mein Foto würde in der Schachzeitung abgebildet sein. Und 50 Mark waren auch nicht zu verachten. In dieser Nacht erschien mir im Traum ein Schachbrett, das bis in den Himmel reichte. Darauf standen die Figuren genau wie in der Aufgabe. Die Läufer bewegten sich hin und her, und eine Stimme von oben rief: »Das Filigranwerk des weißen Läuferpaares treibt den schwarzen König auf g 2.« Ich wachte auf und überdachte den Traum. Zwar hatte ich tatsächlich einige Male Mathematikaufgaben im Traum gelöst, aber die meisten Lösungsträume waren Quatsch gewesen. So auch hier. Ich hatte den ganzen Abend nichts anderes getan, als was ich im Traum gesehen habe: Den König in die aufgeklappte Falle der Bauernreihe hineingetrieben und mit den Läufern eingesperrt. Das war der Lösungsweg des ersten Augenscheins gewesen. Morgen früh wollte ich dann die anderen Wege versuchen. Bei einem Schachproblem nimmt doch jeder an, daß der erste Blick täuscht. Vielleicht führt der Weg aber doch dahin, wo man ihn auf den ersten Blick vermutet hat. Mit Mühe hielt ich mich davon ab, aus dem Bett zu springen. Es gelang mir sogar wieder einzuschlafen. Am anderen Morgen, zwischen den Frühstücksbissen, baute ich das Spiel auf. Der Traum war dumm gewesen. Ich wollte mich nicht darauf einlassen. Ich wollte tun, was ich mir vorgenommen hatte. Aber ein einziges Mal konnte man doch versuchen. Nur versuchen. Ich erlag der Versuchung. Dann habe ich einen Monat lang die Figuren nur so gespielt, wie sie im Traum gelaufen sind. Ich wußte, daß es Unsinn war. Von Zeit zu Zeit wollte ich vernünftig werden und andere Wege nehmen. Aber ich hatte nicht mehr die Kraft. Nach einigem Herumprobieren fiel ich in den alten Wahn zurück. Der Einsendetermin war längst verfallen. Mein Foto würde nicht in der Schachzeitung erscheinen. Ich machte weiter, bis die Lösung veröffentlicht wurde. Dann war ich von meinem Satan erlöst.

Es gibt Menschen, die haben sich verpflichtet, jeden Tag eine gute Tat zu tun. Mir genügt es, in diesem Leben einmal eine gute Tat getan zu haben. Ausgerechnet im Schachspiel, das ich nur gelernt habe in dem Gedanken, ich hätte in diesem Leben ja doch nichts mehr auszurichten und vielleicht wäre es eine nützliche Vorbereitung für das nächste Leben. Ich spielte mit Onkel Hans. Ich hatte die weißen Steine und flankierte den Königsläufer vor die Rochade, wie es damals Mode war. Es war allerdings auch schon Mode, sich aus dieser Stellung ein Sylvesterfrühstück zu machen, indem man den Läufer aus der Rochade herauslutschte wie eine Auster aus ihrer Schale. Wenn mein Gegner ein modischer Mensch war und Austern nicht verschmähte, würde mein König alsbald im Nachthemd auf dem Balkon stehen und es würde sehr kalt um ihn sein. Damit mein Gegner Appetit bekäme, legte ich ihm noch ein Pferd vor. Dann marschierte ich los. Als mein erster Bauer auf der Damenseite die fünfte Reihe betrat, erwachte mein Gegner aus seinem Blutrausch. Es gibt keinen schöneren Anblick als vier Bauern, die sich fest an den Händen halten. Was ich an Onkel Hansens Stelle getan hätte, weiß ich nicht. Wahrscheinlich hätte ich meinen üblichen Partisanenkampf begonnen, solange bis man mich in eine Indianerreservation getrieben und abgeschlachtet hätte. Onkel Hans begann seine Truppen um 90 Grad zu drehen mitten auf dem Schlachtfeld – Napoleon bei Austerlitz! Bald hatte er mich so eingeholt, daß er nur noch um einen Zug zurücklag. Ein einziger Tempoverlust, und ich würde für meinen übermütigen Plan bitterlich bestraft werden.

Inzwischen hatte sich ein spielfremdes Element eingeschaltet. Tante Käte, Onkel Hansens Frau. Tante Käte war vielleicht einmal ein guter Mensch gewesen. Ich weiß es nicht. Auf alle Fälle war sie ein erträglicher Mensch gewesen, ein Mensch wie du und ich. Nun war sie es nicht mehr. Sie gehörte so grundsätzlich nicht mehr zur Menschenwelt, daß die Heilanstalten sich weigerten sie aufzunehmen. Sie und ihre Leidensgefährten, die Gehirnverkalkten sind leider darauf angewiesen, daß die Angehörigen sich mit ihnen plagen und ab und zu in Lebensgefahr geraten, nur weil Pfleger keine Lust haben, in Lebensgefahr zu geraten. Tante Käte war also nicht im Sanatorium, sondern bei ihrer Familie, die sie peinigte und der Allergepeinigtste war Onkel Hans, der sie nun den ganzen Tag um sich hatte. Es war seine Gattin und die Mutter seines Sohnes. Nun bekam er Tag für Tag die übelsten Schimpfworte über den Kopf gekübelt. Armer Onkel Hans. Es nutzt dem Menschen nichts, daß er sich sagt, diese Unglückliche kann ja nichts dafür. Die Worte kommen an und treffen, selbst wenn sie von einer Wahnsinnigen geschrien werden. Tante Käte umkreiste das Spiel und fragte von Zeit zu Zeit: Verliert er? Verliert er? Wenn er dieses Spiel verlor, dann hatte er nichts zu lachen. Er spielte immer langsamer und sorgfältiger.

Von außen gesehen, war meine Aufgabe die einfachste der Welt. Ich mußte das Spiel verlieren. Von innen gesehen, kann sich das nur ein Großmeister leisten, willentlich einen Sieg zu verschenken. Wenn ich dieses Spiel aufgegeben hätte, hätte ich gleich einpacken können. Mein Wille wäre gebrochen worden, die anderen Spiele hätte ich auch nicht mehr gewonnen. Onkel Hans spielte noch, als mein Bauer auf der siebenten Reihe erschien. Er spielte tatsächlich bis zum Matt. Er flüsterte: Matt! Ich hatte ihm nur den Bauern hingestellt und nichts gesagt. Jetzt warf ich die Arme in die Luft und schrie: O weh, ich habe verloren! Onkel Hans konnte es erst gar nicht begreifen. Dann atmete er auf und während ich meinen Verlust betrauerte, rühmte er sich (zaghaft) seines Sieges. Tante Käte schlich enttäuscht in ihre Kemenate.

Als Onkel Hans einst im Sterben lag, und die Familie sein Bett umringte, kam einer der Angehörigen herein und flüsterte: Christa Reinig ist im Westen angekommen. Es ist soeben in den Nachrichten durchgegeben worden. Der Sterbende hatte es gehört. Die Tränen liefen ihm übers Gesicht und er sagte: Gott ich danke dir! – Stell dir vor, sagte meine Freundin zu mir (Onkel Hans war nämlich ihr Onkel, nicht meiner), stell dir vor, mit deinem Namen auf den Lippen ist er gestorben. Eine meiner ersten Anschaffungen in der kapitalistischen Welt war ein magnetisches Schachspiel. Ich ließ mich herab, einem Schulmädchen die Regeln zu erklären und ihr zu zeigen, wie die Figuren liefen. Das Schulmädchen bereitete mir ein Schäfermatt. Wir versuchten es noch einige Male, dann zog ich mich vornehm zurück. Irgendetwas war in der Schachecke meines Gehirns ausgeklinkt. In Rom fand ich einen deutschen Schachpartner. Wir spielten jeden Tag ein paar Spiele. Er besiegte mich immer. Es gelang mir nicht, mich auf ihn einzuspielen. Ich verstand das Ganze nicht mehr. Ich dachte mir: Nur einmal noch will ich gewinnen und dann nie mehr spielen. Es sah so aus, als würde ich in Ewigkeit weiterspielen müssen. Nach jedem Spiel stieß mein Gegner ein Siegesgeheul aus. Von Zeit zu Zeit entschuldigte ich mich bei ihm und trug ihm an, unsere Partnerschaft zu beenden, denn ich sei ja kein würdiger Gegner für ihn. Aber er konnte nicht genug bekommen. Die Monate vergingen. Unermüdlich heulte er sein Siegesgeheul. An einem Nebentisch saßen einige Deutsche und Italiener. Die Deutschen konnten etwas Italienisch, die Italiener etwas Deutsch. Ich tat so, als sei ihr Gesprächsthema äußerst interessant und mimte angestrengtes Lauschen. Ich schien immer zerstreuter zu werden. Langsam ließ sich mein Gegner einfangen. Auch er begann zu lauschen und vertiefte sich in das unsinnige Geschwätz, auf das ich ja gar nicht acht hatte. Dann sagte ich: Matt! Er sperrte den Mund auf. Es kam kein Ton heraus. Das war mein letztes Spiel.

Die Nibelungen

Auch das ärmlichste, finsterste Jahrhundert hat etwas, das es vor allen Jahrhunderten auszeichnet. Unserem Jahrhundert ist nicht Kraft, nicht Weisheit verliehen, aber das Spiel in allen Formen und als Höchstes, das Spiel mit der Technik. Der Ruhm unseres Jahrhunderts ist das Weltraumspiel. Die Leute, die gegen die Weltraumfahrt sind, machen sich nicht klar, was man statt dessen mit dem Geld anfangen soll. Die Hungrigen füttern? Die Hungrigen, die unseren Fraß nicht gewohnt sind, und eben darum hungern müssen, sterben doch an unserer Trockenmilch und erbrechen sich, wenn sie unsere Konservendosen öffnen müssen. Schulen bauen? Was soll denn in diesen Schulen gelehrt werden? Die Engländer können die Sprache ihrer großen Alten nicht verstehen. Die Deutschen können die Schrift unserer großen Alten nicht buchstabieren. Die Franzosen können, wollen aber nicht. Die Russen wollen, können aber nicht. Die Inder glauben, Buddha sei so was ähnliches wie Gandhi und die Chinesen glauben, Mao sei so was ähnliches wie Konfuzius.

Krankenhäuser? Angenommen, Sie würden nach Ihrem Unfall in eine Köhlerhütte getragen. Die Köhler stehen ratlos um Sie herum und zerbrechen sich den Kopf, wie sie Ihnen helfen können. Wenn Sie in ein Krankenhaus getragen werden, sind die Ärzte nicht ratlos, stehen nicht um Sie herum und zerbrechen sich auch nicht den Kopf, wie sie Ihnen helfen können. Folglich brauchen wir Köhlerhütten und nicht Krankenhäuser. Gib Deiner Zeit die Ehre und nimm, was sie Dir gibt. Mir gab sie ein trinitarisches Tonstudio: Radio-Phono-Stereo-Kassettenrecorder in einem Dokumentenköfferchen, anthrazitfarben, lieblich anzuschaun, erquickend zu hören. Kopfhörer übergezogen, Armaturenbrett betätigt, abfahren – Ah! – propos Richard Wagner, Ring der Nibelungen, Vierzehn Stunden Don Giovanni Zweiter Akt Finale mit Wotan als Komtur, wie find ich das?

Mit Richard Wagner habe ich mich immer schwer getan. Das verdanke ich Nietzsche und Nietzsche verdanke ich Frau Klescewski. Frau Klescewski war die ranghöchste Nazidame, die ich je kennengelernt habe und von furchterregender Autorität. Dann hackte sie Holz für einen russischen Offizier, holte Wasser vom Brunnen und nähte ihm die Hemdknöpfe an. Ihr zur Seite standen zwei minder hohe Parteigenossinnen. Dem Russen blieb es nicht verborgen, von welchen Größen er umgeben war. Er befahl Stühle heran und sie mußten ihm gegenüber Platz nehmen. Zunächst dachten sie, daß er ein kleines politisches Verhör anstellen wollte, um die Grundlagen des Nazitums zu erforschen. Aber er schien es auf einen Literatentee abgesehen zu haben. Er fragte: Was wissen Sie von Nietzsche.

Das waren die drei Antworten:

1. Dame: Nietzsche war ein Philosoph!
2. Dame: Nein, er war ein Dichter!
3. Dame: Ist das nicht der, der verrückt geworden ist?

Der Offizier war sehr ungehalten. Er stellte mit ihnen ein Kreuzverhör an. Aber sie konnten nicht antworten, weil sie seine Fragen nicht verstanden. Frau Klescewski war außerstande, aus dem Gedächtnis die merkwürdigen Wörter wiederzugeben, die er gebraucht hatte. Kurz, aus den Damen war nichts herauszubringen.

Der Offizier wurde immer wütender. Er steigerte sich in eine Raserei des Zorns. Frau Klescewski sagte: Wir bitten Sie, lassen Sie genug sein des grausamen Spiels. Sie sehen doch, daß wir Ihnen geistig nicht folgen können. Tief beschämt sitzen wir als Unwissende vor Ihnen, der Sie soviel mehr über unsere großen deutschen Dichter und Denker wissen, als wir selbst. Aber wir versprechen Ihnen, alles nachzuholen. Sobald wir Zeit finden, werden wir Nietzsche lesen. Der Offizier lachte und lachte und lachte. Die Damen erzitterten und erbleichten. Dann sagte er: Kennen Sie Geinrich Geine? Heinrich Heine war der Geheimtip des Reichsnährstandsverlages. Er war von gepflegter Verbotenheit. Dreistimmig sangen die Damen: »Wenn du eine Rose siehst, sag, ich laß sie grüßen.« Der Russe war den Tränen nahe. Er trug die Stühle weg. Er hackte Holz und holte Wasser. Er wollte nicht dulden, daß eine von den Damen ihm Knöpfe ans Hemd nähte. Frau Klescewski kam zu uns herüber und sagte (neuerdings von Mensch zu Mensch): Denkt Euch! Nein diese Russen! Ich wußte, wo Nietzschebücher herrenlos herumlagen. Noch am gleichen Tag ging ich sie stehlen. Es wurde das übliche Abenteuer mit Russen, die sie nicht stehlen wollten, mir aber übel nahmen, daß ich sie stehlen wollte und plötzlich aus allen Rohren feuerten. Später, als mir der Antifaschismus zum Halse heraushing, wurde Nietzsche, den man ja nicht mochte, (wie ich inzwischen herausgekriegt hatte) der Sinngeber meines Lebens. Bis Tante Herta kam. Sie sagte: Nietzsche, hach, mein Lieblingsphilosoph. Dann war es aus.

»Ich schwöre ab dem Donar, ich schwöre ab dem Wotan, ich schwöre ab dem Saxnot.« Wer war eigentlich dieser Herr Saxnot. Keiner weiß. Wir kennen seinen Namen nur, weil er in der Abschwörformel vorkommt. Hätten die Heiden ihm nicht abschwören müssen, würden wir nicht wissen, daß es ihn je gegeben hat. Eine Formel: Ich schwöre ab dem Budla, oder: Ich schwöre ab dem Budli, gab es nicht. Dafür gibt es die Berichte, was man mit den Seidir tat. Man verbrannte sie, ersäufte sie, steckte ihnen den Kopf einer Giftschlange in den aufgesperrten Mund.

Eines schönen Tages zweckte ich ein Papier ans Schwarze Brett des Kunsthistorischen Instituts. Es war ein Rechenschaftsbericht über die enormen Bewußtseinsfortschritte unseres Kollektivs. Ich hatte ihn nicht freiwillig verfaßt. Aber so, wie er da hing, gefiel er mir. Von Zeit zu Zeit ging ich zu ihm hin und las in ihm. Für diese Eitelkeit habe ich schwer gebüßt. Neben mir tauchte die Instrukteurin auf, ein grenz-debiles Frauenzimmer. Aber Grips, wenn sie ihn gehabt hätte, er hätte ihr nichts genützt. Sie fiel durch alle Prüfungen, ein Opfer des Klassenkampfes. Ein schöner Artikel, sagte sie. Und dein Kollektiv hat in einem Jahr wirklich sein Bewußtsein so hoch entwickelt, fragte sie. Natürlich, sagte ich, hier stehts doch schwarz auf weiß. – Und Wilma, hat die ihr Bewußtsein auch entwickelt? Das saß! Wilma pflegte in der Mensa einer marxistischen Universität vor aller Augen die Hände zu falten und ein Tischgebet zu sprechen (eine ritterkreuzwürdige Mutprobe). Ich mußte antworten, antworten, schnell antworten. Der Augenblick der Spontaneität war längst verpaßt. Einer mußte geopfert werden. Es gab eine Ausrede, nicht mich opfern zu wollen. Wenn ich fiel, riß ich das Kollektiv mit mir. War dieser Artikel erstunken und erlogen, dann waren wir alle verratzt. Ich will sagen: Na, du weißt ja, Wilma ist ein Sonderfall. Ich habe sie nicht erwähnt, weil sonst das wahre ideologische Bild unseres Kollektivs völlig verzerrt worden wäre. Aber wir arbeiten selbstverständlich weiter an Wilma.

Da tritt aus der Tür die Chefassistentin des Instituts. Sie sieht mich an mit einem langen, mahnenden Blick (sie hat die Situation sofort durchschaut) und wandelt mit geziemender Würde in Richtung Klo. Ich zögere, denn das, was ich sagen will, darf die Chefassistentin nicht hören, sonst falle ich durch die Zwischenprüfungen, und vielleicht sogar durchs Staatsexamen. Die Chefassistentin ist der letzte Felsen im Roten Meer. Sie geht langsam und immer langsamer, das ist kein Ischias. Sie will meine Antwort hören. Die Instrukteurin wartet. Da, zwischen zwei Feigheiten eingekeilt, optiere ich für die Partei, die an unserem Institut noch immer die stärkere ist. Ich sage: »Was hier steht, gilt auch für Wilma.« Die Instrukteurin dreht sich wortlos auf dem Absatz um. Die Chefassistentin eilt nun in ungeziemender Eile zum Klo. Und ich? Irgendwo habe ich mich dann verkrochen.

Nach meinem Staatsexamen war ich arbeitslos. Ich lungerte mit meinen Schicksalsgefährten in der Mensa herum, darauf aus, ein Bettelsüppchen zu ergattern. Da erscheint Wilma mit einem Bauchladen. Weil sie der Schwanz des Fortschritts ist, muß sie Gewerkschaftskalender verkaufen. An der Anzahl der verkauften Exemplare wird ihr ideologischer Fortschritt gemessen werden. Sie sieht mich, strahlt vor Freude und stellt mir den Bauchladen vor die Füße. Jetzt soll ich mit großer Gebärde in die Geldtasche fassen und gleich zwei Gewerkschaftskalender auf einmal kaufen. Dann soll ich um mich blicken und unter meinem Blick sollen alle in die Tasche fassen und auch mindestens einen Kalender erwerben. Aber ich funktioniere heute nicht und folglich steht die ganze Schießbude still. Wilma kehrt zu mir zurück, ganz erbost: Warum kaufst du mir keinen Kalender ab? Ich: Weil ich es nicht nötig habe. (Ich habe nämlich das Staatsexamen und brauche nicht mehr fortschrittlich zu tun.) Wilma: Aber einen Kalender hat man doch immer nötig. Ich: Höre, Wilma, ich bin arbeitslos. Und in drei Monaten ist Weihnachten, und meine Familie wird nicht sagen, na ja, die Ärmste ist arbeitslos. Die wollen alle ihr Päckchen in bunten Papierchen mit goldenem Schleifchen und das wird dann der Rest von meinen Spargroschen gewesen sein. Wilma: Aber das ist doch das billigste Geschenk, das du machen kannst, schenk jedem von ihnen einen Gewerkschaftskalender. Ich: Das geht leider nicht. Meine Verwandten wohnen alle in Westberlin. Sie versucht ein politisches Witzchen: Aber das schadet doch nichts, sieh mal, hier stehn dieselben Tage drin wie drüben. Ich antworte: Ja, aber es stehn die falschen Heiligen drin. Alles lacht. Wilma lacht auch und lachend streckt sie den Arm gegen mich aus, und ruft den anderen zu: »Vor der hab ich gezittert!«

Wilma, verzeih!

Wilmas Studienhobby waren Stabkirchen. Als ich einst zu einer Skandinavienreise aufbrach, dachte ich: Wie ungerecht spielt das Schicksal. Da sitzt sie nun in Leipzig fest und wird nie im Leben eine ihrer geliebten Stabkirchen erblicken. Mir bedeuten Stabkirchen nichts. Aber warum eigentlich? Warum sollte ich nicht als Ersatzmann für Wilma mich für Stabkirchen interessieren. Zunächst landete ich in Arlanda. Es war eine so dunkle Februarnacht, daß alle Lichter sie noch dunkler machten. Das Fließband rollte. Ein Fluggast nach dem anderen nahm seinen Koffer auf und ging davon. Das Fließband rollte und rollte. Am Schluß stand ich ganz allein da. Das Fließband blieb leer. Es lief noch eine Weile. Dann blieb es stehen. Ich sah auf mein Handgepäck. Mit einem Seiflappen, einer eingerollten Strumpfhose und einem buddhistischen Wörterbuch schickte ich mich an, den nördlichen Polarkreis zu erstürmen. Ich konzentrierte meinen Geist auf die Nichtigkeit der Materie. Morgen früh würde ich nach Umea weiterreisen. Der Koffer würde mir folgen, während ich auf dem Weg nach Finnland weitereilte. »Form ist Leere. Leere ist nicht verschieden von Form, Form ist nicht verschieden von Leere, in der Tat: Leere ist Form.« Er würde mir folgen nach Helsinki, nach Jyväskylä, nach Tampere. »So auch Gefühle, Wahrnehmung, Gestaltungen, Bewußtsein, sie sind Leere.« Nach Drontheim, nach Bergen, nach Oslo, nach Göteborg. »Da alle Dinge, Sariputra, die Natur der Leere haben, gibt es weder Anfang noch Ende der Dinge, sind sie weder vollkommen noch unvollkommen.« Nach Kopenhagen, nach Malmö, nach Lund, nach Aarhus, nach Holstebro. »Und darum gibt kein Leiden, keine Ursache des Leidens, kein Aufhören des Leidens, keinen Pfad, der zum Ende des Leidens führt, kein Erreichen von Nirvana und kein Nichterreichen von Nirvana.«

Und da, wo sich Europa wieder zusammenzieht und ganz klein wird und die Abstände zwischen den Stationen nach Minuten zählen, da würde er mich endlich einholen. Dann würden wir gemeinsam nach Hause fahren.

»Und warum kann man Nirvana nicht erlangen? Weil Nirvana das Reich von keiner Dingheit ist. Wenn das Ich ein bleibendes Wesen wäre, dann wäre Nirvana unerreichbar. Wenn aber das Ich aus vergänglichen Teilen besteht, dann allein ist Nirvana erreichbar.« In Bergen erwischte ich endlich eine von Wilmas Stabkirchen. Es war die Stabkirche von Fantoft, eine der schönsten, reinsten ihrer Gattung, und es war eine buddhistische Pagode. »Volles Verstehen und geduldige Annahme dieser Wahrheit ist höchstes, vollkommenes Wissen, ist Prajna paramita, Transzendentalphilosophie.« Und weiter gings nach Oslo, Osebergmuseum. Da saß der kleine Germanenbuddha mit seinen sächsischen Simpelfransen und demselben Kultgewand, wie es heute noch die tibetischen Lamas tragen. »Daher, Sariputra, suche jeder, der die transzendentale Weisheit liebt, die Wahrheit, die für immer wahr ist.« In Göteborg war ich Gast bei Pastor Kiesow, dem Betreuer der Tibetflüchtlinge. Er zeigte mir seine tibetische Sammlung. Seine Frau ist eine der besten Kenner isländischer Sagas. Einen Augenblick war ich versucht, darauf einzugehen und mich als Liebhaber isländischer Sagas vorzustellen, aber in der Furcht als Scharlatan dazustehen, als Alleswisser und Allesfresser unterließ ich es. Es war wie vor tausend Jahren: Christentum und Buddhismus, Germanien und Tibet unter einem Dach. Es war das Schlüsselereignis meiner Reise. »O überfliegende Weisheit, die den aufgewühlten Ozean von Leben und Tod überspannt, um alle Sucher zum anderen Ufer der Erleuchtung hinüberzutragen!« Mit isländischen Sagas hatte ich einst, in Ostberlin, eine hübsche Bibliothek zusammengebracht. Ich klapperte die Buchhandlungen ab und fragte stereotyp: Haben Sie isländische Sagas? Dann kam, nicht immer, aber recht häufig, ein inniges Lächeln über den Ladentisch. Eine Geheimtür wurde aufgeschlossen und es hieß: Nein, isländische Sagas haben wir leider nicht, aber vielleicht finden Sie hier etwas, das Ihnen gefällt. Da standen dann Thomas Wolfe, Kin-ping-meh, Molière, alles dem Zugriff der Genossen entzogen, zu meiner Verfügung.

Manchmal war ich versucht, an die Mauer zu gehen und die Bewacher zu fragen: Haben Sie isländische Sagas? Vielleicht hätten sie mich durchgelassen.

Die Germanen waren Anrainer der Seidenstraße. Nach Birka, nach Haithabu kamen die buddhistischen Missionare, die Siddhas (skandinavisch: Seidir) und das deutsche Wort »Seide« lautet noch nach ihrem Namen. Denkwürdig ist das Schicksal der Siddhas auf Island. Der christliche Missionar Thankbrand ließ drei Feuer anzünden, für jede Religion eines. Ein Berserker zertrat das Feuer der Heiden, ohne daß es ihn brannte. Vor dem Feuer der Christen scheute er zurück. Von dem dritten Feuer ist nicht weiter die Rede. Ein Mann des dritten Feuers, nicht Heide, nicht Christ, war der weise Njal, dem kein Bart wuchs, der keine Waffen trug und niemanden tötete. Er wurde mit seiner Familie in sein Haus eingesperrt und verbrannt. Die Njalsbrenna war das Hiroshima des Mittelalters. Um ihretwillen wurden die Nibelungen umgedichtet. Ursprünglich enden sie im Schlangenturm. Nun kommen sie im Feuer um.

Die Wikinger waren Antikreuzzügler. Karl der Große hatte ihnen eine Bucht ins Land gerudert. Er hatte die Irminsul zerstört. Jetzt wikten sie zurück und zerstörten Iona und Lindisfarne. Ihr Koran waren die Nibelungen. Nach ihrem Glauben stand der Schlangenturm, in dem König Gunther sein Martyrium erlitt, bei der italienischen Stadt Luna. Einige der frömmsten (blutigsten) Wikinger, die sowieso gerade in Spanien und Frankreich heerten, kamen auf die Idee, einen Abstecher nach Luna zu machen. Sie löschten die Stadt ein für allemal aus. König Gunther war gerächt. Die überlebenden Christen wußten nicht, was Ihnen geschehen war. Sie vermuteten, man habe ihr armes Städtchen mit Rom verwechselt.

1014, Schlacht bei Clontarf, das Stalingrad der Wikinger. Auf der Christenseite König Brian mit seinen Iren, auf der Heidenseite Orkney-Jarl Sigurd mit dem Rabenbanner. Jarl Sigurd war ein kaputter Typ und wie alle diese Typen Odinspriester und wie alle Odinspriester, Schutzherr der buddhistischen Mission auf den Orkney-Inseln. Karfreitags wars, Brian fiel, Jarl Sigurd fiel, die Heiden wurden kurz und klein geschlagen. Der Traum vom großen, heidnischen Normannenreich war ausgeträumt. Nun gab es Christen, die waren noch fanatischere Christen als die Iren, das waren die Normannen, und die fanatischsten, die auf den Orkneys. Die Orkney-Buddhisten wanderten aus. Sie segelten zur alten Heimat zurück. Die erste Generation baute ihre Pagoden entlang dem Sognefjord. Die zweite zog sich ins Gudbrandsdalen zurück. Die dritte Generation baute ihre Pagoden nach Väterart. Aber es waren christliche Pagoden nun, Wilmas Stabkirchen.

Und wer waren die Nibelungen, die aus dem Nebelschloß geborenen? Snorri Sturluson überliefert in der Edda: die Gjukunge Gunnar und Högni (Gunther und Hagen) seien die Nibelunge. Aber eben da sie die Gjukunge sind, sind sie nicht die Nibelunge. Im codex regius wird der Titel großzügig an jeden verteilt, der gerade in der Nähe ist, gleichsam als Umkehrung der Redensart: Anwesende ausgeschlossen. In der Wölsungensage ist Niflung der Name eines Statisten, der nur einmal einen kleinen Auftritt hat und den es in den anderen Überlieferungen gar nicht gibt. Die Helden heißen hier Wölsunge, da weiß man wenigstens, woher sie stammen, denn Wölsi ist das männliche Glied. Die Wölsungensaga ist ein mönchisches Agitations-Traktat nach dem Motto: lieber heidnisch als buddhistisch. Daher übernimmt Brünhild Budlitochter, die Buddha-Dakini des Gunnar den Job der Sigdrifa, der Odins-Walküre des Sigurd. Siegfried und Gunther haben jetzt nur noch eine gemeinsame Seelenfreundin, in die sie sich teilen müssen. Das gibt einen psychologischen Reiz, auf den die späteren Dichter geflogen sind, aber keinen Sinn mehr.

Auch die Ringe kommen durcheinander. Kein Nick Knatterton kann mehr kombinieren, warum dieser Ring just an jener Stelle auftaucht und wem nun welcher Ring gehört. Der codex regius kann keine Kontrollfunktion ausüben, denn (welch merkwürdiger Zufall) gerade hier hat die Handschrift eine Lücke. Ein Germanist nach dem anderen tappt in diese Lücke als in eine Falle und ergänzt die »Lieder der Lücke« aus der Wölsungensaga, die doch geschrieben ist, um über das, was in dieser Lücke gestanden haben mag, hinwegzuhelfen. Die jüngeren Lieder des codex regius folgen sklavisch den Motivreihen der Wölsungensaga. Die Dichter haben den »Bitterfelder Weg« kapiert.

Sigdrifa, die Odinswalküre des Sigurd, verabschiedet sich von ihrem Seelenbräutigam mit den Worten: »Röm ero rog of risin«, ein echter Stabreim, der ungefähr besagt: Der Kampf gegen Rom beginne. Es gibt eine Theorie, daß dies der stehengebliebene Rest eines alten Arminiusliedes sei. Jedenfalls haben die späteren Benutzer des Liedes keinen Anstand gefunden, hier etwas umzuändern.

Im faröischen Nibelungenlied gibt Sigurd der Brünhild Budlatochter (im faröischen steht Budla statt Budli) den Andvaranaut, das ist der Ring aus dem Fafnirschatz, der den Fluch trägt. Brünhild aber gibt ihm den Budlanaut, den Buddha-Ring, den Sigurd achtlos an seine Frau Gudrun weiterschenkt. Vielleicht war das der echte Nibelungenring, der verlorengegangen ist.

Zeus, was hast du mit mir vor

Im Berliner Norden, in der Kleinen Hamburger Straße, wohnte ein Student. Seine Mama war auf die Berliner Volkszeitung abonniert. Der Zufall wollte es, er erfuhr, daß die Zeitungsbotin gar keine Zeitungen las, sondern die Ilias und die Odyssee. Er rief aus: »Ich möchte den einzigen Menschen sehen, der außer mir in dieser Einöde den Homer liest.« Man rief nach mir. Ich trug gerade auf der anderen Straßenseite die Zeitungen aus. Ich kam und wurde ihm vorgestellt und war keine zehn Jahre alt. Natürlich konnten wir nicht viel miteinander anfangen. Wir wechselten einige denkwürdige Worte, vermutlich über Homer. Aber daran erinnere ich mich nicht, sondern nur daran, daß in der Guten Stube seiner Mama ein ausgestopfter Hund stand. Später bin ich dann restlos verblödet. Mit den ansteigenden Klassennummern sank meine Geistestätigkeit. Im letzten Schuljahr las ich nur mehr Karl May. Es reichte zu einer Eins in Erdkunde. Sonst nichts.

Der heiligste Augenblick meiner Kindheit war, als ich das Pergamon-Museum besuchen durfte. Es war gerade neu eröffnet worden. Man ging auf einer Brücke über die Spree und betrat eine Art von Klinik. Alles weiß-in-weiß, nur der Fußboden dunkel und spiegelglatt. Dann kamen die Götter. Zwar gab es auch andere Götter als die von Pergamon. Aber sie waren zeitlich gebunden und erschienen nach dem Kalender als Nikolaus, Christkind, Jesus am Kreuz und Osterhase. Es gab einen Gottvater, den ein uneheliches Kind nicht realisieren konnte und der sich gegen Ziehvater »Onkel Gottlieb« niemals ganz durchgesetzt hat. Aber hier waren sie, die alltäglichen, allgegenwärtigen. Wenn ich ein ehrliches Kind gewesen wäre, dann hätte ich zugeben müssen, daß die Götter etwas blaß wirkten und daß ich langsam anfing, mich zu langweilen. Aber ich war kein ehrliches Kind. Ich befeuerte mich mit aller Einbildungskraft, um die

Götter zu beleben und wußte, daß das ein heiliger Augenblick war.

Um den allerheiligsten Augenblick hat mich meine Familie gebracht. Sie wollte mit Olympiade nichts zu tun haben. So durfte ich das Feuer, das aus Griechenland herbeigetragen wurde, nicht mit Augen sehen. Und nur auf Bildern erblickte ich die griechischen Sportstudenten, die in Fustanella und Bommelschuhen die liebe griechische Fahne als erste aller Fahnen ins Stadion trugen. Tag für Tag erforschte ich den Medaillenspiegel in der ›BVZ‹. Da stand nichts von Griechenland. Das konnte nur ein Versehen sein. Gewiß waren ihre Medaillen nicht rechtzeitig gemeldet worden. Mit einem Wahnwitz ohnegleichen hoffte ich bis an die Schlußfanfare, daß die Griechen doch Medaillen gewonnen hätten und daß das im letzten Bericht enthüllt werden würde. Als alles vorbei war, beteiligte ich mich an einem Schulwettbewerb. Ich wollte das Olympia-Album gewinnen und bekam es. Zu dem Album gehörten die Bilder der siegreichen Athleten, die man einkleben mußte. Sie hatten recht exotische Namen: Gisela Mauermayer, Josef Manger, der genau so aussah, wie man sich einen Athleten vorstellt, denn er hob Gewichte, ein lustiger Radfahrer namens Toni Merkens, ein Karl Hein, der die seltsame Kunst des Hammerwerfens beherrschte und viele andere Müllers und Schulzes.

Neapel sehn und sterben. Wir sind vier Leute und essen jeder zwölf Austern. Dann kommt der nächste Austernverkäufer und ist genau so nett. Einen dritten können wir nicht benachteiligen, so hat jeder von uns 36 Austern im Bauch. Dann mieten wir ein Motorboot und fahren über den Golf. Es pfeift ein kalter Wind, die Sonne sticht. Wir landen in einen prasselnden Regen hinein. Ich esse eine Portion Eis. Immer, wenn ich friere, esse ich Eis. Dann wird mir warm, behaupte ich. Am nächsten frühen Morgen fahren wir nach Paestum. Die Tempel stehen vor dem Bahnhof, oder der Bahnhof vor den Tempeln. Die Hoteliers sind Zyniker und verlangen Jet-Set-Preise. Wir geraten in eine solche Wut, daß wir ohne Rücksicht auf Selbstschädigung in plagender Hitze unser Gepäck meilenweit schleppen, um den Gastwirten den Gefallen nicht zu tun. Dabei wollen wir nur einmal übernachten. Wir kommen in eine Neubausteppe. Ein Hotel ist schon fertig aber noch nicht ganz trocken. Da sind sie froh, daß sie uns kriegen. Wir lassen unseren Schweiß verdunsten und wandern zu den Tempeln zurück. Angekommen, ist es zum Fotoschießen schon zu dunkel. Wir haben Abendbrothunger.

Einer von uns weiß einen kürzeren Weg. Es geht über Drahtzäune und Wiesen, die langsam feucht werden. Wir fliehen vor einem bissigen Hund. Der Weg ist dreimal so lang und es ist stockfinster. Das einzige Licht in der Nacht ist unser Hotel. Dann gibt es Miracoli, mitten in Italien. Wir sind böse und beschweren uns. Dann sinken wir in einen Schlaf. Am anderen Morgen sind wir alle krank. Es gibt viele Möglichkeiten: Überanstrengung, Erkältung, Magenverstimmung. Es gibt auch die 36 Austern. Ich bin Optimist, ich bestreike das Frühstück. Die andern sind todbereit und verzehren ihre Henkersmahlzeit. Dann nehmen wir die Koffer auf und begeben uns nach Paestum, um unsere Touristenpflicht bis zum letzten Atemzug zu erfüllen. Einen müssen wir ins Gras legen. Er kann sich nicht mehr aufrecht halten. Wir betten ihn mit dem Angesicht zum Poseidon-Tempel, damit er noch was vom Leben hat. Wir legen ihn in die Sonne, Sonne ist immer gut. Wir fotografieren, was die Linse hält. Warum eigentlich? Ab und zu hocken wir uns hinter irgendwelche Säulen. Ein kleines Negerlein bleibt hocken. Die beiden letzten nehmen noch das Museum mit. Als wir, nun wieder zu dritt, unseren Toten suchen, finden wir ihn nicht mehr. Ist das ein gutes Zeichen oder ein böses? Da scheint etwas los zu sein. Ein Haufen Leute schart sich um etwas, das vor ihnen auf der Erde liegt. Ein deutscher Archäologe stellt sich uns vor und sagt: Wir haben Ihren Freund aus der Sonne in den Schatten getragen. Er hat einen Sonnenstich. (Stein vom Herzen!) Wir werden alle vier auf einen Lastwagen geladen und in den Zug gesetzt. Wir steigen in Neapel nicht mehr aus, wie wir ursprünglich wollten. Neapel ist uns Hekuba. Wir wollen heim, nach Hause, nach Rom.

Wieviel Tage ich dann im Bett verdämmert habe, weiß ich nicht. Eines Morgens fühlte ich mich gesund und kroch an die frische Luft. Ich bekam einen Rekonvaleszenten-Besuch. Ein Freund hat ein dickes Buch mitgebracht: Römische Kunst von den Anfängen bis zur Gegenwart. Das war jedenfalls der Inhalt, wenn auch nicht ganz der Titel. Ich schlug das Buch auf: römische Antike, Mittelalter, Renaissance, Barock, Klassizismus – und fühlte, wie sich mir der Magen umdrehte. Einen Augenblick glaubte ich an einen Rückfall. Doch dann begriff ich: Ich hatte einen Abend und einen Vormittag im dorischen Tempelbezirk geweilt zwischen aufrecht stehenden Säulen. Nun bin ich für alles, was es sonst an Kunst gibt, verdorben. Es hat einige Zeit gedauert, bis ich fähig war, in Rom umherzugehen, ohne daß mich Übelkeit befiel. Ein persönliches Problem hatte ich noch zu lösen. Der Poseidon-Tempel war aus rötlichem Gestein. Ich fragte einen Freund: Ist der Parthenon auf der Akropolis von Athen auch rot? Nein, hieß es, der ist margarinefarbig. Ich habe ihn im Traum gesehen, sagte ich. Im Traum bin ich nämlich schon in Athen gewesen und es war so echt wie erlebt, auch nach dem Aufwachen. Aber der Tempel, zwischen dessen Säulen ich umherlief, war rot. Dann war es nicht Athen, entschied der Freund. Aber Paestum war es auch nicht, sagte ich, ich habe genau aufgepaßt, was wir alles erlebt haben. So wie in meinem Traum war es nicht. Mein Traum kam einen Monat später. Wir strolchten diesmal in Sizilien herum. Es war in Agrigent. Da geschah alles so, wie ich es einst geträumt hatte.

Ich habe lange üben müssen, ehe ich den schrecklichsten Weg meines Lebens gehen konnte, ohne zu schwanken. Über wieviele Steine bin ich geschritten als wären es glühende Kohlen. Wie oft habe ich mich gegen einen inneren Widerstand stemmen müssen wie gegen einen Orkan, der mich anweht, um dahin zu kommen, wohin ich wollte oder mußte. Eines Sonntags vormittag stieg ich Bahnhof Gesundbrunnen aus. Denn es fuhr kein Zug mehr. Ich ging das letzte Stück zu Fuß. Ich ging die Brunnenstraße entlang und kam an die Bernauer Straße. Dort hatten sich viele Leute versammelt und standen starr und schweigend. Ihnen gegenüber eine uniformierte Postenkette. Ich ging durch die Menschenmenge hindurch und näherte mich der Kette. Die Uniformierten riefen mir entgegen: Zurück! Kehren Sie um! Wenn Sie hier durch sind, können Sie nicht mehr raus! Ich zog meinen Ostberliner Personalausweis. Die Kette öffnete sich. Nach zwanzig Schritt stieß ich auf eine zweite Postenkette, ebenso grimmig und bewaffnet. Einer sprang aus dem Glied und baute sich vor mir auf. Er streckte beide Hände gegen mich aus: Kehren Sie um! sagte er, noch können Sie umkehren! Ich zeigte ihm meinen Ausweis. Sprachlos trat er beiseite und ließ mich durch. So kam ich am Sonntag, dem 13. August 1961 von Westberlin, wo ich zufällig übernachtet hatte, nach Ostberlin zurück. Zweieinhalb Jahre lang habe ich diesen Weg immer wieder im Traum gemacht und jedesmal war er etwas anders. Die Ausgangsposition war stets die gleiche: Ich befand mich in Westberlin und mußte unter allen Umständen und schwersten Behinderungen zurück nach Ostberlin.

Westberlin und Ostberlin waren zwei Städte, zwischen denen es einen Weg zu bahnen galt. Manchmal ging es darum, auf einem

S-Bahnhof umherzuirren und den Bahnsteig zu finden, auf dem der Zug nach Ostberlin fuhr. Manchmal war zwischen West- und Ostberlin ein Bretterzaun wie vor einem Neubau mit bunten Plakaten verklebt, ganz westlich und man mußte sich um Ecken und Winkel zwingen, vorbei an Wächtern, die einen daran hindern wollten. Manchmal war man auf Wiesen wie in Vororten und es galt ein Flüßchen zu überqueren, das man aber erst irgendwie entdecken mußte und jedesmal die brennende Angst, den Weg nach Ostberlin zu verfehlen oder daran gehindert zu werden, ihn zu gehen.

Einmal träumte ich etwas ganz anderes. Ich träumte, ich sei in Athen auf der Akropolis. Ich stand vor dem Parthenon zwischen rötlichen Säulen dicht an einem Abgrund. Die Steine unter mir wackelten. Ich war keineswegs froher Laune, sondern ziemlich kaputt und überdrüssig. Es war Abenddämmerung. Ein letzter Bus hatte sich noch entleert. Diese Leute, die mich gar nichts angingen, umringten mich, ich mußte aufpassen, daß ich meine Meute nicht verlor. Ich drängte mich zwischen Fremdlingen, Einheimischen, Säulen und sonstigen Hindernissen durch, nichts im Sinn als von hier wegzukommen. Mitten im Bemühen immer am Schwanz meiner Gruppe zu bleiben, wachte ich auf. Ich lag da, die Tränen flossen aus mir heraus und ich war unsagbar glücklich. Ich dachte: Eigentlich müßte ich aus Kummer weinen, nicht aus Freude. Ich dachte: Es ist doch ein Glück, daß man wenigstens im Traum auf der Akropolis sein kann. Ich dachte: Vielleicht ist es ein gutes Omen. Als es dann soweit war, dachte ich nicht: »Freiheit!« und ich dachte nicht: »Akropolis!« Ich dachte: »Badewanne!« Ich würde im Westen sein. Dort würde ich in einem Hotel wohnen. In dem Hotel würde eine Badewanne stehen. In dieser Badewanne würde ich von meinem Körper den Dreck von zweieinhalb Jahren abschrubben. So geschahs.

Hierogamos Heilige Hochzeit

Die meisten Menschen sind Zwillinge und wissen es nicht. Im gewöhnlichen Schwangerschaftsverlauf überwächst eine Frucht die andere, und sobald sie sich nur um ein geringes besser gestellt hat, zieht sie im Nu die volle Lebenskraft des mütterlichen Leibes an sich. Der benachteiligte Zwilling verkümmert, verwächst mit der Placenta und dient zur Nahrung des gedeihenden

Foetus. Das heißt: Die meisten Menschen haben vor ihrer Geburt monatelang als Mörder neben der Leiche ihres Opfers verbracht und haben es auch noch aufgefressen. Dann treten sie ins Leben hinaus und alles scheint in Ordnung zu sein: Leben ist die Gottheit, die sich selbst verzehrt. Tiere schlachten, Bäume fällen, in den Krieg ziehen. Aber wehe, wenn ein dürrer Priesterfinger sich gegen uns ausstreckt und die Worte fallen: Du bist schuld! Die wenigsten Menschen können dann lustig lachen und sagen: Hört euch das an. Die meisten stehen starr, hypnotisiert und stammeln: ja, ich bin schuldig, schuldig, schuldig, bitte lieber Priester, sag mir, an was ich schuldig geworden bin. Dann dürfen sie sich ihre Schuld selbst aussuchen und sagen nicht: Ich lüge jeden Tag, ich stehle einmal in der Woche, sie entscheiden sich alle dafür, Mörder zu sein. Sie legen ein volles Geständnis ab: Da war irgend eine Frau, die haben wir aus dem Haus geschmissen, sie ist von einem Fahrrad angefahren worden und in eine Kur gekommen, da haben wir herausgekriegt, daß sie gestorben ist und ähnlichen Unsinn mehr.

Eines Nachts, die Stalinallee war noch Stalins Stalinallee. Er war noch kregel und ließ die Welt erzittern. Die Arbeiter waren noch nicht hindurchgestampft und hatten den Funktionären noch nicht ein für alle Mal das moralische Rückgrat zertrampelt. Kurz, lange vor dem 17. Juni 1953 lief eine Sexparty ins übliche Nichts aus. Die Genossen und Genossinnen fischten nach ihren Unterkleidern und kämmten sich mit den Fingern durchs wirre Haar, tranken den Rest aus den Gläsern, zündeten sich eine Abschiedszigarette an und hatten eine kleine Diskussion. Der Hausvater und Orgienchef sagte: Wohlgemerkt und recht verstanden, es gibt Dinge, da können wir vom Westen lernen. Beifall: jaja, natürlich, das ist so mit uns Sozialisten, wir verstehen uns nicht aufs Genießen. Das müssen unsere Genossen da oben endlich begreifen. Im Westen, das heißt nicht, daß man Entartungen das Wort reden soll. Es gibt auch ein Leben, das nicht nur aus Arbeit besteht und trotzdem gesund ist. Ich sprang in eine Lücke ein: »Ich kenne drüben Leute!« Sie spitzen die Ohren. »Die nehmen Rauschgift!« Sie waren elektrisiert. Ich ging in Einzelheiaen: Nicht, was ihr denkt, nein keine dekadenten Bourgeois, auch keine Kriminellen, sondern Arbeiter, nur daß sie eben nicht arbeiten. Sie experimentieren. Es sind sogar Opfer des Faschismus darunter. Der Orgienchef setzte seine Pankower Amtsmiene auf (sie stand merkwürdig über seinem Unterhemdchen) und sagte: »Genug!« und »Wir wollen nichts mehr hören. Liebe Christa, wir kennen deine unglückliche politische Veranlagung. Verschone uns mit deinen Anarchisten!« Beim Abschied zog mich die Genossin »Dame des Hauses« beiseite und teilte mir mit, daß es in dieser Angelegenheit auch eine inoffizielle Meinung gäbe. Ich machte mich auf nach Westberlin. Einst war ich Tag für Tag denselben Weg gepilgert, war die sechs Treppen emporgeklettert, den langen Gang auf und ab gewandert, auf und ab, stundenlang. Da war die Wasserleitung, da war das Klo. Früher oder später mußte jemand auftauchen und diese Dinge in Anspruch nehmen. Dann ging eine Tür auf, ich wischte hinein. Da saß ich auf dem zerfetzten Sofa. Es gab Martin Buber, Suzuki, Freud, Bakunin. Rauschgift gab es nicht. Für mich nicht, nicht einmal zum Dranriechen. Manchmal durfte ich die sechs Stockwerke hinab und wieder hinauf treppen, um die Kommune, die nicht mit dem kleinen Finger aus ihren 3 ½ Wänden herauslangte, mit Brot, Milch und Arbeitslosenwurst zu versorgen. Nach ein oder zwei Stündchen war ich überflüssig. Ich verabschiedete mich artig und wurde mit Floskeln »sehr gefreut, besuchen Sie uns mal wieder!« zur Tür hinauskomplimentiert. Zur Tür einer Bodenkammer hinaus! Aber Proust im Faubourg St. Germain konnte nicht snobistischer sein als ich. Heute weiß ich, warum ich keine Gnade fand: weil nur *ein* Weibchen die Schar der Männchen zusammengehalten hat. Ein zweites Weibchen, und die Kommune wäre auseinandergeflogen. Damals erzählte ich ihnen ein dolles Ding: Denkt euch! In der Stalinallee, da gibts Kommunisten, die sind so kommunistisch, daß sie die Weiber tauschen. Die Rauschgiftler entflammten. So etwas hatten sie noch nicht gehört. Die lassen einfach die Kleider fallen und rennen rum wie Adam und Eva. Nein, diese Ostler! Die sind so schamlos, die drehen nicht einmal das Stalinbild zur Wand. Sie sagen: Väterchen versteht uns. Stell dir vor: Es nackt mit fremden Leuten treiben, ist das nicht genierlich? Man müßte da mal hin und es ausprobieren. Aber ach, man müßte sich zu diesem Zwecke von dem zerlöcherten Teppich hochreißen, sechs Treppen runterkrauchen, mit der S-Bahn rüberfahren. Ich war mal in der Stalinallee, die sieht aus wie eine Schmalzburg, die ein Hund hochgeleckt hat. Da dürfste nich mal dein Fahrschein auffe Erde werfen, denn würste schon verhaftet. Und dann die sechs Treppen. Nee! Ich sagte: Aber ihr könnt sie doch einladen. – Was solln die denn hier? Bei uns gips doch nischt zu sehn. – Sie kamen. Den Kommunisten stand deutlich ins Gesicht geschrieben: »Pfui Zille!« Aber irgendwie waren sie stolz, daß sie sich hergetraut hatten. Es war wie eine Konferenz. Wenn ich nicht eine Flasche Slibowitz mitgebracht hätte, wäre nichts los gewesen. So war wenigstens die Flasche los. Nach unserer Rückkehr, wieder in der Stalinallee, biß ich mir an einem Kaviar-Partyhappen einen Zahn aus. Er war wohl schon sehr morsch.

Wenn 88% aller achtzehnjährigen Mädchen heutzutage den Tripper haben, ihre Großmütter in demselben Alter hatten ihn aber nur zu 0,8%, dann bedeutet das, daß dazumalen die Sex-Aufklärung in Ordnung war, und daß heute in unseren Schulen Mist gemacht wird. Und was sollen die vielen Körperteile, die die Kinder im Sex-Unterricht auswendig lernen müssen! Vor mir liegt ein Bild des ältesten Liebespaares der Welt, 10000 Jahre älter als Adam und Eva. Es ist der chinesische Kulturvater Fu hsi und die chinesische Kulturmutter Chen nü. Er hält das Winkelmaß, das Zeichen der Erde, sie den Zirkel, der den Himmelskreis bedeutet. In allerältester Zeit war der Himmel weiblich und die Erde männlich. Vielleicht sind damals die Weiber »aufgestiegen«. Vielleicht haben sie es überhaupt noch gar nicht getrieben. Denn Fu hsi und Chen nü sind unterhalb des Nabels anormal gebaut. Ihre Leiber enden je in einem Drachenschwanz und die beiden Drachenschwänze verknoten sich zu einem Ornament. Wie fein säuberlich. Ohne Kleenex, ohne Schüssel, ohne Schwamm, ohne Gummi, ohne Chemie, ohne all die fatalen Dinglichkeiten, von denen die Wüstlinge behaupten, daß sie von besonderem Reiz seien, und die doch nur bewirken, daß man sich als Sünder fühlt und seis auch nur in puncto Hygiene.

Während ich das Bild betrachte, weiß ich plötzlich, daß ich genau das erlebt habe, was Fu hsi und Chen nü im Ornament verewigen, die Heilige Hochzeit. Es war einmal ein Nirgendwer mit Nirgendwem im Nirgendwo. Es war ein Noumenon. In diesem Noumenon gab es eine traumhafte Greifbarkeit: eine angeflogene Adresse. Um ein Haar hätte ich um einer Chimäre willen Heim und Herd verlassen und wäre in eine unbekannte Ferne gezogen. Mein Mangel an Abenteuersinn hielt mich zuhause fest. Dann, nach dem Haiku-Erlebnis war mir klar, wie es damals zugegangen war. Es gab dieses Nirgend-Ich und folglich auch das Nirgend-Er. Aber ich war der innigsten Vereinung, die ich je gespürt, nun schon entwachsen und empfand keine Lust, einem wildfremden Mann auf die Pelle zu rücken, und ihn auszuforschen, ob er dasselbe erinnerte wie ich. Wie würde ich dastehn! Es war auch wurscht. Dann endlich war ich im Westen, kam viel herum und in die Nähe der Adresse. Die

Neugier zwackte mich. Dies ist das Ergebnis: Es hat diesen Menschen wirklich gegeben. Er war dann verzogen und kurz vor meiner Flucht in den Westen gestorben. Manchmal denke ich an den Großen Unbekannten, dem ich im Eigentlichen nie begegnet bin, und denke: Ich habe mich mein halbes Leben aus dem Osten fort in den Westen gesehnt. Es ist, als habe die Leiblichkeit des anderen wie eine Barriere vor meinen Wünschen gelegen. Solange auch nur die entfernteste Aussicht bestand, daß wir uns im Fleische gegenübertreten könnten, bleib ich im Osten gebunden. »Die Welt ist alles, was der Fall ist«, und am schmerzlichsten ist sie das, was nicht der Fall ist.

Drittes Kapitel
Die Vollendung der Tugend

Die ursprüngliche Aufgabe des Romans, den Kampf der Tugenden gegen das Laster darzustellen, scheiterte daran, daß der Roman ein empirisches Kunstwerk, d.h. ein credo quia absurdum, und von einem strengen Kunstgericht als Kunstwerk gar nicht zugelassen ist. Das bitterste Beispiel eines Verzweiflungskampfes gegen die Teufelswelt mit Hilfe des Romans ist Dostojewski, der mit seinem religiösen Anliegen bestimmt noch keinen Leser zum Heiligen erhoben aber viele von ihnen zu Knastbrüdern gemacht hat. Nach dem inbrünstigen Studium von Raskolnikov findet man sich schwerlich auf den Knien des Gebets, leicht aber mit dem Beil in der Hand wieder. Wenn im Roman der Geist über die Welt gesiegt hat, ist dem ermüdeten Leser längst das Buch aus der Hand gefallen. Denn es gibt eben nur vier Denkgesetze. Die Sinnenwelt allein ist unerschöpflich. So kommt bestenfalls ein Kampf der Laster gegen die Tugend zustande. Letztendlich streicht die Selbstkontrolle des Autors die Tugend als inadäquates Element heraus. Bleibt übrig der Kampf der Laster und vielleicht ein Meisterwerk.

Mein erstes Buch, Grimms Märchen, hat mir keinen Eindruck hinterlassen, um so mehr das zweite, Gustav Schwabs Sagen des klassischen Altertums. Da gab es eine Stadt Paris, die hütete Schafe auf einem Berg, der den Namen einer Tante trug. Zwar gab es in meiner Familie keine Tante Ida, aber eben dadurch blieb Ida ein abstrakter Begriff, und das Schafehüten der Stadt Paris auf der Tante Ida wurde ein echtes James-Joyce-Erlebnis. Beim Herakles war ich schon besser eingearbeitet. Als Herakles am Scheideweg anhielt, und rechts und links die Tugend und das Laster ihn anfielen wie Agitatoren und versuchten, ihn in eine Diskussion zu verwickeln, da hielt auch ich mit Lesen an. Ich legte das Buch beiseite, und, um meine Neugier zu zügeln, deckte ich die Händchen über die Äuglein und entschied mich für die Tugend. Was für eine freudige Überraschung erlebte ich, als ich dann weiterlas. Herakles hatte sich genauso entschieden wie ich.

Als ich dann wahrlich vor meiner eigenen Entscheidung stand, wählte ich die Tugend aufs neue. Am Ende meiner blöden, verworrenen Jugend, in der Herrlichkeit meiner Jahre stehend, entflammte ich für die Tiefe. Nach einigem Prüfen des Gefälles entschied ich, daß ich für die Anstrengungen und Aufregungen eines bos- und lasterhaften Lebens gar nicht die Konstitution besaß und wurde häuslich. Aus Bequemlichkeit entschied ich mich gegen das Laster und für die Ruhe, die der Tugendpreis ist. Ich liebe Schnee und hasse abgeschnittene Fingernägel. Das ist ein bestandener Psychotest für die Laufbahn eines Chiliasten. Angenommen der schwarze und der weiße Engel meines Lebens träten vor den Totenrichter und hakten meine Taten von der Liste ab, dann würde meine gute Tat nicht ohne Makel, meine böse Tat aber ohne eigentlich bösen Willen vollbracht worden sein. Das heißt, ich bin ein unachtsamer Mensch gewesen. Der Totenrichter würde mir das recht übel nehmen, vielleicht das Tor zu neuer Menschwerdung verschließen und mich zu den Rhesusaffen schicken. Der Totenrichter wäre sehr viel weniger ergrimmt, wenn ich meine böse Tat mit echt böser Gesinnung und aller Achtsamkeit auf das Gelingen begangen hätte. Dann könnte er mich nicht einmal in die Hölle hinabstürzen, denn es hätte mir an Haß gefehlt.

Wenn ich jemals einen Roman schreiben wollte, würde ich es nicht darauf anlegen, ein moralisches oder religiöses Thema anzuschneiden. Um Kombinationsbreite zu gewinnen, würde ich meinen Roman nicht in einer Kirche sondern in einer Kneipe ansiedeln. Als Überraschungsmoment würde ich den Titel »Der Landpfarrer« wählen. Der Roman beginnt damit, daß der Pfarrer seine Kirche verläßt, würdig das Dorf abschreitet und zufällig dazu kommt, die Kneipentür aufzuklinken, vom Sog der Kausalität fortgerissen, tritt er in die Kneipe ein, wird von den Bauern zu einem Trunk eingeladen, den er nicht gut abschlagen kann, bleibt nun hängen und versackt vierhundert Seiten lang. Auf der vorletzten Seite würde ich ihn aus rein ästhetischen Gründen wieder hochreißen. Der Pfarrer findet zu Gott zurück, verläßt die Kneipe und schreitet, nun mit gehöriger Demut versehen, in umgekehrter Richtung das Dorf ab, betritt seine Kirche, die immer noch an derselben Stelle steht, und zündet auf dem Altar die Lichter an. Ende.

Es gibt vier Dinge, die einem das Romanlesen gründlich verleiden können: Politik, Sex, Literatur und die Stimme des Autors. Ein Roman, der ohne diese vier Dinge auskommt, wird Krimi genannt und stellt den Höhepunkt der abendländischen Literaturgeschichte dar. Angenommen, ich würde einen Krimi schreiben, so würde ich nicht einen einzigen Detektiv auftreten lassen, sondern ein Team. Am günstigsten ist es, wenn alle handelnden

Personen Detektive sind. Die Redlichkeit (Pardon me, liebe Anglisten!) also die Fairneß verlangt es, daß sich nicht alle Detektive auf die hoffnungslose Minderheit eines einsamen Mörders stürzen, sondern daß ein ganzes Mörderteam am Werke ist. Angenommen, alle handelnden Personen sind gleichzeitig auch die Mörder, die als Detektive den Mörder suchen, wobei jeder einzelne nicht ahnt, daß er der Mörder ist, sondern den Mörder immer im anderen sucht, das gäbe einen Stoff von knallharter Realität. Das Buch würde den geheimnisvollen Titel tragen: »Der andere war's.«

An was ich mich nicht heranwage, ist ein autobiographischer Roman, vielleicht mit dem Titel: »Gott, ich danke dir, daß ich nicht andere Leute bin.« Ich bin ein schwer frustrierter Mensch und halte meine schwarze Seele sorgfältig unter Verschluß. Beichten sind mir so widerwärtig wie Schulden, mein preußisch-protestantisches Erbe, an dem ich schwer trage, denn wie gern würde ich mal Schulden machen. Ich kann meine Geschichten nur so loswerden, daß ich sie objektiviere. Ich erzählte sie als die Geschichten eines anderen. Eben nicht einer anderen (Weibsperson), sondern eines anderen (neutralen Menschen), so daß aus Weibsgeschichten unversehens Mannsgeschichten werden gleichsam als psychologisches Pendant zu den wilden Mädchen bei Marcel Proust, die über lang liegende Badegäste hinwegspringen, was Mädchen bis zum heutigen Tage nicht gelernt haben, es sei denn sie sind high oder Masseusen von Beruf. Aus meiner Ich-Erzählung würde eine Er-Erzählung, aus Christa würde Christus und die Kritiker brauchten keine volle Osterwoche, mich ans Kreuz zu nageln.

Besäße ich ein unerschütterliches Gemüt, könnte ich mich an einen Thriller wagen: »Die Abenteurer der Luftschiffahrt.« Allerdings würde ich mich nicht mit dem Grafen Zeppelin beschäftigen und nicht mit Lindbergh, auch nicht mit ungelernten Passagieren, die mitten in eine Flugzeugabsturzwoche hineinchecken. Nein, mein Roman würde in Frankfurt beginnen und in Frankfurt enden, die Maschine, für die die Abenteurer gebucht haben, sich gar nicht in den Himmel erheben. Die Abenteurer würden den Frankfurter Flughafen tage- und nächtelang gar nicht verlassen. Und das eben wäre das Abenteuer.

Mir fällt ein, daß ich den wichtigsten Faktor der Romankunst, die Sozialität bisher völlig vernachlässigt habe. Dabei kann es einen Roman, der das gesellschaftliche Leben nicht getreulich widerspiegelt, gar nicht geben. Ein solcher Roman hat keine

Daseinsberechtigung. Ich beschließe, den sozialen Faktor weiterhin außer acht zu lassen, denn der Roman soll ein Spiegelbild meines Wesens werden, und auch ich habe keine Daseinsberechtigung. Es gibt heutzutage keine richtigen Historienschinken mehr. Wie gern hab' ich sie einst verschlungen und mich an all dem Plüsch und Prunk und den Kostümen der guten alten Zeiten berauscht. Freilich, ein zünftiger Romancier müßte nun die Kulisse ausräumen. Weg mit dem Plunder.

›Die leere Leere‹
Roman der Geometrie
1. Teil

Ein Katasteramt hat eine freie Stelle für einen Geometer ausgeschrieben. Als erstes bewirbt sich Lionardo da Vinci. Er wird abgelehnt, weil er ein uneheliches Kind ist. Als zweiter bewirbt sich Johannes Kepler. Er wird abgelehnt, weil er seine Konfession nicht wechseln will. Als dritter bewirbt sich Isaac Newton. Er wird abgelehnt, weil er ein Individualist ist und sich aus dem Kollektiv abkapselt. Als vierter bewirbt sich Immanuel Kant. Er wird abgelehnt, weil er den Anforderungen an einen Landvermesser gesundheitlich nicht gewachsen ist. (In einem vertraulichen Dossier gibt ihm der Betriebsarzt nicht mehr als 35 Lebensjahre.) Als fünfter bewirbt sich Napoleon Bonaparte. Er wird abgelehnt, weil er ein politischer Renegat ist. Als sechster bewirbt sich Adolf Hitler. Er wird abgelehnt, weil er nicht entnazifiziert worden ist. Niedergeschlagen verläßt Hitler das Personalbüro und begibt sich in die Betriebskantine. Dort sitzen die fünf anderen Unglücksraben und saugen an einer Flasche Coca-Cola, die sie reihum gehen lassen. Sie beklagen die abendländische Zivilisation, die dem Genius der Geometrie leider keinen Raum ausgespart hat, in dem er sich entfalten kann. »Was sollen wir tun?« Newton schweigt und lächelt spöttisch. Kepler meint: Ich bitte Sie, meine Herren, fassen wir uns. Bei der heutigen Überbeschäftigung wird es uns doch ein leichtes sein, in irgend einem Ausweichjob unterzukriechen. Die Coca-Flasche ist leergesaugt. Sie erheben sich. Napoleon sagt: Messieurs! Eines kann ich prophezeien: Keiner von uns wird Hungers sterben. Sie gehen auseinander. Der eine wird Maler, der andere Astrologe, der dritte Alchemist, der vierte Professor der Logik und Metaphysik, der fünfte General, der sechste Partei-Agitator und so weiter.

Mr. X (falls er Chinese ist, heißt er Mr. Y) steht auf der Metro-Station und hält die geöffnete Zeitung in der Hand, liest aber nicht. Er hat auch schon Züge vorüberfahren lassen. Denn in sein Gehirn ist der Blitz eingeschlagen. Mr. X ist Atomphysiker, einer vom 4. Glied, geschätzt, doch unberühmt überprüft er die Statistiken, die ein Computer ausspuckt. Da plötzlich flattert eine Nachricht zur Tür herein: Denkt Euch, Kollegen, die Parität ist gestürzt. Die Materie ist asymmetrisch. Die anderen reagieren: Sehr interessant, aufregend! Aber nach einigem Diskutieren regen sie sich ab und jeder nagelt seinen Stiefel weiter. Nicht so Mr. X aus dem vierten Glied. In seinem bangen Herzen dröhnt ein großer Gong. Es ist die Stunde des Nobelpreises, die für ihn eingeläutet wird. Viertes Glied, ade! Guten Tag, Daddy Einstein! Der Genius der Geometrie, der im Jahre 1975 keine Ausweichjobs als Maler, Astrologe, Alchemist, Metaphysiker, General, Partei-Agitator finden konnte, entfaltet seine rauschenden Flügel über der Physik. Mr. X plant eine Antibombe, die, wenn sie ausgeklinkt wird, die Parität wieder aufrichtet und der Welt die Symmetrie zurückgeben wird. Materie und Antimaterie vereinen sich innig zu enantiomorpher Spiegelbildlichkeit, die große Leere der vollendeten Symmetrie breitet sich aus. – Mr. X schreckt einen lichten Moment lang auf: In der großen Leere gibt es weder No noch bel und auch keinen preis. Aber er ist entschlossen. Die Symmetrie ist wichtiger als eitler Mit- und Nachruhm. Er ist jetzt in der Lage, den einfahrenden Zug wahrzunehmen. Mr. X setzt sich in Bewegung.

Ich bin ganz sicher, daß ich einen Roman schreiben werde. Nichts kann mich aufhalten. Es wallt und webt in mir. Nun kommt die Zeit, wo ich mir über einen Schutzpatron den Kopf zerbrechen muß. Wähle ich Nietzsche? Der fast blinde Philosoph tippte seine Aphorismen auf einer kolossalen Schreibmaschine, wenn er die meinen Feinden an den Kopf wirft. »An einer Seite Prosa arbeiten wie an einer Bildsäule.« Wenn ich mich mit Nietzsche nicht darüber einigen kann, was eine Bildsäule ist, weh mir! Aus dem entgegengesetzten Grund kommt Thomas Mann nicht in Frage, denn er pflegte mit Tinte und Feder zu arbeiten. Tritt er als mein Beschützer auf und straft meine Feinde, indem er sie mit Tinte übergießt und mit der Feder piekt, dann jubeln sie: Ei fein, ein Happening! Für ein Persönchen wie mich kann nur der allerschrecklichste Wüterich ein hilfreicher Helfer sein: Michelangelo, »Il terrible«. Mit Michelangelo teile ich das Vergnügen, ein tugendhafter Mensch zu sein. Wie alle Tugendhaften war Michelangelo vom Sternhimmel fasziniert. Als ich mich in der Sixtina zur Ruhe gesetzt hatte, erstaunte ich über die Klarheit und Reinheit des Sternhimmels über mir. Aber ich kannte mich nicht aus. Außer daß ich ein »Löwe« sei, wußte ich nichts von Astrologie. An der Hand der Propheten und Sibyllen lernte ich in den Sternen zu lesen. Vielleicht ist es mit mir umgekehrt gegangen, daß ich von der Sixtina aus zum Sternhimmel und vom Sternhimmel zur Tugend fand.

Noch ein anderes teile ich mit Michelangelo, die Vorliebe für die Miniatur. Als ich den Petersdom betrat, kreiste ich im Uhrzeigersinn von links nach rechts (ein denkwürdiges Versehen, denn als Linkshänder kreise ich gewöhnlich entgegen dem Uhrzeigersinn). Sobald ich die ersten verknoteten Giganten sichtete, stürzte ich auf sie zu, nein, das waren etwelche Kardinäle als Ringergruppe. Aber da war noch ein bombastischerer Klotz, auch das war nicht Michelangelo. Immer größer wurden die Klötze und immer weniger Michelangelo. Ich hatte meine Runde gemacht und das Licht des Ausgangs leuchtete mir entgegen. Michelangelo hatte ich nicht gefunden. Ich hielt noch einmal an, dem Orgelton zu lauschen, der gerade einsetzte, dann entschloß ich mich, zu gehen. Mit dem letzten scheidenden Blick erwische ich ein zierliches Figürchen – und strebe zum Ausgang – und denke – da war doch – wie auf den Fotos – da war sie, die Pieta, das kleinste, feinste von allem. Beinahe hätte ich's übersehen.

Ein Drittes noch verbindet mich mit meinem Patron. Nennen wir's nicht Geiz, beileibe nicht. Sagen wir: Ich bin ein wenig knickerig. Genug der Geständnisse. Messer Michelangelo, seid mein Patron und werft meinem Gegner den Hammer an den Kopf!

Nachdem ich das Wort Tugend so strapaziert habe, schreite ich zur Definition des Begriffs. Was ist Tugend? Ich will es weisen am lebendigen Beispiel, am Beispiel einer tugendhaften Familie. Es ist Sylvester, das Motto heißt:

Man muß mit den Wölfen tanzen und die
Puppen heulen lassen.

Auf geht's:

›Tante Martha, Tante Herta, Tante Thea, Tante Petra, Tante Greta, Tante Ingrid, Onkel Walter‹
Roman einer tugendhaften Familie

Als ich Kind war, pflegten die Männer den Schnaps aus Eierbechern zu saufen. Neben ihnen saßen die Weiber und nippten zuweilen, und zwar die Ehefrauen bei den Eheherren, die Bräute bei den Bräutigamen. Sagte ein unbemanntes Frauenzimmer: Geh, laß' mich doch mal nippen, so war das hurenhaftes Getue, genau wie sich anmalen oder zum Frisör gehen. Nach Feierabend kramten die Männer das Rauchzeug aus der Tasche: Pfeife oder Zigarrenstummel, eine Zigarre reichte über mehrere Feierabende hinweg. Zigarettenrauchende Männer wurden Schnösel genannt. Meine Mutter war eine emanzipierte Frau, nicht, weil sie sich geweigert hatte, den Vater ihres Kindes zu heiraten (mit den Worten: Ich habe zu tun, ein Kind zu ernähren, ich will nicht noch einen Mann ernähren müssen), das taten viele Frauen, sondern weil sie abends im Bett eine Zigarette zu rauchen pflegte. Hatte jemand Durst, so drehte er den Leitungshahn auf und trank aus der hohlen Hand. Später trank man aus Gläsern, das war der Wohlstand. Sonntagnachmittags gab es Kaffee aus Gerstenkörnern gebrannt und für die Weiber und Kinder ein Stück Kuchen.

Zweimal in der Woche wurde Fleischernes aufgetischt, Sonnabend zum Abendbrot Wurst und Sonntagmittag Klops oder Falschen Hasen. Das Fleisch war mit Mehl und Brot vermengt. Schieres Fleisch gab es nur einmal im Jahr, am ersten Weihnachtsfeiertag. Heiligabend gab es Kartoffelsalat mit Bockwurst (nicht etwa umgekehrt: Bockwurst mit Kartoffelsalat). Rohes oder halbgares, blutiges Fleisch als Nahrung kannten wir nicht. Jede Mittagsmahlzeit bestand aus einem Gang. Gab es Suppe, so war das eine Mahlzeit für einen Tag. Nie aß man flüssiges und festes Essen durcheinander. Gab es Salat, so war das ein Hauptgericht. Es stand da eine Schüssel mit frischem Grünzeug, lecker angemacht, dazu eine Eierspeise. Nie aß man Rohes und Gekochtes durcheinander. An manchem Sonnabend, wenn Reinemach- oder Waschtag war, gab es Süßspeise, nicht als Nachtisch, sondern als einziger Gang. Für uns Kinder war das ein gelungener Sonnabend. Aber er kam selten, aus Rücksicht auf die Männer, denn es war unmännlich Süßigkeiten zu verzehren. (Es war aber nicht unbedingt männlich, Fleisch zu essen.)

Auf dem Tisch lagen keine Messer und es stand kein Glas. Als ich einen oberschlesischen »Onkel« bekam, fing er während der

Mahlzeit regelmäßig an zu lechzen: »Flüü-ßig, flüü-ßig!« Mutti ließ ihn erst einmal lechzen, dann stand sie auf und reichte ihm mit hochgezogenen Brauen ein Glas Wasser. Es war nicht gute Sitte, zu einer Mahlzeit zu trinken. Morgens gab es Körnerbreie, abends Brot. Das Brot war schwarz. Es war auch dann schwarz, wenn es echtes Weizenbrot war. Die häufigsten Mittagsgerichte: Pellkartoffel mit Weißkäse und Leinöl, Pellkartoffel mit Hering, Kartoffelpuffer, eine Art Riesenkroketten, die keinen Namen hatten und ohne was dazu gegessen wurden. Himmel und Erde: Apfelmus mit Quetschkartoffeln. Da die Familie aus Süddeutschland nach Preußen eingewandert war, erschienen auch Mehlspeisen auf dem Tisch: Spätzle mit Sauerkraut, Dampfnudeln, jede einzelne so groß wie mein Kopf. Als ich meine erste Dampfnudel aus dem Kochtopf mit dem siedenden Wasser und dem darübergebundenen Tuch herausgebracht hatte, ohne daß sie zusammenfiel, galt ich als erwachsen. Da war ich zwanzig. Tante Herta, italienreisenderweise, führte die Makkaroni ein. Ich bin bis in mein hohes Alter ein fanatischer Makkaroni geblieben.

Mit der Berufstätigkeit der Weiber rissen zwei schwere Ernährungsfehler ein: Gemüse wurde in einem großen Topf für mehrere Tage vorgekocht und dann aufgewärmt – und die perfide Salzkartoffel breitete sich über unsere Teller aus. Die Familie war bewaffnet mit Adleraugen, mit breiten, regelmäßigen Zähnen, strahlenden Gebissen, wie man sie heute nur noch in Naturkundemuseen an den Skeletten von Grizzlybären bewundern kann. Einst sollte ich kinderlandverschickt werden, Zahnbürste und Zahnpasta waren vorgeschrieben. Meine Mutter erstand im Seifengeschäft eine Zahnbürste, schweren Herzens packte sie mir dieses Marterinstrument ein. Aber Zahnpasta! Nein, das brachte sie nicht über sich. Sie kaufte eine goldgelbe durchsichtige Seife und erklärte mir: Das ist echte Glyzerinseife, das Kostbarste, was es an Seife gibt. Die darfst du nur zum Zähneputzen verwenden.

Was mich betrifft, ich bin sowieso der Familiendekadent. Mit Dreizehn bekam ich eine Brille und mit Sechzehn mußte ich zum Zahnarzt, mir ein Loch in einen linken Backenzahn bohren zu lassen. Allerdings wurde mir das nicht als Schande angerechnet, sondern ich wurde dadurch ungeheuer interessant, ein Exote.

Während des ersten Weltkrieges machten die Alliierten medizinische Versuche an deutschen Kriegsgefangenen. Sie fanden die Deutschen äußerst schmerzunempfindlich, führten dies aber nicht darauf zurück, daß die Deutschen die einzigen Europäer waren, die sich vernünftig ernährten, sondern es war ihnen ein

Beweis für ihre These, daß die Deutschen gar keine Europäer, vielmehr ein mongoloides Urvolk aus Zentralasien seien. Da ich inzwischen eine kleine türkische Schwägerin bekommen habe, ist aus der falschen Diagnose der Alliiertenärzte eine richtige Prophezeiung geworden. Wir sind echte Turanoteutonen. Der Zweite Weltkrieg zerfiel in zwei Kriege, einmal den Krieg zwischen Schwarzbrot und Weißbrot, den hat das Schwarzbrot gewonnen, zum anderen den Krieg zwischen der Salzkartoffel und der Pellkartoffel, den hat die Pellkartoffel gewonnen. Leider befand sich meine Familie damals schon auf der Salzkartoffelseite. Wir bewältigten unsere Vergangenheit, indem wir aus Kartoffelschalen Knäckebrot buken und blieben groß und stark, bis das Weißbrot über uns kam, das Steak und der Schnaps, der aus Wassergläsern getrunken werden muß.

Die frühesten Erinnerungen an meine Großmutter bringen nicht ihr Bild, sondern ihre Stimme, eine glucksende Stimme, die einen unverständlichen Odenwald-Dialekt sprach, der (wie ich in Weinheim später feststellte) mehr chinesisch als deutsch klang. Später erschien ihr Gesicht, das Reinig-Gesicht (im Gegensatz zum Stierling-Gesicht der anderen Familienhälfte), das, wenn es alt wird, aussieht wie Chiricahua-Häuptling Geronimo, und das heißt, recht unangenehm. Meine Großmutter erzählte, sie sei Dienstmagd gewesen. Frühmorgens um drei sei sie aus den Federn und hätte das Eis im Zuber aufgehackt, um sich zu waschen. Meine Mutter erzählte, ihre Mutter habe von einem Mann, den sie sehr liebte und zu heiraten hoffte, ein Kind gehabt, Walter, den Erstgeborenen. Dann habe sie sich leichtsinnig mit einem anderen Mann abgegeben. Als es sich zeigte, daß sie schwanger war, habe sie der Geliebte verlassen. Lebenslänglich trug meine Mutter die Male einer mißglückten Abtreibung am Leib. Als sie dann doch geboren wurde, wog sie kaum drei Pfund. Später, auf ihrem letzten Krankenlager, reichte ich ihr morgens die Waschschüssel. Einmal sagte sie: Solch eine Schüssel voll habe ich fast täglich geblutet. Wie konnte ein kleines Kind soviel Blut haben. Aber sie hat auch die Mißhandlungen überstanden, mit denen sie ausgetilgt werden sollte. Meine Großmutter war weiterhin sehr wählerisch. Erst das vierte Kind geriet nach ihrem Herzen. Alle Mutterliebe, deren sie fähig war, hat sie einem Kind allein gegönnt ohne Rücksicht auf die vielen, die noch danach kamen. Sie wimmelten herum, und kaum, daß sie flügge waren, wurden sie aus dem Nest gekratzt und mußten sich halbwüchsig noch, durchs Leben schlagen, durch die graue Stadt Berlin.

Ich stand mit Mutti in einem riesengroßen Porzellanladen. Mutti kaufte irgend etwas Porzellanenes, damit fuhren wir zur Silberhochzeit. Da war nicht viel von großem Fest, denn Großvater und Großmutter waren bereits mit ihrer Scheidung beschäftigt. Sie machten mir auch an diesem Abend keinen Eindruck, denn Neuhaus war da, der sich Casanova nannte. Er war der Verlorene Sohn einer reichen Familie und man setzte einige Hoffnung auf ihn und sein Verlöbnis mit Herta. Casanova war ein großer Künstler. Wenn er kein Geld mehr hatte, ging er die neuerbauten Klingelknopfhäuser in der Linienstraße entlang und schrieb die Namen auf, die ja (damals sehr ungewöhnlich), neben der Haustür standen. Er malte hübsche Namensschilder, dann klingelte er bei den betreffenden Namen und versuchte den Leuten das Namensschild anzudrehen. Mutti meinte, wenn er Künstler ist, kann er unsere Stube tünchen. Auf die rechte Wand malte er einen großen chinesischen Baum mit einem chinesischen Wasserfall, einem chinesischen Teich und einer chinesischen Brücke darüber. Auf die linke Wand malte er eine Südseeinsel mit Palmen. Er war gerade dabei, auf mein Kommando hier noch 'ne Schwalbe und da noch 'ne Schwalbe anzupinseln, als Mutti von der Arbeit heimkehrte. Sie war schwer davon abzubringen, die Szene wieder wegwaschen zu lassen. Wir handelten einen Kompromiß aus. Vor die Südseeinsel kam der große Schrank, aber der Wandschutz vom Gasherd mußte um einen halben Meter verschoben werden, damit der chinesische Baum nicht gestört werde.

Einmal war Neuhaus so abgebrannt, daß er nur noch braune Farbe hatte, als ihn die Lust übermannte. Er bemalte das Zimmer, in dem sie zu Untermiete wohnten mit derselben Szenerie, nur eben ganz in braun. Die Vermieterin zürnte: »Ihn' wer'ck helfen! 'n Finger in' Arsch zu stecken un' meine Wände zu beschmiern!« Dann waren Neuhaus und Herta wieder einmal an der frischen Luft. Sie landeten in einer verlassenen Tischlerwerkstatt in der großen Hamburger Straße. Dort kampierten sie zwischen haushohen Wänden, kreuz und quer liegenden Latten und Resten von Handwerkszeug, und dort drehte Casanova sein Großes Ding. Er baute einen Zeppelin aus Zigarrenkistenholz und strich ihn silbern an. Diesen Zeppelin stellte er am Monbijouplatz aus als vermeintliches Modell des ersten deutschen Zweimann-U-Bootes, mit dem er im nächsten Jahr die Ostsee zu unterqueren gedächte. Über einer Sammelbüchse mahnte ein großes Schild die Vorübergehenden: Helfen Sie dem deutschen

Erfindergeist! Man konnte einen Sechser einstecken oder für zehn Pfennige eine Ansichtspostkarte erwerben, auf der das U-Boot-Modell drauf war. Eines Morgens, ich lag noch im Bett, kam Neuhaus bei uns angejubelt: »Die Klischees sind fertig! Die Klischees, die Klischees!« Die geheimnisvollen Klischees waren zwei Holzklötze mit aufgenagelten Metalltafeln. Die Tafeln waren gepunktet und nach einigem Hinsehen erkannte man Neuhaus und seinen Kumpan, wie sie in der Tischlerwerkstatt irgendwelche Latten hochstemmten. Dazu gab es einen Text über den Bau des ersten deutschen Zweimann-U-Bootes, das nun bereits als Ente durch die Presse schwamm.

Außer Neuhaus, und das kann ich nur vermuten, denn es ist mir keine Erinnerung geblieben, waren gewiß noch Herta und Ingrid da, so daß wir wohl zu siebent um den Tisch saßen. Es gab auch kein Tischtuch und von feierlichem Essen weiß ich nichts. Es dämmerte, nach damaliger Gewohnheit ließ man es dämmern wie es wollte und zündete kein Licht an, solange man noch die Hand vor Augen sehen konnte. Großmutter erzählte eine Gruselgeschichte von zwei Männern und einem Meineid. Die zwei Männer saßen auf einem Baumstamm an einer Sägemühle, der eine hob die Schwurhand, da waren zwei Finger blutig heruntergehackt. Sie erzählte vom Käuzchen, das schrie: Kiwitt, kiwitt, komm mit, komm mit, hinab ins kühle Grab. Und wenn das Käuzchen schrie, dann sei noch immer jemand gestorben. Nach der Silberhochzeit wurden Opa und Oma geschieden und gingen auseinander. Als Tante Ingrids Jugendweihe gefeiert wurde, war Opa nicht mehr in der Familie. Der Festakt war eine Mammutveranstaltung der kommunistischen Jugend im Theater des Volkes. Zu Hause, in der Christianiastraße, spielten wir Zirkus. Jedes Familienmitglied mußte eine Nummer vorführen. Was ich war, weiß ich nicht mehr. Ich war ja auch noch zu klein. Aber Neuhaus erschien, oben und unten in Bettlaken gehüllt und in der Mitte nackend als Bauchtänzerin. Danach verließ er uns und fuhr mit Herta in seine Heimatstadt. Wir dachten, sie würden dort heiraten. Herta kam allein und unvermählt zurück und sagte, sie habe sich mit »Schwiegermutter« nicht vertragen können.

Der Stiefvater meiner Mutter, Opa Hermann, war Tischlergeselle. Meine Mutter sagte über ihn: Er war doch ein gutmütiger und anständiger Mensch, sonst hätte er nicht eine Frau geheiratet, die zwei uneheliche Kinder mitbrachte, jedes von einem anderen Mann. Auch erzählte sie: Er war der einzige, der daran dachte, daß ich etwas lernen sollte. Ich sollte Putzmacherin werden. Aber unsere Mutter hat es vereitelt. Großvater Hermann war Spartakuskämpfer, seine Parole lautete:

Gleiche Arbeit, gleiches Essen,
wär der Krieg schon längst vergessen.

Das war für mich ein Rätselspruch. Den Krieg konnte und wollte ich nicht vergessen. Mein Lieblingsbuch, Seite für Seite mit dem Fett von Dutzenden Schmalzstullen getränkt, war »Im Westen nichts Neues«. Ich habe nie mitbekommen, daß es ein Antikriegsbuch war. Mit diesem Buch über dem Herzen wäre ich sofort von zuhause ausgerissen und in den Krieg gezogen, wenn es nur endlich wieder losgegangen wäre.

Außerdem kapierte ich das Verhältnis von Arbeit und Essen bei Großvater nicht. Er aß viel und arbeitete wenig, es hätte eines zweiten Großvaters bedurft, der viel arbeitet und wenig aß, damit die Gleichheit zustande gekommen wäre. Aber das ist nur die mathematische Seite. Großvater hatte auch eine dynamische Seite. Er war der Erfinder des Ziehharmonikabettes, das man frühmorgens zusammenschieben konnte, dann war es eine Sitzbank. Das Patent verkaufte er für ein paar Dutzend Biere, denn in der Nähe seiner Werkstatt befand sich die Künstlerkneipe »Zum Drescher«, in die er sich neuerdings eingenistet hatte. Mutter erzählte: An allem ist nur unsere Mutter schuld. (Der Haß der beiden Frauen war gegenseitig). Sie konnte die Familie und das Geld nicht zusammenhalten. Als Großvater es endlich geschafft hatte, sich eine eigene Werkstatt einzurichten, da hat sie sich schön gemacht und ist hochnäsig herumstolziert: Ich bin jetzt Frau Tischlermeister. Aber eine Hilfe war sie ihm nicht. An jedem Karfreitagmorgen ließen Opa und Walter die Weiber die Teppiche zusammenrollen und auf den Hof tragen. Dann stellten sich die Männer als Posten auf und die Weiber mußten die Teppiche klopfen. Ein Fenster nach dem anderen flog auf, bald hagelte es Proteste: Ruhe!« und »Aufhören mit dem Lärm!« Dann kam auch der Hauswirt und pochte auf seine Befehlsgewalt. Opa wies auf ein Schild: Teppichklopfen freitags von 10 bis 12 – Na was? Der Hauswirt: Ja, aber heute ist doch Feiertag. Dann kam die Pointe, um deretwillen die Szene aufgeführt wurde und alles aus dem Schlaf gerissen: »Unser Feiertag ist der 1. Mai.« Der Hauswirt schlich besiegt davon. Auch er war meistens kein Christ und der Karfreitag war ihm schnuppe. Von Zeit zu Zeit zog die Familie um in eine Gegend, wo man das Theaterstück noch nicht kannte.

Tante Herta klaute. Das will nicht besagen, daß sie fremde Leute ihres Eigentums beraubte, darüber hätte niemand ein Wort verloren. Nein, Tante Herta beklaute die eigene Familie. Innerhalb der Familie durfte man aber nur pumpen. Selbst wenn man ohne Vorwarnung einem etwas abpumpte, mußte man ihm die Chance geben, sein Eigentum wiederaufzufinden und es sich zurückpumpen zu können. Meine Mutter besaß einen goldenen Ring mit einem echten roten Stein. Es war ihr kostbarster Besitz. Nach einer Geburtstagsfeier war der Ring aus unserer Wohnung verschwunden. Meine Mutter war außer sich und verdächtigte sämtliche Geschwister auf einmal. Die Geschwister machten einen Plan, meine Mutter zu überzeugen. Sie pumpten sich heimlich Hertas Wohnungsschlüssel und durchsuchten ihre Wohnung. Ein Pfandschein wurde gefunden. Ich begleitete meine Mutter in die Pfandleihe. Der Ring war verfallen, aber vielleicht war er noch da. Mutti hätte ihn zurückkaufen können. Wir gingen an einem langen Tisch vorbei, auf dem Ringe über Ringe lagen. Muttis Ring war nicht dabei. Später, als meine Mutter alles längst vergeben und vergessen hatte, gelang es Herta doch nie mehr bei uns Fuß zu fassen. Sie beklagte sich: Irgend jemand muß uns auseinandergebracht haben. Ich dachte bei mir: Wenn wir uns mal verkrachen, werde ich ihr offen sagen, daß ich es gewesen bin. Einmal sollte ich in einer Pfandleihe günstig etwas erwerben. Es wurde mir sogar übelgenommen, daß ich das freundliche Angebot ausschlug. Aber ich konnte noch nach vierzig Jahren keine Pfandleihe betreten.

Mutter erzählte: Als die Familie noch in Weinheim wohnte, sei die fünfjährige Herta in ein Hutgeschäft gegangen, hätte einen Kinderhut, das teuerste Modell, verlangt und gesagt: Papa bezahlt! Papa hatte damals schon vier Kinder zu ernähren. Sie haben alle schrecklich hungern müssen, den Hut abzubezahlen, den die kleine Herta nun auf dem Kopf trug. Meine Mutter sagte: Herta war die klügste und die begabteste von uns allen, die einzige, die es geschafft hat, einen Beruf zu erlernen, sie kannte fremde Sprachen und arbeitete im Ausland. Was hätte aus ihr werden können, wenn Vater ihr damals den Hut weggenommen und sie tüchtig verdroschen hätte. Herta sagte: Mein Vater hat alles, was er erwischen konnte, auf mir kaputtgeschlagen.

Tante Greta erzählte: Sie steht vor einem Zeitungskiosk, da taucht die Herta auf, begrüßt sie mit: Lange nicht gesehen, wo wohnst du denn jetzt? Greta verrät ihre Adresse nicht und spaziert mit Herta die Straße auf und ab, mehrmals an ihrem Haus vorbei. Dann aber, als Herta nicht weicht, »roochert« ihr, sie geht in einen Zigarettenladen und kauft Zigaretten. Dann endlich geht Herta davon. Tante Greta geht zurück in den Zigarettenladen und sagt zu der Frau: Haben Sie die Frau da eben gesehen, können Sie sie wiedererkennen? Ja? Das ist meine Schwester. – Freut mich sehr, sagt die Zigarettenfrau. Mich nicht, sagt Tante Greta, hören Sie zu, diese Frau wird wiederkommen und Sie bequatschen. Sie wird sich zehn Mark pumpen und sie zurückbringen, dann zwanzig, dann fünfzig, dann hundert Mark, und wird sie immer zurückbringen. Aber dann pumpt sie sich fünfhundert Mark und die bringt sie nicht wieder Sie wird erzählen und erzählen, stopfen Sie sich die Ohren zu, es ist alles erstunken und erlogen. Und ich, das erkläre ich hier unter Zeugen, komme für keine Schulden auf, die meine Schwester bei Ihnen macht.

Nach einiger Zeit, so erzählt Tante Greta, sei es ihr vorgekommen, als ob die Zigarettenfrau immer einsilbiger wurde, dann grüßte sie auch nicht mehr. Tante Greta sprach sie an: War meine Schwester hier? Die Zigarettenfrau bejahte traurig. Hat sie Sie angepumpt? Hat sie das Geld zurückgebracht? Hat sie immer mehr gepumpt? Hat sie Ihnen die Hucke vollgelogen? Die Frau bricht in Tränen aus. Tante Herta hatte sie um mehrere tausend Mark behumpst und die Zigaretten stangenweise aus dem Laden getragen, um damit das große Geschäft des Lebens für die Zigarettenfrau zu machen. Sie sagt: Aber erzählen konnte Ihre Schwester, erzählen! Ich habe nie einen Menschen gekannt, der so erzählen konnte, ich mußte nur immer zuhören und alles glauben.

Als ich hinter der Mauer saß, bekam ich seitenlange Briefe von Herta in gestochener Schönschrift, obwohl Herta inzwischen so kaputt war, daß sie kaum mehr den Stift zwischen den versteiften Fingergelenken halten konnte. Ich war nicht eigentlich neugierig. Es war der alte Familienklatsch, die gehässigen Lügen, die meine Großmutter über meine Mutter verbreitet hatte, und sie glaubt, sie täte mir einen Gefallen, wenn sie das aufwärmte. Und das andere war doch alles gelogen. Herta selbst würde nicht wissen, wo die Wahrheit aufhört und die Traumwelt anfängt. Sie war die erste, die ihre eigenen Geschichten glaubte. Aber ich brachte es nicht fertig, diese Briefe von einer immerhin doch Anverwandten zu mißachten. Beantworten wollte ich sie nicht. Ich las und las.

Tante Herta war inzwischen im Rollstuhl gelandet (das hat sie sich doch immer gewünscht, ein faules Leben und den ganzen Tag im Bett liegen, kommentierte die rachsüchtige Greta). Aber Tante Herta hatte sich nicht unterkriegen lassen, jetzt endlich ging es ihr gut, und »Professors«, die liebe Freundesfamilie, umsorgten sie. Ich kniff die Augen zu und dachte: Ist doch Spinne, ist doch Spinne! Langsam begannen im Wintergarten die Palmen zu rauschen, der Heimspringbrunnen plätscherte, die gelbe Dogge Senta bellte freudig vergnügt. Professors Zwillinge schmiegten sich an Tante Hertas Rollstuhl, Doktor von Springinsfeld verbeugte sich und küßte Tante Herta die Hand. Dann begann das Fließband der Paketpost zu rollen. Es rollte in Zeitlupe und Tante Hertas Torten kamen verschimmelt an. Nun mußte ich mich zumindest für den Schimmel bedanken. Ich schrieb: Liebe Tante Herta, bitte keine Torten, das ist sowieso rausgeschmissenes Geld, denn hier im Osten gibt es die besten Torten der Welt, aber leider kein eßbares Brot, und am Wochenende überhaupt keins mehr. Wenn ich Sonnabend von der Arbeit komme, muß ich, ob ich will oder nicht, für Sonntag Torte kaufen, denn Brot ist ausverkauft. Nach einiger Zeit rollten die Brote an. Einmal kam eine Frau ins Museum und war von Tante Herta zu mir in den Osten geschickt. Sie erzählte mir eine lange Geschichte, wie und warum es ihr gewährt sei, den Osten zu betreten. Ich hörte nicht hin, Spitzel haben immer solche Geschichten. Vielleicht war sie ein Spitzel, vielleicht auch nicht.

Sie überbrachte mir ein Geschenk von Tante Herta, ein Netz voll gelblich dürrer Apfelsinen. Ich blickte diese Apfelsinen mißtrauisch an, denn wir Ostler waren verwöhnt, die Apfelsinen, die unsere Westler uns schickten, waren immer doppelt so groß und doppelt so rot, wie die, die sie sich selber gönnten. Was sollten diese schäbigen Apfelsinen. Ich fragte: Wie geht's denn meiner Tante Herta. Sie sagte: Na, im Winter war's ja sehr schlimm, wo die Stube nicht zu heizen ist, und die Tür gleich auf den zugigen Flur geht. Und das Wasser im Hof war gefroren. Aber die Schlepperei mit dem Eimer war doch zu schwer für sie. Jetzt kann sie auch den Rollstuhl nicht mehr verlassen. Da hole ich ihr das Wasser.

Glückliche Tante Herta! Von dem, was sie abstaubte, hat sie nicht einen Faden behalten müssen, sie durfte alles wieder loswerden, denn sie war das Gegenteil von filzig, sie war immer spendabel. Mögen die Palmen ihres Wintergartens noch recht lange über ihrer Phantasie rauschen und sie vor dem kalten Zug bewahren, der durch die Flurtür in Professors Villa streicht.

Ingrid, die jüngste meiner Tanten, war acht Jahre, als ich geboren wurde. Sie kam in die Schule gerannt und schrie: Hurra, ich bin Tante geworden. Sie war die erste Spielgefährtin, an die ich mich entsinnen kann. In den Träumen spielte ich unsere Spiele weiter. Da versuchte ich hinter ihr herzurennen und erreichte sie doch nie. In einem anderen Traum sah ich nur ihren Kopf mit der Ponyfrisur ohne Körper und entsetzte mich unmäßig vor diesem Ingrid-Kopf. Kürzlich ließ sich Tante Herta von Berlin nach München transportieren, um sich mit mir zum zweiundzwanzigsten Mal zu versöhnen und über die Familie auszupacken. In ihrem unverwüsteten Gedächtnis standen alle Daten gemeißelt wie eine Reihe von Grabsteinen. Nur in ihrem eigenen Geburtsjahr irrte sie sich. Ingrid, sagte sie, das war ein Biest. Ich protestierte und nahm meine liebe Ingrid in Schutz. Dann entsann ich mich meiner ältesten Alpträume. Ingrid muß mich ganz schön herangenommen haben. Ingrid ging auch mit mir ins Kino. Es gab Stummfilme. Ein Mann saß an einem Tisch und zerquetschte ein Glas in der Hand. Das Blut lief dick und schwarz über seine Finger. Dann kam die Schrift und alle Kinder lasen laut plärrend ohne zum Ende zu kommen. Als nächstes sah man einen Mann über ein Dach laufen. Der beliebteste Filmschauspieler hieß Fritz Schulz. Er saß auf einem Bolle-Milchwagen, bimmelte mit einer Bolleflasche wie mit einer richtigen Bimmel und die Milch lief ihm über den Anzug. Alles lachte. In der Pause wurden Negerküsse verkauft. »Ein Negerkuß mit 'nem Sechser drin.« Der Negerkuß war allerdings doppelt so teuer. Er kostete einen Groschen. Wenn man ihn aß, fand man den Sechser unten im Papier.

Später war ich gern in Ingrids Puppenheim zu Gast. Ich durfte ignorieren, daß es nur drei Wände hatte und diese Wände aus Pappe waren. Alles war wie aus dem Versandkatalog geschnitten. Im letzthintersten, finstersten, engsten, unbequemsten Winkel stand der Pferdefuß, die Nähmaschine, auf der Tante Ingrid Tag und Nacht herumtrat, sie war Heimarbeiterin, Mantelnäherin. Einen Fernsehapparat, nein, den können wir uns nicht leisten. Sie konnte ihn sich wirklich nicht leisten. Aber man wußte im voraus, wie es kommen würde. Die Nachbarin zur Linken hat schon einen, dann die Nachbarin zur Rechten, dann die im zweiten Stock. Dann stand da plötzlich der Fernsehapparat im Puppenheim. Nur geborgt für zehn Tage zur Ansicht. Sie starb am Schlaganfall im vierundvierzigsten Lebensjahr.

Meine andere Spielkameradin war Elschen, Onkel Walters

Tochter. Ich borgte ihr einige Karl-May-Bücher. Als ich dann wiederkam, offenbarte sie mir, daß sie Winnetou sei und ich Old Shatterhand. Old Shatterhand war einverstanden und machte sich sofort daran, einige Kisten und Stöcke zu organisieren, denn es wurden Pferde und Waffen gebraucht. Aber Winnetou wollte nicht spielen nach Kinderart. Sie verwickelte mich in endlose Gespräche über die Lebensverhältnisse der einzelnen Karl-May-Figuren (und es gab hunderte davon), als ob es über das hinaus, was Karl May darüber geschrieben hat, noch etwas auszuforschen gäbe. Für ein Jahr reiste sie nach Österreich. Sie schrieb mir Briefe: Lieber Old Shatterhand, und dann kamen die Meldungen über Bauernburschen und Sennhütten, Wurst und Käse. Ich antwortete mit: Lieber Winnetou, und dann kam mein Berliner Kinderschnack. Als sie wiederkehrte, begrüßte ich sie gewohnheitsmäßig mit: Na, Winnetou. Aber sie reagierte nicht darauf. Winnetou war »gestorben«.

Es gab eine Zeit, da pflegten die Raumpflegerinnen keine Räume, und die Putzfrauen putzten nicht. Es gab eine Zeit, da gab es Reinemachefrauen und die machten reine. Das war die Zeit meiner Mutter. Heute wäre sie mit ihrem Ernst und ihrem Eifer Millionendienerin geworden. Es gibt Reinemachefrauen, die führen mit ihren Chefs leutselige Unterhaltungen, gleichsam um ihnen einzusuggerieren, daß sie das Reinemachen nicht übelnähmen. Es gibt andere, die schleichen so finster und tückisch an einem vorbei, daß man fürchtet, man werde dereinst an ihrem Besenstiel aufgehängt. Meine Mutter tat beides nicht. Sie wahrte ihren Rang, es war der letztunterste im Betrieb. Dieser umgekehrte Kastengeist trieb seltsame Blüten. In jeglichem Betrieb galt meine Mutter als die personifizierte Göttin der Gerechtigkeit. Sie vermittelte zwischen Direktion und Gewerkschaft, zwischen Personalbüro und Belegschaft, zwischen Arbeiter und Angestellten. Ihr Schiedsspruch war das letzte Wort. Als sie einst in der Städtischen Müllabfuhr wirkte, war sie drauf und dran, die graue Eminenz des Berliner Magistrats zu werden. Der Direktor ließ sie rufen und bot ihr an, sich als Buchhalterin qualifizieren zu lassen. Aber sie hatte niemals rechnen gelernt, auch nicht richtig schreiben. Sie mußte es trotzdem versuchen. Die Direktion wünschte es. Zu Hause zeigte ich ihr, wie man multipliziert und dividiert. Nach ein paar Tagen war sie wieder beim Direktor und meinte, sie habe jetzt alles genügend durcheinandergebracht und die Kollegen würden einige Zeit brauchen, ehe die Zahlen wieder in Ordnung kämen. Er konnte nicht widersprechen und sagte:

Aber ich kriege Sie doch heran. Aus Ihnen mach ich etwas. Wie wärs mit Telefonistin. Es war Sonntag, wir hatten abgewaschen. Sie legte sich hin. Ich setzte mich daneben und nahm fünf DIN-A-4-Seiten vor, die eng mit Telefonnummern, vier- und sechsstelligen, beschrieben waren. Die muß ich nun auswendig wissen, sagte sie, fangen wir an.

Nach zwei Stunden konnte sie die Nummern rauf- und runtersagen. Ich fand daran nichts Besonderes, da ich mir überhaupt keine Zahlen merken kann. Das lern ich nie, seufzte sie. Es geht doch schon ganz gut, tröstete ich. Am anderen Tag begann ihr Dienst. Abends kam sie zur Tür herein und begrüßte mich: Christa, ich bin ein Genie! – Was hast du denn heute wieder angestellt, fragte ich. Die Direktion war unten mich besichtigen, alle besichtigen mich, weil ich ein Genie bin. So was wie mich hat es überhaupt noch nicht gegeben. Auch ich ging hin, meine Mutter beim Telefondienst zu besichtigen. Da war der Telefonschrank, von oben bis unten bedeckt mit Anschlußlöchern, die diabolischerweise nicht in Fünfer-, sondern in Vierergruppen geordnet waren. Eine jede Gruppe bestand aus sechzehn Löchern. Der ganze Kasten war bedeckt von diesen Lochquadraten. Meine Mutter wurde nun darüber belehrt, in welches Loch sie welches Kabel stecken sollte. Aber das war überflüssig. Sie konnte, vor diesem Schrank stehend, blind wissen, das ist das Loch Nr. 4624. Fehlanschlüsse gab es nicht bei ihr. Auch hatte sie ja unter meinen Augen in zwei Stunden die Hunderte von Telefonnummern gelernt. Sie war mit einem Schlag die Telefonistin aller Telefonistinnen. Den letzten Heiligabend durfte sie Nachtdienst machen, im Januar wurde sie krankgeschrieben, ein halbes Jahr später war sie tot.

Einst hatte sie dem Kassierer für Großmutters Armenbegräbnis die Tür gewiesen: »Ich habe keine Mutter. Ich habe nie eine Mutter gehabt!« Der Beamte floh vor ihrem versteinten Gesicht. Meine Großmutter war auf ihrem jahrelangen qualvollen Krankenlager von einer Tochter zur anderen weitergereicht worden. Es fand sich für jeden eine Möglichkeit, man konnte zum Beispiel heiraten oder in eine andere Stadt ziehen. Meine Mutter wurde erst gar nicht damit behelligt. Zum Schluß stand Thea zur Debatte. Sie sollte der Mutter die letzten Dienste erweisen. Wenn das Leben einen Sinn hätte, wäre Tante Thea der Sinn unserer Familie gewesen. Ihr verwirklichte sich alles, von dem die anderen nicht einmal träumten, das sie aber alle blind und wild kämpfend, fluchend, betend anzusteuern suchten. Tante Thea bekam den

Traum-Gatten, führte die Traum-Ehe in einem Traum-Heim, hatte die Traum-Tochter, die den Traum-Eidam an Land zog und die Traum-Enkel gebar. Es war ein Hollywood-Film und er war inszeniert. Für diese Regie hatte Großmutter alle ihre anderen Kinder aus dem Nest gekratzt. Als es soweit war, sagte Thea: Weißt du, Mutter, ich kann dich nicht nehmen. Du hustest dauernd und spuckst und redest ununterbrochen. Du würdest uns stören. Meine Großmutter kam ins Asyl. Da sie niemals ein Wort sprach, galt sie für stumm. Als es dann ans Sterben ging, begann sie zum Erstaunen der Pflegerinnen zu reden. Sie öffnete den Mund, verfluchte ihre Familie und drehte sich zur Wand.

Großmutters Flüche waren berühmt. Meiner Mutter hatte sie mitgegeben: Des Vaters Segen baut den Kindern Häuser, der Mutter Fluch reißt sie nieder. Wenn davon die Rede war, schauderte ich gemeinsam mit meiner Mutter, obwohl ich nichts verstand. Der letzte Fluch traf: Theas Tochter artete nach der Großmutter. Ich kenne Tante Thea nur mit zwei Gesichtern: eines in der Öffentlichkeit – lieb und leutselig, eines unter vier Augen – tränenüberströmt.

Ich bin das einzige getaufte Kind der Familie. Aus Protest gegen die Parteilinie der Familienpolitik nahm mich meine Mutter, trug mich in eine der verruchten Kirchen, es war die Sophienkirche, und dort hat mir ein böser Pfaffe Wasser über den Kopf gegossen. Schon mein Taufname mußte wie ein schwarzes Tuch auf einen roten Bullen wirken. Christa Greta Hermanda. Meine Taufpaten waren Tante Greta und Großvater Hermann. Das war Republikflucht in Verbindung mit Abwerbung. Die Kräche, die danach losbrachen, haben dann auch zum endgültigen Auseinanderfall der Familie und zur Scheidung der Großeltern geführt. Mein erstes Gebet: Ich bin klein, mein Herz ist rein ... Später, als ich größer wurde, durfte ich überwechseln zu: Müde bin ich, geh' zur Ruh', schließe beide Äuglein zu ... Für die Zeit meines Erwachsenseins wurde mir das Vaterunser verheißen. Als ich heranwuchs, nahm meine Mutter die Gewohnheit an, von einem öffentlichen Weihnachtsfest zum anderen zu laufen. Wo nur immer eine Sekte oder ein Verein Weihnachten feierte, waren wir dabei. Es war sehr lustig und sehr langweilig, denn ich wurde ja nie mitbeschert und kannte keines der Kinder. Meine Mutter kümmerte sich auch nicht um mich. Sie hatte mit den anderen Eltern und mit irgendwelchen Gemeindeschwestern endlose Diskussionen. Dann glaubte sie für mich das Dornröschenschloß gefunden zu haben, in dem ich die nächsten tausend Jahre Politik überschlafen könne. Ich wurde (gegen meinen Willen) Mitglied des »Sternchenbundes« in der Elsasser Straße. Jeden Mittwochnachmittag trafen wir Kinder uns unter der Obhut von »Tanten«. Damals pflegte ich meine Tanten gar nicht Tanten zu nennen, sondern Greta, Ingrid, Petra zu rufen. Auch war es mir streng verboten, fremde Personen mit Onkel oder Tante zu titulieren. Das war kindliche Anbiederung.

Ein Jahr hielt ich es aus. Eines Tages ging ich hinüber zur Elsasser Straße, um mir ein neues Sternchen auf die Mitgliedskarte kleben zu lassen. Ich wurde in einen Raum geführt, den ich sonst nicht betreten durfte und sollte dort warten. Es war das Wohnzimmer. Vor den Fenstern hingen weiße Vorhänge bis auf die Erde. Wenn man nähertrat, wurden sie durchsichtig und man konnte durch sie hindurch auf die Straße schauen, aber so, als ob es schneite. Ich freute mich einige Zeit daran. Dann kam ein Trupp Hitler-Mädchen anmarschiert. Sie sahen aus, als wären sie nicht viele, sondern nur ein einziges Wesen. Ein streng geometrisches viereckiges Wesen, das seine Beine wie ein Kreuzstichmuster so regelmäßig bewegte. Sie trugen alle dieselben Jäckchen, dieselben Hemdchen, dieselben Röckchen, dieselben Kniestrümpfchen und sogar dieselben Schuhchen. Das einzige unregelmäßige waren ihre zerzausten Haare und sie sangen aus voller Kehle ein Lied von dem Wind, den sie in ihren »Ha-a-a-ren« trugen. Als ich sie sah und hörte, da – brach mir das Herze. Wenig später nur kam ich nach Hause und schrie: Mutti, ich bin in die Hitler-Jugend eingetreten. Die Fuffzig Fennge hab' ich schon bezahlt, du mußt nur noch unterschreiben und mir eine Kluft kaufen. Nach dem Krieg holte ich mir in der russischen Kommandantur einen Personalausweis. Ich gab meine Daten an. Der Dolmetscher fragte: Waren Sie Mitglied der Hitler-Jugend? Ich wollte sagen: Ja! Ich spürte im Gaumen das J und öffnete die Lippen zum A. Da hörte ich mit Erstaunen, wie aus meinem Mund das Wort »Nein« herauskam. Ich war so verblüfft, daß ich vergaß, mich zu korrigieren und ahnte nicht, was mit mir geschehen wäre, wenn ich mit Ja geantwortet hätte. Onkel Walter war der Hüter des Familien-Maschinengewehrs. Es mußte unter Vorsichtsmaßregeln von einer revolutionären Aktion zur anderen transportiert werden. Da die revolutionären Aktionen stets in einem Umzug gipfelten, muße es häufig zusammengesetzt und auseinandergenommen werden. Dann wieder war es nötig, es umzuverstecken. Bei jedem Auseinandernehmen verkrümelte sich ein Teil. Mit der Zeit löste es sich zu Nichts auf. Walters große Liebe war Rußland, sein Gott war Stalin. Um nach Rußland zu kommen, zog er in den Krieg gegen die Russen. Wenn dann die Partisanen auf ihn schossen, war er glücklich. Laß nur, dröhnte er, laß nur die Nazis hier alles kaputtmachen, Stalin kommt und baut es wieder auf. – Von wegen, piepste ich, Stalin wird uns alle nach Sibirien verschleppen. Er verwandelte sich in einen Staatsanwalt und schüttelte den Zeigefinger gegen mich: Da haben wir den Beweis! Dieser Staat hetzt die Jungen gegen die Alten auf.

Nach dem Krieg packten wir unser Abendbrot ein, wie es damals üblich war, und gingen, nach ihm zu schauen, er saß heil und gesund mit unversehrter Familie in einer unzerstörten Wohnung. Was soll nun werden? Wie soll man sich entscheiden? Walter interessierte das nicht. Er hatte sich einen Hund angeschafft. Der Mann, der, wenn man ihm gratulierte, einen anschnauzte: Was soll ich mit den Blumen, hättste mir das Geld geschenkt, für den auch in bester Zeit Tiere unnütze Mitesser waren, schmuste nun mit seinem Hund. Als es zum Abendbrot ging, holte er einen Koffer und schloß ihn auf. Er entnahm ihm ein riesiges unangeschnittenes Kommißbrot, einen Trumm Butter und eine Dauerwurst. Er schmierte sich seine Stullen selbst und teilte sie mit seinem Hund. Er bekam die Schwerarbeiterkarte und der Hund half ihm, die Ration zu schaffen. Seine Tochter Elschen bekam die Angestelltenkarte, sie bearbeitete ein halbes Brot, das sie mit Margarine schmierte und mit Zucker bestreute. Meine Tante, die Hausfrau und nicht berufstätig war, bekam die Lebensmittelkarte für »Sonstige«, die Todeskarte, wie sie genannt wurde. Sie hatte einen trockenen Brotkanten in der Hand. Wahrhaftig, einen Knust, wie ihn sich die Hausfrau einst als Ehrenhappen abschnitt, ihren heiligen Anteil, den ihr kein anderer wegessen durfte, das war nun ihre einzige Nahrung. Sie biß ein winziges Stück ab, zermahlte ihn langsam mit den Zähnen, ängstlich, ihn ja nicht zu schlucken, ehe er nicht dreißigmal im Munde herumgewandert war. Wie ein KZler.

Meine Mutter und ich hatten ein Gesetz gemacht. Keiner ißt für sich allein. Jeder wartet mit der Nahrungsaufnahme, bis der andere da ist und geteilt wird haargenau in der Mitte, unabhängig davon, was einer für Lebensmittelkarten nach Hause bringt. Damit wir beide die Arbeiterkarte bekämen, ging ich auf den Bau. Als wir unser Brot auspackten und scharf durch die Mitte teilten, quollen der Tante die Augen aus dem Kopf. Mutti schob ihr heimlich ein Stück hinüber. Die Tante schielte zu Walter, die

Angst war stärker. Sie lehnte ab und sagte mit letzter Kraft: »Bei uns geht alles nach der Gerechtigkeit.« Nach dem Abendbrot gingen wir fort. Dieses widerwärtige Lebensmittelkarten-System, das das ganze Volk in Ernährungskasten einteilte, stammte von den Sowjets. Grotesk war, daß die Schwerstarbeiterkarte an die Chefredakteure, die Schwerarbeiterkarte an die Redakteure, die Arbeiterkarte an die Journalisten und Schriftsteller, das heißt, das Ganze an die Gehirnwasch-Kamarilla ging. Ein Arbeiter mußte schon hart heran, um sich eine Arbeiterkarte zu erschuften. Die Mehrzahl der Arbeiter brachte es nur bis zur Angestelltenkarte. Onkel Walter, als Lkw-Fahrer, hatte sich seine Schwerarbeiterkarte redlich verdient. Aber darum ging es ihm nicht. Die Züchtigung, die er der eigenen Familie bereitete, war der letzte Parteiauftrag, den er erfüllte. Es war bei ihm gerissen. Soweit dachte ich nicht. Ich sagte: Den Walter will ich nie mehr sehen. Daran habe ich mich gehalten.

Vor hundert Jahren hatte Berlin dieselben Sorgen wie heute München. Alles was nicht niet- und nagelfest war, und das war das Schönste der einst schönen Stadt (so die alte Freimaurerloge Royal York), wurde abgerissen, nur damit die – nein, nicht Zugereisten, sondern Zugezogenen, Platz bekamen, »sich mausig zu machen«. Das Sprichwort, daß ein echter Berliner von sonstwoher stammen müsse, nur nicht aus Berlin, entstand wohl auf dem Kurfürstendamm, vor den Toren Berlins, wo die Hohenzollern einst Hasen jagten. Die eingeborenen Berliner haben sehr darunter gelitten, was die Fremden aus ihrer Stadt machten. Sie schlossen sich zum »Club der Berliner« zusammen, dem nur angehören durfte, wer vier in Berlin geborene Großeltern nachweisen konnte, und zwar ein jeglicher, ob Prinz oder Sozialdemokrat.

Eines Tages bastelte Kaiser Wilhelm an einer Theaterdekoration herum und kam nicht zurande. Man empfahl ihm Meister Barsch als Fachmann. Der Kaiser lud den Meister ein, bei Hofe als kaiserlicher Berater zu erscheinen. Meister Barsch war vom Club der Berliner. Er war so berlinisch, daß er hätte in keinem Berlinfilm mitwirken dürfen, nicht mal als Statist. Er setzte sich seine Brille auf, studierte das kostbare Autograph, und als die Zeit gekommen war, begab er sich zum Schloß. Die Schildwache erblickte einen Menschen in Filzpantoffeln und Strickjacke, der das Schloß betreten wollte. Die Kleiderordnung war aber: Uniform oder Frack. Meister Barsch mußte umkehren. Nach einiger Zeit fing der Kaiser an, Meister Barsch zu vermissen. Man unterrichtete ihn, warum Meister Barsch nicht vorgelassen werden konnte. Der Monarch, der einst vor die Entscheidung gestellt, Bismarck oder die Sozialdemokraten im Reichstag vorzufinden, sich für die Sozialdemokraten entschieden hatte, witterte einen unbequemen Untertanen, vielleicht sogar einen Sozialdemokraten und wollte nun auf alle Fälle eine Begegnung. Eine Ordonnanz in Kaisers Kutsche sollte den Meister gleich einladen. Meister Barsch konnte nicht in Kaisers Kutsche geladen werden, weil er keinen Frack besaß. Ordonnanz: Konnten Sie sich denn keinen Frack machen lassen? Barsch: Dazu reicht das Geld nicht. Ordonnanz: Man kann doch einen Frack leihen. Barsch: Ich trage keine geliehenen Sachen. Ordonnanz: Hätten Sie den Kaiser benachrichtigt, er hätte Ihnen einen Frack geschenkt. Barsch: Ich kenne den Kaiser gar nicht, wie kann ich mir von ihm etwas schenken lassen. Die Ordonnanz kehrte um. Der Kaiser gab einen Erlaß heraus, daß für Tag und Stunde, da Meister Barsch im Schloß erschien, die Kleiderordnung außer Kraft gesetzt sei. Nun erschien der Kaiserliche Berater in Filzlatschen und Strickjacke und baute mit dem Kaiser gemeinsam die Dekoration.

Hätte es den Club der Berliner noch gegeben, Tante Greta wäre außerordentliches Ehrenmitglied geworden außerhalb der Statuten. Denn keiner ihrer vier Großeltern war in Berlin geboren. Tante Greta lebt in dem Glauben, daß Berlinisch eine autonome Sprache ist wie englisch oder französisch und genauso weltläufig und wohlklingend. Sie ist freudig erstaunt, wenn ein sprachbegabter Deutscher ihren Ausführungen folgen kann. In Berlin war mir das nicht weiter aufgefallen, nun aber, von draußen nach Berlin hineinschauend bin ich stets etwas beklommen, wenn Tante Greta den Mund aufmacht. Sie merkt das und verteidigt sich: »Ick weeß nich, warum ick ma scheemen soll, anre Leute ham ja ooch ihre Schprache. Un Berlinisch, laß ma, liebe Krüsta, Berlinisch is nu ma ne seha scheene Schprache.« Alle Bayern, Schwaben, Obersachsen, Niedersachsen strahlen vor Freude und stellen sich auf Tante Gretas Seite gegen mich. Das gibt ihr Mut und sie hält einen Vortrag über die literarischen Qualitäten der Berlinischen Dichtkunst. Während die Zuhörer vor Lachen kaum mehr auf den Stühlen sitzen können, beschließt sie ihre Ausführungen mit der Rezitation einer hochsensiblen, okkulten Doppelgänger-Ballade:

Ick sitz am Tüsch un esse Klops,
Uff eenma kloppts,

Ick kieke, staune, wundre mia,
Uff eenma jeht se uff, de Tia,
Nanu denk ick, ick denk, nanu?
Jetzt isse uff, east wa se zu,
Ick je raus un kieke,
Wea schteht draußn? – Icke!

Den Zuhörern ergeht es ähnlich, wie es einst Elschen und mir ergangen war, als wir aus nichtigem Anlaß zu lachen anfingen und nicht mehr aufhören konnten. Wir warfen uns zu Boden und wälzten uns herum und hätten gern aufgehört zu lachen, aber wir konnten nicht. Tante Greta stürzte zur Tür herein, griff sich jeden mit einer Hand, schüttelte uns und stieß uns mit den Köpfen gegeneinander. Das tat weh. Und glücklich darüber, daß wir nicht mehr lachen mußten, weinten wir.

Tante Greta ist ein Sylvesterkind, der 31. 12. der große Familientag. Natürlich wird es gern gesehen, wenn man bis zum Prosit Neujahr bleibt, aber, wer nur für eine Dreiviertelstunde »den Kopf reinsteckt«, gehört auch noch zur Familie. Wer nicht kommt, gehört nicht dazu. Zum Beispiel Walter, der seinen eigenen Verein aufgemacht hat. Petra schickt einige ihrer Kinder als Abordnung. Darüber sind alle froh, denn obwohl Greta formschönes Plastikgeschirr bevorzugt, das Festgedeck ist Markenporzellan und Petra ist unberechenbar. Wie ist das eigentlich mit Herta? Sie kommt natürlich nicht. Aber jeder denkt an sie, jeder möchte erfahren, ob sie schon wieder oder immer noch auf freiem Fuße ist. Man rennt schnell in die Küche und hilft beim Auftragen, um den neuesten Klatsch mitzubekommen. Denn drinnen am Tisch sitzen Verwandte, die wissen gar nicht, daß sie eine Schwägerin namens Herta haben.

Hertas Devise: »Scheiße am Stock is ooch n Bukett.« Wenn sie dann darüber sinnt, warum ihre hochfliegenden Pläne alle vom Schicksal durchs Klo gespült wurden, hätte sie sich von Petra, die nie hochfliegende Pläne hatte, belehren lassen können: »Wat hilft der janze Intim-Spray, wenn man furzen muß.« Tante Petra hat nie Sehnsucht nach ihren reichen Angeheirateten verspürt. Trotzdem ist sie ihrem Schwager einmal begegnet. Ihr Sohn hatte einen Unfall gebaut und sein Moped war hoffentlich allianzversichert. Tante Petra ging dem Schriftwechsel aus dem Weg und direkt ins Hauptquartier. Hätte sie sich als Putzfrau beworben, wäre sie durchgelassen worden. Aber so linste sie der Pförtner mißtrauisch an und verwehrte ihr den Eintritt in die Heiligen

Hallen der Allianz. Dann möchte ich meinen Schwager sprechen, verlangte Tante Petra, er arbeitet hier. – Als was? höhnte der Pförtner. Als Ihr Direktor, sagte Tante Petra und begann ihren Triumphmarsch über die rote Läuferbahn.

Während des Krieges gebar sie einem blonden französischen Kriegsgefangenen zwei blonde Franzosensöhne. Die schrien unentwegt: »Ma' Bro'! Ma' Bro'!« Die Zeiten waren mörderisch und nach Brot schreiende Kinder trieben niemandem die Tränen in die Augen. Tante Greta stellte sachlich fest: »Siehste, Petra, franzeesisch kenn se schon, bloß deutsch missense noch lern'.« Der Traum vom blonden französischen Bauernhaus erfüllte sich nicht. Als die fremden Truppen die Stadt terrorisierten, hielt Tante Petra einen Topf Wasser am Kochen und die Kelle griffbereit. Sobald die Soldateska die Tür aufriß, teilte Petra das kochende Wasser aus, und der Feind türmte mit infernalischem Gebrüll. Ich lobte ihren Schneid und sagte: Na, du hast ja auch einst, als du noch ein Kind warst, der Greta mit dem Stuhlbein übers Ohr gehauen, daß sie mit Schädelbruch monatelang im Krankenhaus gelegen hat. Tante Petra war beleidigt: Von wegen Stuhlbein! Sie hielt mir die flache Hand vors Gesicht: »Mit der bloßen Hand, mit der bloßen Hand!«

Früher glaubte ich, Friedrich von Schiller habe die Internationale gedichtet. Nach dem Krieg kamen mir Bedenken und ich forschte nach. Heute weiß ich, daß selbst einem mittelmäßigen Dichter und Denker nicht der Dicht- und Denkfehler unterlaufen kann, an dem die Internationale schon in ihren Versen gescheitert ist. Damit diese Verse eine Maxime sein können, muß man nur ein einziges Wort auswechseln. Dann sind sie richtig:

Es rettet mich kein höh'res Wesen,
Kein Gott, kein Kaiser noch Tribun,
Mich aus dem Elend zu erlösen,
Das kann nur einer:
Ich kann's tun.

Prophet Ezechiel, Widder im Ersten Haus, ich befehle Dir meine Großmutter,

Sibylle Persica, Stier im Zweiten Haus, ich befehle Dir meinen Großvater,

Prophet Jeremia, Zwilling im Dritten Haus, ich befehle Dir Tante Herta,

Prophet Jona, Krebs im Vierten Haus, ich befehle Dir Tante Ingrid,

Sibylle Lybica, Löwe im Fünften Haus, ich befehle Dir Kusine Elschen,
Prophet Daniel, Jungfrau im Sechsten Haus, ich befehle Dir meine Mutter,
Sibylle Cumäa, Waage im Siebenten Haus, ich befehle Dir Tante Thea,
Prophet Jesaja, Skorpion im Achten Haus, ich befehle mich Dir,
Sibylle Delphica, Schütze im Neunten Haus, ich befehle Dir Onkel Walter,
Prophet Zacharia, Steinbock im Zehnten Haus, ich befehle Dir Tante Greta,
Prophet Joel, Wassermann im Elften Haus, ich befehle Dir Tante Petra.

Allein das Zwölfte Haus, das Haus des Heiligen Schweigens, steht keinem von uns Tugend-Bolden offen. Der Meister selbst hält es besetzt, und was dort in Rauch und Qualen so mühselig angeblasen wird, ist Sein Lebensfeuer.

Geneigter Leser, verzeih', ich weiß, Du langweilst Dich gern beim Lesen. Aber ich langweile mich nicht gern beim Schreiben. Daher habe ich mich entschlossen, den Familienroman doch nicht zu schreiben. Mein Plan steht nun fest. Es ist der letztendgültige. Ich werde einen Kinderroman schreiben. Einen Roman für Kinder. Kinder sind kleiner als Erwachsene, man kann sich also kürzer fassen, außerdem sind sie bescheiden, obwohl sie immer so tun, als wollten sie alles Gute auf einmal. Und sie sind die Zukunft, wer die Kinder kaufen kann, der hat die Zukunft gekauft. Ich schreite zum großen Werk, hier ist er, der Roman:

›Die beiden Klos‹
Roman für Kinder (Erwachsene bitte weglesen)

Wenn ich ausgestreckt auf meiner Liege liege und mein Klein-Zimmerchen überschaue, dann denke ich daran, daß meine Leute einst in einem Raum wohnten, der ein gutes Stück kleiner war, und wir waren gewöhnlich zu dritt. Wenn wir Gäste hatten oder sich Onkels und Tanten aus Wohnraumschwierigkeiten vorübergehend bei uns einquartierten, zu viert oder zu fünft. In diesem einen Raum aßen wir, schliefen wir, machte ich meine Schularbeiten, dort arbeitete mein Stiefvater, Onkel Gottlieb, an seinem perpetuum mobile, und meine Mutter kochte und wirtschaftete herum. Nach dem Gebrauch der Zeit nannte man so etwas eine »Wohnküche«. Meine Mutter, die einen Zug zum

Höheren in sich fühlte, bestand darauf, daß es eine »Kochstube« sei. Das Klo zu diesem Wohnraum war das Gemeinschaftsklo der Kellerbewohner und befand sich im 2. Hausflur. Wir wohnten aber gar nicht im Keller, sondern im 4. Stock unter dem Dach. Als wir einzogen, boten uns die Nachbarn zur Linken und zur Rechten ihr Klo an. Wir hätten nur, wenn wir mußten, an ihren Wohnungstüren zu klingeln brauchen. Aber meine Mutter schlug ihnen diese Freundlichkeit ab. Da es ihre Aufgabe war, über die Familienehre zu wachen, mußten wir uns fügen und treppten vier Treppen rauf und runter, um unsere Natur abzubüßen. Dieses Klo, es stank wie die Pest. Wenn es wenigstens noch nach Scheiße gestunken hätte! Es stank nach dem Knaster, den der halbwahnsinnige Alte rauchte, der unaufhörlich Lieder sang, die er selbst erdichtet und komponiert hatte. Manchmal konnte man Wortfetzen verstehen wie: »... und sie wollen mir die Rente nicht ...« Nach seinem greulichen Knaster also stank es. Das Klo war mit braunen Strichen verziert, die kreuz und quer über die Wand liefen. Ich verstand lange nicht, was sie bedeute sollten. Sie stammten aus der Zeit, als das Klopapier noch nicht erfunden war und Zeitungen dokumentarischen Wert besaßen, so daß man sie nicht in kleine Viereckchen zerschnitt, sondern sorgsam aufbewahrte. Später, als ich mich mit Literatur abgab, kommentierte mir meine Mutter den klassischen Vers aus Goethes Urfaust:

Ihr zahlt, was andre vor euch zahlten,
Die ihren Nahm aufs Scheis Haus mahlten.

Erinnerst du dich an unser altes Klo? sagte sie, diese braunen Striche nannte man: Seinen Namen aufs Scheißhaus malen.

Der Hausflur, in dem dieses Klo stand, ein einfacher Bretterverschlag, wurde von Leuten viel begangen. Sie konnten im Vorübergehen mitanhören, wie man pinkelte und furzte, und wenn es ihnen nichts ausmachte, mir machte es etwas aus! Ab und zu riß jemand die Tür auf, und man baute gerade an seiner Wurst und keuchte mit nach innen gerichteter Kraft: »Besetzt!« obwohl es sinnlos war, denn man saß offen da wie auf einer Kasperlbühne. Ein andermal lauerten einem die Kinder auf, mit denen man gerade verkracht war. Sie wußten, wo man früher oder später zu finden war, und man mußte eine geraume Zeit, die man »stundenlang« nannte, warten, bis sie sich verzogen hatten. Oft stellten sich die Weiber genau vor der Klotür auf und entledigten sich ihres Klatsches. Bis zum heutigen Tag kann mich keine Kreissäge und keine Dampframme so beleidigen, wie die Stimmen klatschender Weiber. Es peinigte mich, aus der Tür herauszukommen und sie nach artiger Kinderweise mit »Guten Tag« zu grüßen. Es steht vielleicht in keinem Anstandsbuch, aber ich fand es stets als die äußerste, unmöglichste Situation, durch die geöffnete Klotür zur Begrüßung überzugehen. Später, nach diesem, konnten mir gar keine unmöglichen Situationen mehr passieren. Damals bekam ich mit, daß Leute, die unempfindlich sind gegen Lärm, auch unempfindlich sind gegen Stunk und Streit. Die Kracher sind die Stänker, die Stänker sind die Drecker und die Drecker sind die Stinker. Im Grund muß man von der Menschheit nicht mehr als das wissen, um mit ihr fertig zu werden.

Es gab aber noch ein anderes Klo. Das lag über den Hinterhof im 2. Quergebäude. Dort wohnten drei ruhige Mieter, von denen man kaum etwas hörte oder sah. Ihr Gemeinschaftsklo war sauber, still und einsam. Ich bin nicht ein einziges Mal dort aufgestört worden. Ab und zu kam jemand die Treppe herunter, sah, daß der Schlüssel steckte und kehrte still wieder um. Sobald meine Mutter die Treppenreinigung übernommen hatte, mußte sie mir den Schlüssel für dieses Klo aushändigen. Es wurde *mein* Klo. Aber es hatte einen schlimmen Fehler. Der zeigte sich am Abend, wenn es dunkel geworden war. Dann saß man dort und knipste von Zeit zu Zeit die Taschenlampe an, um sich Mut zu machen. Wenn man dann erleichtert war und sich gesäubert hatte, pumpte man sich voll Luft, stand wie ein Gewichtheber vor dem großen Aufriß, und dann! Klotür auf, hinaus in den dunklen Flur mitten unter die Massen der unsichtbaren Mörder und Gespenster. Man stürmte über den Hinterhof quer hindurch, durch die Mörder und Gespenster, die vor dem Strahl der Taschenlampe ein wenig nach links und rechts zur Seite wichen. Dann kam unser Flur, ein Treppenabsatz, der Lichtschalter, gerettet!

Alle diese Greuel hatte man auf dem Stinkklo nicht zu überstehen. Man mußte nur warten, bis jemand das Licht anknipste. Dann rannte man die Treppen bis zum dritten Stock empor. Pünktlich im dritten Stock (vor der geizigen Wirtin so eingestellt) erlosch die Treppenbeleuchtung. Aber Mutti hatte oben die Tür offengehalten. Mein liebes heimatliches Licht kam mir auf halber Treppe entgegen. Trotzdem entschied ich mich auf die Dauer für das Klo der Einsamkeit und des Friedens auf die Gefahr hin, den Mördern und Gespenstern zum Opfer zu fallen, und dabei bin ich bis heute geblieben.

Viertes Kapitel
Musa astrologica

Kalatschakra, der Zeitkreis

Weiß ist die Farbe der Reinheit. Der Schnee ist weiß, der Tod. Als kleiner Lehrling habe ich mir innig gewünscht, ich würde eine Treppe hinunterstürzen, mir alle Glieder brechen und ins Krankenhaus kommen, das schien mir die einzige Rettung aus Arbeitsnot. Ich bedachte auch, daß man sich ja wissent- und willentlich die Treppe hinabstürzen lassen kann. Aber ich schreckte davor zurück und trug meine Last mit ungebrochenen Gliedern weiter. Eines Tages stürzte ich eine Wendeltreppe hinab von vielleicht vierundzwanzig Stufen. Ich war mitten in einer Achtsamkeitsübung begriffen, daher kann ich den Fall genau rekonstruieren. Ich war in Strümpfen. Meine Schuhe standen im Regal vor dem Hauseingang und ich war im Begriff, sie mir zu holen. Die Treppe war gebohnert. Ich trat ganz nahe ans Geländer, auf die äußerste Schmalkante der Stufe. Eine Entschuldigung für mein Tun gab es nicht. Zwar war ich gebohnerte Treppen nicht gewohnt, aber ich war mein halbes Leben berufsbedingt Wendeltreppe bis in die Türme hinauf- und herabgestiegen. Ich hätte wissen müssen, wohin man den Fuß setzt. Mit der linken Hand faßte ich das Geländer. Als ich nun den rechten Fuß hob, rutschte der linke Fuß, der nur mit dem Hacken auf der Stufe Platz hatte, ab. Ich fiel mit dem Hintern auf die Treppe und griff mit der linken Hand einen der Geländerstäbe, mich festzuhalten. Wäre es eine gewöhnliche Treppe gewesen, hätte ich eben auf der Stufe gesessen. Aber es war eine Wendeltreppe. Ich geriet in eine Zentrifuge und wurde zur Seite geschleudert. Heute, mit zwanzig Pfund weniger und liegestützgestärktem Bizeps hätte ich mich am Geländerstab festgehalten. Damals aber riß mein Ärmchen einfach ab und ich begann meinen Weg, Stufe für Stufe rollte ich seitlich um meine Längsachse. Ich dachte, hört es denn gar nicht mehr auf. Ich vernahm den Lärm der Stimmen, das Getrappel der Herbeieilenden. Dann lag ich still. Jemand sagte: Mein Gott, die ganze Treppe!

Als man mich aufheben wollte, zeigte sich, daß mein Kopf lose herumbaumelte. Er war abgerissen. So kam ich dann zum ersten Mal in meinem Leben ins Krankenhaus, wo der Kopf dann wieder anwuchs, allerdings an der falschen Stelle. Ich hatte schon davon läuten hören, daß mit der modernen Medizin etwas schiefgelaufen war und kannte persönlich zwei Leute, die daran gestorben waren, daß sie sich nicht zum Arzt getraut hatten. Diese Entscheidung war mir genommen. Durch meinen öffentlich vollzogenen Unfall war ich in den Automatismus der Sozialversicherung hineingeraten. Über all das zerbrach ich mir nicht den Kopf. Ich hatte einen Todessturz überdauert und würde zum ersten Mal in einem Krankenhaus sein. Ein neuer Abschnitt begann. Wahrhaftig, denn das Krankenhaus verließ ich dann als schwer sichtbehinderter Krüppel, der den Rest seines Lebens im trauten Heim verbringen darf und all die beschwerlichen Touristenreisen nach Indien, Nepal und Rio mitsamt den Pocken, der Ruhr, dem Tod, den man sich dabei holt, blieben mir erspart. So haben die Ärzte mich gerettet.

Ich kam als erstes in ein Zimmer mit drei Betten. Neben mir lag ein Autounfall mit Gehirnerschütterung. Die Frau wollte nicht essen und bat regelrecht um die Gnade, nicht essen zu dürfen. Zu meinem Erstaunen wurde ihr diese Gnade nicht gewährt. Als Laie hätte ich gedacht, daß der Körper unter Umständen von der Nahrungsaufnahme befreit werden könne, wenn er mit einer Krankheit zu kämpfen habe. Mit Medizin hatte ich mich nicht befaßt und ahnte nicht, daß der Fall viel komplizierter war. Der imposante Fütterungsapparat, an den die Frau angeschlossen wurde, war nämlich Körperverletzung und das ›Zucker‹, das ihr intravenös eingeflößt wurde, würde in ihrem Körper Schäden verursachen. Da die meisten Menschen nicht nach der Vorsichtsregel leben: »Im Zweifelsfalle das Gegenteil von dem, was der Arzt rät«, tun wir uns so viele Körperverletzungen und Ernährungsschäden an, daß es auf das, was uns im Krankenhaus auf diesem Gebiet angetan wird, auch nicht mehr ankommt.

Als drittes gab es einen Brustkrebs. Es war eine OP-Schwester, von der Medizin aus gesehen, »eine von unsere Leut!« Aber durch ihr Leiden befand sie sich nun auf der anderen Seite des Ritualmords. Sie war sichtbarlich der Überzeugung, daß der Onkel Doktor ihr helfen würde und daß nach der Operation alles wieder gut werden würde. Der Onkel Doktor war ihr tagtäglicher Mitarbeiter. Er setzte sich auf ihr Bettchen, ergriff ihr Händchen, und so, als wäre sie Lieschen Müller und hätte von Messern und Stechen keine Ahnung, murmelte er ihr mit begütigender Stimme Tröstungen ins Ohr.

Da ich auch am dritten Tag keine Anstalten machte, mich für die zweite Klasse anzumelden, wurde ich kurzerhand mitsamt meinem Bett in die dritte Klasse gekarrt. Dort gab's denselben Schweinefraß, allerdings nicht auf silbernen Tellern, sondern nur auf Porzellan. Ich war zufrieden. Wir waren zu fünft. An der Tür lag eine riesendicke Frau, die unaufhörlich wimmerte, weil sie an der Hitze und an ihrem Sich-reglos-halten-müssen Folterqualen litt. Sie konnte nur plattdeutsch reden und war die »Klassenletzte«. Alle fanden, daß sie nicht so wimmern solle und daß sie »selber schuld« sei und ich erfuhr ihre erstaunliche Geschichte. Sie war mit einem Furunkel eingeliefert. Der war ihr operiert und am nächsten Tag sollte sie entlassen werden. Da stürzte sie auf dem spiegelglatten Boden neben ihrem Bett und lag nun mit einem Schenkelhalsbruch bis an die Brust im Gipsverband. Ich erfuhr, daß es Patienten gibt, die mit ihrer Familie bereits am Pförtner vorbei sind und mit dem letzten Schritt auf krankenhauseigenem Glatteisboden stürzen und zurückgebracht werden. Ich konnte mir nun die Eile erklären, mit der die Schwestern durch die Korridore rasten. Die Schwestern mit ihrem Eifer, ihrem Gefälligsein und auch ihrer Strenge täuschten uns darüber hinweg, daß die, die für uns hier Verantwortung trugen, Taugenichtse waren. Der Service war erstklassig und die Schwestern hätten sich von mir aus öfter erholen können, zumindest langsam gehen. Ich begriff: Sie mußten rennen, sonst wären sie gestürzt. Warum aber war der Fußboden so lebensgefährlich glatt? Um die Schwestern auf Trab zu bringen? Gewiß nicht. Der Fußboden bekam für mich etwas Metaphysisches, eine Patientenfalle und als es ans Laufenlernen ging, bedachte ich bei jedem Schritt: Ich soll fallen, aber ich will nicht. Mich behaltet ihr nicht noch einmal hier.

Mir gegenüber lag ein Kind, dem man die Mandeln herausgeschnitten hatte. So versiert war ich nun schon, daß ich mich fragte, warum hat man dem Kind die Mandeln herausgeschnitten und was soll damit bewirkt werden? Aus nichts für nichts. Ab Freitag war das Krankenhaus gesperrt. Niemand wurde mehr entlassen. Wenn, wie das ganz üblich war, gerade über das Wochenende die Unfälle eingeliefert wurden, standen sie mit ihren Betten im Korridor. Erst Montag früh war die Sperre aufgehoben. Die Patienten eilten als geheilt befunden ins Freie und die Wochenendler bekamen die Plätze. Nun ist's ein Unterschied, ob ein Erwachsener sich von Freitag früh bis Montag früh gedulden soll oder ein Kind. Das Kind, das wußte, daß es Montag früh entlassen werden sollte, begann am Freitagnachmittag mit dem Kopf gegen die Bettpfosten zu rennen. Es sah aus wie ein Spiel und ich bemerkte, daß das Anschlagen immer heftiger wurde. Ich erinnerte mich an die Zwangshandlungen von Zootieren. Ich beschloß, mich zu opfern und sagte: Komm, zeig mir das Foto von deinem Pony. Dann spielten wir 65 Stunden lang von wenig Schlaf unterbrochen. Endlich war Montag früh. Vor meinem Bett stand eine medizinisch-technische Fehlkonstruktion, in der ich laufen lernen sollte, die aber nicht funktionierte. Ich sagte: Schau, das ist eine Mondlandefähre. Das Kind stürzte sich darauf und überstand so die entsetzlichen Stunden zwischen dem Aufwachen und dem Eintreffen der Eltern. Als alles vorbei war, lag ich erschöpft lang und genoß die Ruhe. Die Schwester kam und sagte: Da sind Sie aber traurig, daß Sie Ihren Spielgefährten verloren haben.

Am Fenster lag eine alte Frau, die vom Fahrrad gestürzt war. Sie hatte einen Ehegemahl, der wie das häufig vorkommt, alle aktiven Betätigungen aufgegeben hatte und nun das Wickelkind dieser rüstigen alten Dame war. Es wurden beide »verhaftet«, und der Mann lag nun in der Männerabteilung. Sämtliche Krankheiten, die sich bei der Frau herausstellten, konnten dann doch nicht zuende geheilt werden, denn der Mann wollte nach Hause und so wurden sie nach einigem hin und her wieder entlassen. In das Bett zog ein Mädchen ein, das sich beim Gesundheitssport einen Bänderriß zugezogen hatte. Man teilte ihr mit, daß sie zehn Tage im Bett liegen müsse und dann würde ihr Bein gegipst werden. Ich staunte und bemerkte, daß ich auch zehn Tage gelegen hatte, ehe ich die erste Behandlung, eine Massage, bekommen habe. »Das scheint hier so üblich zu sein.« Als ich eingeliefert wurde, hatte mich die Furcht geplagt, daß man mich packen und in den Schlachtraum schieben werde. Daß nichts mit mir geschah, empfand ich zunächst als Glück, nun aber wurde ich langsam unruhig. Als meine Entlassung zur Sprache kam, fragte der Chefarzt: Was hatten Sie für Behandlungen? Ich sagte: Zwei Massagen. Gut, sagte er, dann bekommen Sie noch eine dritte. So verließ ich das Krankenhaus nach drei Wochen mit drei Massagen, als erledigter Mensch und war noch glücklich, daß ich so gut davongekommen war.

Regina, das Kind ohne Mandeln wurde ersetzt durch eine muntere Gastwirtsfrau mit einem so unkomplizierten Knöchelbruch, daß sie das Krankenhaus ohne weiteren Schaden zu nehmen, verlassen konnte. Sie prägte für unser Etablissement den

Begriff »Eulenspiegelkrankenhaus«, da wir in Mölln lagen, der Eulenspiegelstadt.

Der einzige angepaßte Mensch in unserer Umwelt war Oma Schade. Sie hatte sich beim Kirchgang den Arm gebrochen. Der Arm war so schief angewachsen wie mein Hals. Aber bei einem Arm macht das ja nichts, dachte ich und hätte gern mit ihr getauscht. Oma sollte und sollte entlassen werden, aber etwas kam immer dazwischen. Die Schwestern zählten ihr ihre Familienverhältnisse auf und berieten mit ihr, welches der Kinder sie nun zu sich nehmen müsse. Oma schwor Stein und Bein, daß die Kinder sich darum reißen würden, sie aufzunehmen. Es sei alles nur eine Frage der Zeit. Aber wenn die Familie um sie herumsaß, hörte ich, wie Oma sagte und häufig wiederholte: Sie können mich doch nicht einfach rausschmeißen, was meint ihr, wenn ich hierbleiben will, müssen sie mich doch behalten. Oma Schade war der Liebling der Ärzte, um ihr Bett scharten sie sich und begutachteten Omas falsch angewachsenen Arm, lobten ihre ärztliche Kunst und feuerten Oma an mit diesem Arm noch was anzustellen. Oma übte passive Resistenz. Der Chefarzt sagte: Ja, meine Herren, hier ist unsere Kunst am Ende. Alle Ärzte lachten, auch die Schwestern lachten und die Patienten. Aber ihr Lachen hatte einen anderen Ton. Solange ich die Ereignisse kontrollieren kann, blieb Oma wie sie war und was sie war, und wenn sie nicht gestorben ist, liegt sie heute noch da.

Für den spiegelglatten Fußboden gibt es eine rationalistische Erklärung: Es muß Sauberkeit herrschen und wenn die Patienten, sobald sie laufen können, über diesen Fußboden in die Betten zurückstürzen, so ist das vielleicht ihr eigenes Unterbewußtsein, das sich in den Uterus des Krankenbettes zurücksehnt. Für das Schicksal der kleinen Regina gibt es eine Erklärung, entzündete Mandeln sind was Krankes und müssen aus dem Körper herausgerissen werden und für leere Betten gibt's kein Geld, folglich wird übers Wochenende nicht entlassen. Für den Bänderriß gibt es eine Erklärung, in irgend einem Lehrbuch steht gewiß, daß es gut sei, wenn der Patient erst einmal zehn Tage im Bett herumzappelt, ehe der Gips angelegt wird. Aber für Oma Schade gibt es keine rationalistische Erklärung. Ihr Fall ist reine Metaphysik. Sobald ein Patient äußert, er möchte bitte entlassen werden, ja auf die Frage: Wann kann ich denn entlassen werden? reagiert der Arzt, indem er über sein Gesicht einen eisernen Vorhang fallen läßt. Wir haben ihn gekränkt. Wenn aber ein Patient es darauf anlegt, drinbleiben zu wollen, gibt es keine

Bettennot, keine Überarbeitung, keinen Personalmangel. Oma Schade war lieb Kind der weißen Crew und wir anderen, die wir uns hinaussehnten, Saboteure. Vielleicht betrachteten die Ärzte ihr Krankenhaus als eine Art Ozeandampfer, sie waren die Offiziere, die Pfleger die Mannschaft und wir Patienten die Passagiere und unsere Gedanken, das Krankenhaus verlassen zu können, waren Zeichen von Wahnsinn, so, als hätten wir den Wunsch über die Reling ins tödliche Wasser zu stürzen.

Irgend jemand hatte sich meiner erbarmt und Frau Berndt alarmiert. Sie erschien zur Besuchszeit, schief, schmerzgekrümmt mit einem Blumenstrauß und dazupassender Vase. Wie alle Menschen, die unentwegt gegen ihre Schmerzen ankämpfen müssen, hatte sie einen strengen, durchbohrenden Blick. Ich erschrak vor diesem Blick und vor der bresthaften Gestalt, die alles Elend ihrer Patienten aufs eigene Kreuz genommen hatte. Hilflos in meinem Bett wie in einem Breitopf und mit Händen, die nicht einmal einen Bleistift fassen konnten, eine Alarmpostkarte abzuschicken, ergriff ich denn doch diesen letzten Strohhalm. Ich sagte, ich wolle dem Chefarzt mitteilen, daß ich sie zur Konsultation hinzuziehen würde. Sie schoß einen ihrer Blicke auf mich ab und sagte: Dann schmeißt man Sie hier heraus. Sie gab mir den Rat, mich ins Unfallkrankenhaus Bergedorf verlegen zu lassen. Beim nächsten Besuch teilte ich ihr mit, daß der Chefarzt abgelehnt hatte. Sie sagte: Ich kann Sie nicht nehmen. Denn ich nehme nur Patienten, die laufen können und im Augenblick habe ich kein Zimmer frei. So blieb ich noch weiter in dem Eulenspiegelkrankenhaus von Mölln und sah zu, wie die Krankenschwestern hinter den Ärzten hergingen und je nach Temperament schweigend oder leiser und lauter murrend die Anordnungen korrigierten. Ich fragte mich: was wird eigentlich aus Krankenschwestern, die es satt haben, so hinter den Ärzten herzurennen? Frau Berndt würde mir eine überraschende Antwort darauf erteilen. Sie war Krankenschwester gewesen. Von Zeit zu Zeit erschien sie und gab mir Ratschläge, wie ich mich bewegen sollte, um noch Schlimmeres zu verhüten. Ich sollte mich im Bett quer legen, ich tat's und hatte sofort Erleichterung in meiner unglückseligen Lage. Ich schwankte zwischen Vertrauen und Angst. Später gestand ich ihr, daß ich nahe daran war, mir einen Krankenwagen zu mieten, und mich nach München fahren zu lassen, nur um Frau Berndt zu entkommen. Wir lachten uns beide kaputt. Damals lachte ich nicht. Frau Berndt hatte mir erklärt, daß sie mich fasten lassen würde, daß mein Darm gespült werden würde. Dies erschienen mir unangenehme, fast unannehmbare Dinge, vor allem, daß ich zu einem Vegetarier umgeschult werden müsse, denn ich sei schwerer Rheumatiker und einen anderen Weg zur Schmerzlosigkeit gäbe es nicht. Bei aller Furcht blieb meine Phantasie hinter der Wirklichkeit zurück. Was dann von mir verlangt wurde, war viel härter als ich es gefürchtet hatte.

Meine letzte Mahlzeit im Krankenhaus: ein Teller, darauf ein hartgekochtes Ei, ein Haufen gulaschartig zerkochtes Fleisch, ein Schlag Kartoffelbrei, ein Schlag Reis. Nachdem ich meinen Ekel einigermaßen zurückgedrängt hatte, aß ich das Ei und den Reis. Danach war ich mit allem Essen so verkracht, daß ich es schaffte, zwanzig Tage absolut zu fasten. Zwanzig Tage morgens eine Tasse Kräutertee, mittags ein Glas Gemüsesaft, abends ein Glas Obstsaft. Sonst nichts. Keine Milch, kein Zucker, kein Honig, kein Brei, kein Brot. Ein Tag, an dem es nichts zu essen gibt, vergeht und vergeht nicht. Er ist endlos. Einmal kam Frau Berndt mit einem Packen Zeitschriften auf mich zu und meinte, ich solle hiermit meine Langeweile verkürzen. Wie ein Verkäufer, der anlocken will, zog sie ein beliebiges Heft aus dem Packen heraus und drückte es mir in die Hand. Es war die erste Woche meiner Kur. Ich war bereits halb zutraulich, halb noch weißkittelgeschockt und vielleicht für alles Medizinische lebenslänglich verdorben. Da sah ich mit Ergriffenheit, wie mir das Siegel des Kalatschakra-Tantra überreicht wurde. Es ging alles mit rechten Dingen zu. Sie gab mir das Heft. Auf dem Umschlag war eine Abbildung, eine exotische Schrift aus verschlungenen Buchstaben. Sie wußte gar nicht, was sie tat und wenn ich Erklärungen abgegeben hätte, hätte sie mich nicht verstanden.

Hinfort konnte sie von mir verlangen, was sie wollte. Und sie verlangte viel. Zum Abschied verordnete sie mir, ich solle ein Vierteljahr lang täglich drei bis fünf Liter destilliertes Wasser trinken. Ich tat das, obwohl ich durch populärmedizinische Aufklärungsarbeit darüber unterrichtet war, daß destilliertes Wasser ein tödliches Gift sei. Einmal, als ich in der Drogerie meinen Kanister nachfüllen ließ, erregte ich die Aufmerksamkeit der Käuferinnen damit, daß ich für solch großen Einkauf nur wenige Mark bezahlte. Man wollte sofort wissen, was das für eine preiswerte Ware sei. Der Drogist erklärte: Wasser, nichts als Wasser. – Ja, warum denn aus der Drogerie, wo es doch (noch immer) aus unseren Wasserleitungen beliebig herausläuft, und umsonst, wie diese unwissenden Hausfrauen vermuteten. Der Drogist erklärte ihnen den Unterschied. Ja, was kann man denn mit diesem zwar billigen Zeug, aber als Wasser eben teurem Wasser anfangen, fragten die Hausfrauen begierig. Der Drogist sagte: Alles, wozu man Wasser sonst gebrauchen kann. Nur trinken dürfen Sie es nicht, denn destilliertes Wasser ist ein tödliches Gift. Manchmal reizte mich der Gedanke, dem guten Mann zu sagen, wozu ich all die Mengen tödlichen Giftes benötigte. Aber es hätte wenig genützt. Er würde sofort seine Menschenpflicht an mir erfüllen, und mein Leben retten, indem er sich weigerte, mir das tödliche Gift weiterhin zu verkaufen. Ich war gefeit gegen Todesdrohungen, mein Vertrauen in Frau Berndts Kunst grenzenlos. Sie hatte mir das Siegel des Kalatschakra überreicht. Jahrelang habe ich über das Kalatschakra-Tantra gearbeitet. Es gab wenig Menschen im Westen, die wußten, was die Buchstaben auf dem Siegel bedeuteten. Eigentlich war mein Leben endgültig verpfuscht, und ich hätte von meiner allerletzten menschlichen Freiheit Gebrauch machen können. Ich hätte Schluß machen können. Aber nun witterte ich einen verborgenen Sinn. Das Unheil, daß ich ausgerechnet in dieses Eulenspiegelkrankenhaus eingefahren wurde, verwandelte sich in einen geheimen Heilsplan. Denn nur in Mölln konnte Frau Berndt erscheinen und sich meiner annehmen.

Thema mundi

Die Kinder der Friedrichstraße spielten nicht mit den Kindern der Invalidenstraße. Die Kinder der Invalidenstraße spielten nicht mit den Kindern der Ackerstraße. Ich kannte ein Kind aus der Invalidenstraße, das mußte durch die Ackerstraße zur Schule laufen. Ich freundete mich an, und dann spielten wir gemeinsam in der Invalidenstraße. Es war mir streng verboten, zu sagen, daß ich in der Ackerstraße wohnte. Auf Fragen freundlicher Erwachsener antwortete ich: Wir wohnen an der Ecke Invalidenstraße. Die Kinder der Ackerstraße überquerten die Elsasserstraße, spielten auf dem Koppenplatz und gerieten bis zum Eingang der Gipsstraße. Hier blieben sie stehen, blickten hinein und kehrten um. Einmal betrat ich die Gipsstraße. Ich tat es (8 Gehminuten von meinem Haus entfernt) als Tourist, weil man mir sagte, daß von der Gipsstraße die Kleine Auguststraße abzweige, »die kleinste Straße der Welt«. Durch den Zufall des Bombenkrieges wurde ich als Halbwüchsige in die Gipsstraße verschlagen. Die

Kinder der Gipsstraße überquerten die Brunnenstraße und kamen ins Scheunenviertel. Dort war die Gormannstraße und das Arbeitsamt, aus irgendeinem Grund für die Erwachsenen ein besonders verrufener Ort. Die Gormannstraße war das Ende der Welt. Einmal mußte ich, von den Erwachsenen geschickt, in die Gormannstraße. Ich lief hindurch so schnell ich konnte und spähte schaudernd um die Ecken in den aufgetanen Rachen der Mulackstraße hinein. Dort gab es keine Kinder mehr.

Eines Tages sind all die Kinder aus der Friedrichstraße, Invalidenstraße, Ackerstraße, Gipsstraße, Gormannstraße, und auch die Kinder aus der Mulackstraße, die es vielleicht doch irgendwo gibt, erwachsen und krank und liegen nebeneinander auf einer grünen Wiese. Ein schmetterlingshaftes Wesen flattert über die Wiese, ins Haus hinein, die Treppe zum ersten Stock hinauf, wieder herab, aus dem Haus heraus, auf und ab. Vor einigen Tagen war das ein großer, dicker Mann, der mit einem »Herzinfarkt« zur Tür hineingetragen wurde. Mit Müh und Plagen schaffte man ihn in den Keller. Dort pumpte man ihm die Jauche aus den Därmen. Er stand von den Toten auf und schwebt zu seiner Wonne die Treppen auf und nieder. Er weiß nicht, daß sein Leberschaden irreparabel ist, und daß seine Seligkeit nur währt, solange sein Fasten währt. Wenn er wieder anfangen wird zu essen, wird seine Leber wieder streiken, und die großen Spezialisten werden sich auf sein Herz und seinen Kreislauf spezialisieren.

Fastenzeit ist Schmetterlingszeit. Man lebt nurmehr von Düften und Säften. Man könnte nicht einmal mehr tanzen. Der Körperschwerpunkt hat sich aufgelöst. Selbst Patienten, die nicht fasten, um abzunehmen, sondern um zuzunehmen, weil sie an irgendeiner Dürrekrankheit leiden, empfinden eine nie gekannte Körperleichtigkeit. Selbst wer nicht vorübergehende Anfälle von pathologischem Schwindelgefühl erleidet, denkt, er schwebe. Die Welt der spargel- und erdbeer-mampfenden Menschheit verliert sich in Bewußtseinsfernen. Ihr Essen-Tun erscheint roh und gemein. Die Welt der Pferde, Katzen, Hunde und sonstiger geliebter Vierbeiner verschließt sich. Die allernächsten Anverwandten sind nun die Schmetterlinge. Wenn man Übung und Geschick hätte, könnte man das Thema mundi, das Weltenschicksal aus dem Firmament der Schmetterlingsflügel ablesen, so wie rohe und blutdürstige Menschen aus den Lebern und Knochen geschlachteter Tiere zu prophezeien vermögen.

Nur die Zähne, die Zähne hätten gern mal in was Festes

hineingebissen! Auch der Darm scheint sich von dieser Welt nicht lösen zu wollen, und, solange nach dem Spülen noch was mehr rauskommt als Wasser, »darf« (o, welch Widerspruch!) man keine feste Nahrung zu sich nehmen, auch keine Milch, nichts, was nährt. Da die Darmbakterien jeden Tag entfernt werden, gibt es keine Rückvergiftung und auch kein Hungergefühl. So verbrachte ich zwanzig Tage. »Die Tapete«, der Belag an meinen Darmwänden wollte und wollte nicht abblättern. Nach dem Essen, d.h. für uns Faster, nach dem Trinken, trugen die Patienten selbst das Geschirr in die Küche. Jedesmal gab es dasselbe Gelächter. Die Faster stürzen sich auf die halbvollen Schüsseln. Nicht, um unterwegs zu naschen, sondern unschuldig, instinktiv. Es gibt eben auch ein Fasten-Unterbewußtsein.

Unmerklich hat sich die Mannschaft ausgemustert. Als ich eintraf, fand ich einen Tisch voller alter Damen, dick oder dürr, gichtbrüchig durch die Bank und die dazugehörigen alten Herren mit ihren Kriegserlebnissen. Sie harkten die Wege und pflückten die Beeren von den Sträuchern. Da war ich die Jüngste. Nun bin ich die Älteste. Die jungen Leute steigen in die Bäume, Obst zu pflücken oder legen Leitern an zum Fensterputzen. Manchmal ist's Beschäftigungstherapie, manchmal aber auch das Nicht-Bezahlen-Können und Abarbeitenmüssen. Die meisten sind krachgesund und fasten nur auf Vorrat, um in der zweiten Hälfte des Urlaubs sich mit Pilaw und Kuskus den Ranzen vollschlagen zu können, ohne gleich auf Einsachtzig zu fretten. Trotz Aufwisch und Abwasch, Sahnebuttern, Brotbacken und Komposthaufen schichten, herrschte eine Stimmung aus Übermut und Langeweile. Da schlug die Nachricht ein: Es kommen zwei Astrologen auf einmal, ein Deutscher und ein Franzose, der deutsch kann. Die kennen sich gar nicht. Wir werden sie miteinander bekannt machen, und dann müssen sie sich in den Haaren liegen und sich über ihre Astrologie zanken, so wie Kartenlegerinnen, wenn die eine zur anderen sagt: Aber ich bitte Sie, Verehrteste, die Pikzehn ist doch nicht die Arbeitskarte, sondern »der kurze Weg«.

Wir nahmen die erstbeste Tageszeitung vor und erarbeiteten uns das Thema mundi. Die Sternbilder, die Planeten und was uns erreichbar war. Mir standen sowieso alle Gestirne günstig. Da gab's die Sonne, die die Lebenskraft regierte. Mit meinen zehn Kniebeugen und dreißig Liegestützen regierte sie mich so kräftig, wie nie zuvor im Leben. Der Mond war zuständig für die Verdauungswege, die verliefen von den Lippen bis zum After und ihre Außenseite war die Haut. An unserer Haut lernten die Assistenten unser Innenleben zu diagnostizieren. Meine Haut war ferkelchenrosig, meine Parodontose hatte sich zurückgebildet, die Zähne festigten sich, die Magengeschwüre trockneten ein, die Fäulnisbakterien wanderten aus. Merkur läßt mich atmen von tief unten nach hoch oben. Der vom Morbus Bechterew zugegipste Brustkorb brach auf, die Lungen entfalteten sich, der Erstickungstod des Bechterewers würde nicht eintreten. Venus ist für die Nieren verantwortlich, sie ist der eigentliche Rheumaspezialist. Meine Nieren waren nun reichlich durchgespült mit gesunden, salzlosen Flüssigkeiten, die nervenfressenden Bechterewschmerzen verschwanden auf Nimmerwiedersehen. In der alten Astrologie hat man Merkur und Venus nur vermerkt, wenn sie eine Konjunktion bildeten. Das nannte man den Hermaphroditen. Später wurde es ein Joga-Begriff und bedeutete den Atem, der die Wirbelsäule vom Zentrum des Urogenital-Systems bis zum Kehlzentrum emporläuft. Mars, der Herrscher des Geschlechts: Die Wechseljahr-Symptome bilden sich zurück, das gelichtete Haar wird dicht und lockig. Jupiter, ja, der hatte die Leber unter sich. Das, was bei mir und allen Zeitgenossen bis zur Unkenntlichkeit zermanscht ist. »Ha fegato!« sagen die Italiener von einem, der Mut hat. »Er hat Leber!« Ich hatte keine mehr. Es hat drei Jahre gedauert, bis sie langsam kam. In der Zwischenzeit verging ich vor niegekannten Schmerzen, die ich für »Gallekoliken« hielt. Um ein Haar hätte ich mich operieren lassen. Dann plötzlich war's überstanden. Schlagsahne drauf! Und der Saturn, der stand bei meinem Sturz gemeinsam mit der Sonne in Konjunktion mit dem Fixstern Algol, dem Leib- und Magenstern von meinem bösen Onkel Gottlieb. Aber davon wird noch zu reden sein.

Die Astrologen kamen, sie wurden einander vorgestellt, »aufeinandergehetzt«. Sie spazierten einträchtig über unsere grüne Wiese, und wir spitzten die Ohren. Sie sprachen von GOH-Tabelle, von LDP und LDS, MC, IC und KdG. Wir hatten die falschen Vokabeln gelernt. Nach zwei Tagen bereits sprach mich der deutsche Astrologe an: Verzeihen Sie meine Neugier. Ich habe von Ihrem Unfall gehört. Wissen Sie noch Tag und Stunde, wann es geschah? (Die werden mir ewig unvergeßlich bleiben.) Ist von Ihnen schon einmal ein Kosmogramm gemacht worden? (Ich verstand sofort, was er meinte, und tat, als würde ich täglich mit solchen Wörtern herumschmeißen.) Wissen Sie die Stunde Ihrer Geburt? Ich besitze noch einen altväterlichen Geburtsschein, auf dem sogar die Viertelstunde vermerkt ist. Der Astrolog (Verzeihung!), der Kosmobiologe war skeptisch: Das wird gewiß nicht ganz stimmen. Aber ich werde ihre Geburtszeit rektifizieren. Dann zog er sich zurück. Als ich nachts mein Zimmer verließ, sah ich bei ihm Licht brennen. Ich dachte: Er wird doch nicht etwa? Am Morgen kam er unausgeschlafen zwar, doch überglücklich zu seinem Kräutertee herunter. Er legte mir mein Kosmogramm vor. Mein Unfall stimmte. Ich war genau in den richtigen Stern gefallen. Ich dachte: Hätte doch einer der Ärzte, die täglich an meinem Krankenbett vorüberwedelten, nicht in der Nacht, sondern am Tage und nicht sechs Stunden, nein, nur sechs Minuten, ja, hätte in diesen drei Wochen ein Arzt nur eine Minute der Konzentration auf meinen Fall verwendet, ich müßte jetzt nicht als garstiger Krüppel durch die Gegend tappen und durch meinen Anblick die Leute erschrekken. Ich faßte Vertrauen zu einer Kunst, deren Jünger seinen Schlaf geopfert hatte für nichts und wieder nichts, nur um an einem wildfremden Menschen den Lauf der Sterne zu erforschen.

Er nahm mich als Adept an und lieh mir als erstes ein Buch über Joga. Dort fand ich eine Anweisung der Atemführung nach dem Siegel des Kalatschakra. Er sagte: Ich bin Ihr Horoskopvater. (Er hätte mein Sohn sein können!) Nach seinen Anweisungen vertiefte ich mich in mein Kosmogramm. Die rätselhaften Zeichen erschienen mir wie ein Satz Chromosomen, das Ganze wie die Vergrößerung einer Erbzelle aus einer populärwissenschaftlichen Zeitschrift. Ich dachte: warum nicht? Warum sollen das nicht meine Chromosomen sein. Auf der Smaragdtafel des Hermes Trismegistes steht geschrieben:

In Wahrheit, gewiß und ohne Zweifel, was unten ist, das ist auch oben und was oben ist, das ist auch unten, so wirken die Wunder des einen.

Ahimsa, das Nichtverletzen

Ich war nicht immer so zimperlich. Als Kind trug ich meinen kranken Wellensittich zum Tierhändler und bat ihn, das Tier zu töten. Der Mann meinte, mit so was gäbe er sich nicht ab, das könne ich schließlich selbst tun. – Ja, wie denn? – Na, mit Gas. Zu Hause angekommen steckte ich den Vogel in eine Tüte und stülpte die Tüte über den Gasbrenner. Der Vogel piepte und piepte. Das Zimmer stank und stank. Der Vogel piepte immer noch, aber ganz schläfrig. Ich war schon halb hinüber. Dann blieb er still. Es war auch höchste Eisenbahn. Ich warf ihn mitsamt der Tüte in den Müllkasten. Auf meine Tat war ich sehr stolz. Daß ich es geschafft hatte, ein lebendes Wesen von solcher Größe kaltblütig zu ermorden, und daß ich den Wellensittich, der doch ein Geburtstagsgeschenk von meiner Mutter war und den ich jahrelang, wenn auch lustlos, gepflegt hatte, so mir nichts dir nichts in den Müllkasten werfen konnte ohne seelisch zu zerbrechen. Später weinte ich, entnervt von den Moortunken Bad Aiblings, wenn ich ein paar hübsche Öchslein grasen sah und an ihr Schicksal dachte.

Meine gewöhnlichen Opfer waren winzig. Es galt mir nicht als Heldentat sie zu massenmorden, denn das Blut, das ich an ihnen vergoß, war mein eigenes Blut. Berlin war vor dem Krieg berühmt verwanzt. Als die Schwester von Casanova (Hertas Verlobten) ihren Bruder besuchte, wachte sie in ihrem Berliner Bett auf und dachte, sie hätte den Verstand verloren. An ihrem Körper kribbelte es auf und ab und dann piekste etwas – und als sie das Licht anknipste, sah sie lauter kleine Punkte über ihre Decke marschieren. Sie stieß einen Schrei aus und alles erwachte. Man tröstete sie, wischte ihr die Tränen ab und sie sah ein, daß sie ganz normal geblieben war. Diese Wesen waren keine Einbildung. Sie hatten sogar einen Namen und man konnte sie töten. Man mußte sie sogar töten. Am anderen Tag wurde die Schwester zu uns herübergebracht, denn »bei Martha ist es nicht so schlimm«, weil nämlich meine Mutter den ganzen Sonnabend über unseren Bettgestellen verbrachte. Aber, wenn es im Sommer sehr heiß war, und die kleine Schwester traf es sehr heiß bei uns an, dann war um Mitternacht Alarm. Einer nach dem anderen wurde unruhig in seinem Bett. Dann wurden die ersten Worte gewechselt. Dann stieg man im Dunkeln aus dem Lager und hielt sich bereit. Dann auf einmal ging das Licht an und das Morden begann. Laken und Holzgestelle färbten sich rot von unserem Blut, das die Wanzen uns ausgesogen hatten. Schwesterchen hielt tapfer mit und würde in Kassel viel zu erzählen haben. Jetzt lachte sie auch schon, wenn sie einen Feind erwischte.

Eines Tages nahmen wir unsere Lebensmittel, ein paar Kleider und Kochtöpfe und zogen zu Onkel Gottlieb in den Keller. Unsere Wohnung wurde von außen zugeklebt. Innen hatte der

Kammerjäger ein Pulver angezündet. Dann kam das Gas. Ich wurde angehalten, ja nicht die Klebestreifen abzureißen und neugierig hineinzuspähen. Denn dann würden die Wanzen entkommen und ich würde sterben. Als unsere Stube wieder bewohnbar geworden war, stank sie doch monatelang nach dem Gas. Aber ich bekam einen herrlichen ungestörten Schlaf. Wenn der Gestank sich verzogen hatte, dauerte es nicht lange mehr, denn die Nachbarn spielten nicht mit. Aus den Fenstern der Nachbarn wanderten die Wanzen wieder bei uns ein und das gegenseitige Blutvergießen begann von neuem. Einmal wechselte ich meinen Arbeitsplatz. In dem Betrieb, es war die Schaufensterpuppenfabrik Häfner & Schön, in der ich Puppenarme schleifen sollte, wurde mir ein Schrank für meine Kleidung zugewiesen. Denn man mußte sich von Kopf bis Fuß umkleiden. Trotzdem brachte ich die weißen Tappsen aus dem Betrieb an meinen Straßenschuhen bis in Mutters Wohnung. Und ich hatte doch zwanzig Minuten Fußweg. Weißer Dreck ist schlimmer als schwarzer Dreck. Ich brachte noch etwas anderes mit, die ersten Läuse meines Lebens. Ich kämmte sie nun fleißig aus und ließ sie von meinem Kopf in eine Schüssel mit Wasser fallen. Aber ich bekam sie nicht weg. Ob es nun an der Art des Ungeziefers lag oder an einer veränderten Einstellung zur Mitkreatur. Ich war stolz auf meine Läuse, daß sie tapfer und ausdauernd waren und daß sie sich nicht vertreiben ließen. Ich war so unfähig, gegen meine Läuse anzukämpfen, daß ich zur Badeanstalt gehen mußte, mir eine Läusekappe machen zu lassen. Es war an einem Sonnabend, und mir unvergeßlich, der Tag vor Goethes zweihundertstem Geburtstag. Ich liebte den Werther sehr, schmökerte auch schon im ›Faust Zwei‹ herum und war vorbereitet, diesen nationalen Feiertag fröhlich mitzufeiern. Da plötzlich überfiel mich eine sozialistische Bitternis, wie ich sie weder vorher noch nachher empfunden habe. Abgesehen von einem kleinen Anflug von Syndikal-Anarchismus um mein zwanzigstes Lebensjahr und später einem Cholera-Anfall, bin ich von den Epidemien des Jahrhunderts verschont geblieben. Aber unter der Läusekappe zeitunglesend fühlte ich mich plötzlich mit all den »feinen Pinkeln« konfrontiert, die doch sonst in meinem Leben gar nichts zu suchen hatten. Da sie sich in der Zeitung breit machen, waren sie nun meine Feinde, und ich habe, obwohl Leseratte, gewisser Dichter Bücher lange Zeit nicht in die Hand nehmen können.

Einst wallfahrtete ich nach Taizé. Täglich dreimal gingen wir in die Kirche zur schweigenden Meditation. Mehrere Ameisenstraßen kreuzten unseren Weg, riesengroße Waldameisen, nicht zu übersehen. Da waren die Leute, die zu ihrer Selbstheiligung schritten, nicht fähig, die Füße zu heben und auch nur eine von diesen Ameisen zu verschonen. Jeder Gottesdienst kostete Hunderten von Ameisen das Leben. Vor dem Eingang des Speisesaals hing ein Vogelkäfig mit mehreren Singvögeln. Auf den Wiesen der Umgebung weideten graubraune Ochsen, die das Wohlgefallen der Pilger erregten. Die alten Damen machten liebevolle Bemerkungen über diese Tiere. Man merkte, wie sich ihre Heiligkeit über alle Kreatur ausbreitete. Ich war versucht ihnen mitzuteilen, daß diese geliebten Wesen täglich dreimal auf unseren Pilger-Tellern zu liegen kamen, ließ es dann aber bleiben. Denn den Weltenlauf hätte ich nicht ändern können, auch nicht in Taizé. Ich sah etwas Seltsames: ein Glockenspiel über einer Wasserfläche aufgehängt. Ich erschrak: Ja, was soll denn das? Stolz wurde mir bedeutet, das sei ein besonders aparter Einfall der Erbauer von Taizé. Wenn die Glocken so dicht über dem Wasser läuten, dann ... Vermutlich klingen sie dann schöner. Ich habe mir das Ende der Erklärung nicht angehört, denn ich eilte zu dem Wasser. Es war schlimmer, als ich befürchtet hatte. Ich fand nicht nur Insekten, die sich hierher verirrt hatten und die, wenn das Läuten losging, eines qualvollen Todes sterben würden, sondern auch Goldfische. Sie schwammen nicht mehr. Sie lagen schlapp in dem Wasser. Ab und zu zuckten sie. Wenn die Zeit zum nächsten Gottesdienst gekommen war, würde ihre nächste Folter beginnen. Auf der Rückreise übernachteten wir in einem Hotel in Besançon. Da sah ich eine riesige Küchenschabe dreist und gottesfürchtig quer durch mein Zimmer marschieren. Ich legte mich lang auf den Boden, gleichsam Kopf an Kopf mit dem grauslichen Getüm und dachte: Gottseidank, Brüderchen, daß ich dich nicht zu töten brauche. So erholte ich mich von Taizé.

Als unser Haus in Milbertshofen noch neu war, zog der Schäfer mit seiner Herde unter meinem Fenster vorüber. Das sah urgemütlich aus. Aber am Sonntag, wenn die Autos schwiegen, hörte man das unentwegte Gebrüll der Tiere. Ich ging, sie mir anzusehen. Sie standen hinter Stacheldraht in kleinen Grüppchen. Was sollte man dagegen tun? Auch ich war Nutznießer ihres Leidens. »Der Mensch ist ein Raubtier«, würde Horst Stern sagen, und uns mit seinem Frugivoren-Gebiß anlächeln. Angenommen, ich würde auf mein lebendes Rindfleisch aufspringen und anfangen, meine Zähne zu betätigen. Das wäre dann »die

Kuh, die lacht«. Selbst Hühner würden lachen, wenn ich versuchen würde, ihnen den Kopf abzubeißen. So aber, da wir ohne Legitimation eines Carnivorengebisses (in dem keine Fleischfusseln hängen bleiben) an ihnen mampfen, rächen sie sich. Der Eiweißüberfraß zerstört unsere Nieren, die Kadavergifte zerfressen unsere Lebern. Im Gegensatz zu unseren großen Vorbildern, den Löwen und Adlern, sind wir nicht dagegen gefeit. Ein toter Abel, drei geschlachtete Tiere, fünf Fleischmahlzeiten im Jahr und zwölf erschlagene Feinde rütteln nicht am Gefüge der Weltordnung und auch nicht am Gefüge des Leibes, der ein getreues Abbild des Kosmos ist. Aber wo ist die Grenze?

Wir Menschen bilden uns ein, die Natur sei ein Eintopfgericht, und wir stecken bis zum Hals in diesem Topf, aber nicht weiter. Mit dem Kopf schauen wir oben heraus und überblicken das Ganze. Tatsächlich, im Gewebe des Kosmos haben wir nichts weiter zu tun, als den Pflanzen den für sie giftigen Sauerstoff wegzuatmen. Alle unsere sonstigen Unternehmungen sind reiner Übermut. Zur Belohnung dürfen wir dann an ihrem Grünzeug knabbern. Aber am Abend, wenn die Sonne untergeht, erlischt die Symbiose. Die Pflanzen brauchen nun den Sauerstoff selbst und wir gehen »sterben«. Der Mensch schläft ein, die Atemkapazität vermindert sich. Daher soll man nachts nicht wachen und auch nichts mehr essen.

Als mir kundgetan wurde, daß ich als schwerer Rheumatiker auf jegliche Fleischnahrung zu verzichten habe, erstaunte ich zunächst, denn ich glaubte, nur Verrückte seien ohne Fleischnahrung lebensfähig. Dann aber sah ich die Möglichkeit, auszusteigen aus dem Teufelskreis der allseitigen Vernichtung. Die Welt würde zwar weiterhin untergehen. Aber sie würde »Ohne mich!« untergehen. Wenn ich eine Schnecke vom Kohlblatt heruntemahm, sie auf die Erde setzte und ihr einen freundschaftlichen Schubs gab, lachte Frau Berndt verächtlich auf. Sie verschonte zwar meine Schnecke, um mich nicht zu kränken, aber ihre Schnecke zertrampelte sie gnadenlos vor meinen Augen und sah mich herausfordernd an. Sie war eine Zarathustra-Anhängerin und in einem ewigen Kampf des Guten gegen das Böse begriffen. Sie hatte den unausgesprochenen Ehrgeiz, mich den Buddhisten in Roseburg, die ab und zu anriefen und sich nach meinem Wohlergehen erkundigten, zu entreißen. Ihrer Meinung nach machten die Buddhisten nur Quatsch, weil sie nicht den richtigen Atem hatten. Für die Buddhisten mußte das ein besonders schwerer Schlag sein, denn sie hatten den einzig richtigen

Atem von Buddha überliefert bekommen und gepachtet. Einmal sagte ich: Eigentlich ist jede Nahrung ein Gift, und weil wir essen müssen, müssen wir sterben. Das brachte sie auf die Palme, sie entwickelte mir den göttlichen Bauplan der paradiesischen Natur, die sich selbst genug ist, wenn sie nicht durch das Böse und Falsche verdorben ist. An meinen Füßen entdeckte sie teuflische Hefepilze. Sie schnitt mir einige Zehennägel bis aufs Nagelbett herunter, um die Bösewichter zu vertilgen. Kroppzeug! antwortete sie auf die Bemerkung der Assistentin, daß doch »eigentlich diese Geschöpfe auch ein Lebensrecht« hätten. Ich erinnerte mich, daß ich vor langer Zeit den Gedanken an die Rechtmäßigkeit des Gedeihens von Krebszellen entwickelt hatte und daß mir dieser, mein Gedanke darum unvergeßlich blieb, weil ich einige Tage später erfuhr, daß meine Mutter an Krebs erkrankt sei.

In den Reformzeitschriften las ich famose Regeln für den Anbau dynamisch-biologischer Nahrung, die nicht gegen Ungeziefer gespritzt werden durfte. Wenn die Schnecken die Erdbeeren anbissen, nehme der Gärtner zwei oder drei Schnecken, brühe sie mit kochendem Wasser zu Tode, rühre den Brei in Warmwasser an und versprühe das Wasser über die Erdbeerpflanzung. Sämtliche Schnecken ergriffen die Flucht und würden sich für lange Zeit nicht mehr dem Ort nähern, wo der gebrühte Schneckensaft ausgespritzt war. Ratten und Mäuse vertreibt man, indem man einige fängt und lebendig ins Feuer wirft. Ihre ausgestreute Asche vertreibt die Ratten und Mäuse. Ich erinnerte mich an ein ähnliches Experiment, das ich unternommen hatte, allerdings in der Absicht, Tiere nicht zu töten. Ich hatte Mücken, wenn sie beim Stechen waren, vorsichtig an den Flügeln ergriffen, aus dem Stich herausgezogen und wieder fliegen lassen. Dann merkte ich, daß ich unbeschadet in dem Mückenschwarm ausharren konnte, ohne angegriffen zu werden. Es kam die schwere Zeit des Abfastens. Auf meinem Platz stand nur ein halbes Glas Saft. Alle beglückwünschten mich, denn das war das Zeichen, daß ich es überstanden hatte. Ich war froh. Nachdem das halbe Glas geleert war, wurde mir ein Schälchen mit Weizenschleim aufgetragen. Es war kein Salz und kein Zucker darin. Aber meine Zunge war so empfindsam geworden, daß sie nun das kostbarste aller Nahrungsmittel, den Weizen, in seinem Eigengeschmack wahrnehmen konnte. Am nächsten Tag verlangte ich nach Gewürzen. Die Vergröberung des Geistes hielt mit der Verfestigung der Nahrung Schritt. Es kam der Kartoffelbrei, der Weizenschrot, das erste Knäckebrot, der erste Happs Quark, das erste Salatblatt, das erste gekochte Gemüse. Nur Fett wurde noch weggelassen. Da man nicht mehr gespült und von den Darmbakterien befreit wurde, signalisierten sie ihr »Hunger, Hunger!« Gleichzeitig fühlte man sich nach einem Schälchen Körnerbrei zum Umfallen erschöpft. »Merken Sie nun«, sagte Frau Berndt, »daß Essenverdauen die schwerste Arbeit ist, die Ihr Körper verrichten muß?« Vielleicht lassen die menschenfreundlichen Sklavenhalter ihre Sklaven darum so mörderisch hungern, damit sie über der Galeerenstrafe oder der Bergwerksarbeit nicht auch noch die Arbeit des Verdauens leisten müssen.

Nachmittags um drei kam ich gewöhnlich in die Küche, um meine Weizenkörner zu schroten und sie in Wasser einzuweichen für den nächsten Morgen. In der Weizendose fand ich einige Käfer. Ich setzte sie in die Abfallschüssel aus. Von dort aus würden sie zum Komposthaufen wandern und wahrscheinlich verrecken müssen. Aber das kümmerte mich nicht, ich hatte sie nicht ermordet. Ich dachte daran, die Dose Frau Berndt unter die Nase zu halten und zu sagen: Wo ist denn hier die Hygiene? Dann ließ ich es bleiben. Die Frau hatte genug auf dem Hals. Im Gespräch erwähnte Frau Berndt beiläufig, wie sie ihren Weizen gekauft hätte. Sie habe mit der Hand in den Säcken gewühlt, bis sie Kornkäfer fand. Daran erkannte sie, daß dieser Weizen einwandfrei sei. Aber sie warnte uns auch. Holländer pflegten ihren giftigen Kohl mit künstlichen Löchern zu versehen, um Wurmbefall und das heißt: genießbare Lebensmittel vorzutäuschen.

Käfer, Schnecken, Würmer und Vegetarier mußten sich in ein und dieselben Lebensmittel teilen. Früher oder später würde es also doch zum Existenzkampf kommen. Mein Vorrat war einwandfreier, eßbarer Vorrat, das sah ich an den Käfern, die sich daran delektierten. Doch als ich einst einen Käfer nicht in der Küche, sondern in meinem Frisiertisch fand, da war ich in derselben Lage wie Gandhi, als er dann doch zur Flitspritze griff. Ich tötete den Käfer. Mit Erstaunen stellte ich fest, daß ich mich nun vor den Käfern zu ekeln begann. Solange ich ihnen nichts tat, widerten sie mich nicht an. Nun versetzte mich ihr Anblick in Wut. Es begann die Käferschlacht von Milbertshofen. Die Käfer hatten sich, wie Menschlein einer überbevölkerten Erde, die am Nordpol erschienen, bis in meine Gewürzschublade ausgebreitet. Ich las die Rosinen einzeln durch meine Finger wie einen Rosenkranz, jede Dattel, jede Backpflaume. Ich schüttete die Erbsen in ein Sieb, die gelben, die grünen, die Kichererbsen und rüttelte die Käfer unten heraus, dann die Linsen, dann den Reis, den Mais, das Grünkorn, die Sojanudeln. Der Weizen, gemahlen und ungemahlen, alles durchgesiebt und neu eingetütet. Die Hirse war durchwimmelt wie Europa. Ich schmiß den ganzen Packen in den Mülleimer. Mögen sich die überlebenden Käfer dort drinnen streiten, wer den Krieg angefangen und schuld an der Katastrophe war. Unvermutet tauchte eine Spinne auf und sprang mit grausig unnatürlichen Sprüngen vor meinen Füßen herum. Das lag daran, daß ich sie an ihrem Faden erwischt hatte und durch meine Handbewegungen ihr Hüpfen verursachte. Ich trat auf sie drauf. Danach fiel mir ein, daß ich meinen besten Verbündeten ausgeschaltet hatte.

Im hintersten, untersten Fach standen ein paar Büchsen mit Reis und Nudeln aus meiner Vor-Reformzeit. Sie blieben im Sieb rein und weiß. Kein Käfer hatte Lust verspürt, in so etwas hineinzubeißen. Eben darum wollte ich sie wegwerfen. Die alte Scheu hielt mich zurück. Ich stellte sie wieder auf ihren Platz. Damit endete für mich die Ahimsa und ich beschloß, konkurrierende Lebewesen nur noch an hohen Fest- und Feiertagen zu verschonen.

Gammelbaran

Ich glaube, Nationalitätenfrage ist im Grunde eine Altersfrage. Wenn man zehn ist, möchte man gern Indianer sein, mit zwanzig Pole, mit dreißig dann Engländer, mit vierzig Franzose, und wenn man fünfzig ist, ist man froh, daß man Deutscher geblieben ist. Da bin ich nun angelangt und stelle mit Rührung fest, daß ich ein extrem deutsches Horoskop habe. Es ist ein sogenanntes Quintil-Dezil-Harmonic, d.h. es besteht nur aus den Winkeln von 36, 72, 108 und 144 Grad. Ein solches Harmonic ist typisch für Rennfahrer und Massenmörder. Allerdings ist mir außer meiner Nationalität von diesen Eigenschaften nichts anzumerken. Ich besitze nicht einmal einen Führerschein. Und Muttis Redensart: Meine Tochter, die kenn ich! Die geht nochmal über Leichen! ist eben auch nur Gerede geblieben.

Ich habe im Verlauf der Jahre die Erfahrung gemacht, daß mein Leben viel mehr von anderen Leuten gelebt worden ist als von mir. Das fing schon mit dem Spielzeug an. Immer bekamen andere Kinder das Spielzeug, das ich mir wünschte. Ich bin eigentlich nur darum erwachsen geworden, weil ich als Kind nie meinen Willen bekam. Später gingen dann die Leute daran, meine Arbeit zu tun, vielleicht, weil sie näher dran waren, oder mehr Mumm oder mehr Schneid hatten. Irgendeine Dame aus der Stalinallee zog doch tatsächlich in den Urwald, die Indianer zu befreien, wie ich es mir für mich erträumt habe, als Krönung meines Freiheits-Helden-Lebens. So war nicht ich es, die von den Indianern ausgelacht, verraten und übern Haufen geschossen wurde. Irgendeine beste Freundin hat mir meinen Herzbuben weggeheiratet, mit dem Erfolg, daß ich an ihn ein besseres Andenken bewahrt habe als sie. Dieser bekam meine Planstelle, jener schrieb meine Doktorarbeit. Wieder ein anderer reiste nach Japan, um sich an meiner Stelle in einem Zen-Kloster zu vollenden.

Es gibt in meiner Erinnerung Produktfiguren, die ich zwar glaube, auseinanderhalten zu können, die aber an einer gewissen Stelle, meist mit dem Namen, zusammenhängen. So war ich mit zwei Jungen befreundet, die beide »Edgar« heißen. Es kann aber nur einer Edgar geheißen haben, denn wenn beide wirklich Edgar geheißen hätten, gerade dann hätte ich mir den Fall der Namensübereinstimmung gemerkt. Auch Frau Berndt ist eine solche Produktfigur. Sie hatte nämlich eine Mutter, die wir Mama Berndt nannten, und in der Erinnerung werden beide Berndte, die doch so verschieden waren, zu einem einzigen Wesen. Mama Berndt hatte Morbus Bechterew, meine Krankheit, und um ihrer Mutter helfen zu können, war Frau Berndt Heilpraktikerin geworden. Aber ihre Hilfe kam zu spät.

Eines Tages gab es in Mölln, in Frau Berndts größtem Suppentopf ein Suppenhuhn. Ein richtiges fleischernes, unvegetarisches. Denn Mama Berndt schickte sich an, das Zeitliche zu segnen, und dies war ihre – nun ja – letzte Mahlzeit. Ich ging hinauf und setzte mich zu ihr. Sie sagte: »Ich kratze ab.« Ich antwortete irgend etwas wie: Na, was! Das hat ja wohl noch Zeit, oder so ähnlich. Da sie zu schwach zum Lesen war, kaufte ich ihr Bildkarten. Sie schaute sie an. Nach einigen Tagen öffnete sie die Augen nicht mehr. Die Karten fielen ihr aus der Hand. Wenn wir sie umbetteten, gab sie noch Zeichen, daß sie uns verstünde. Dann setzten auch die Zeichen aus. Sie begann tage- und nächtelang zu schreien. Jeder Atemzug war ein Schrei. Ich dachte, wie soll ich dabei einschlafen können? Aber ich schlief so fest, daß mich Frau Berndt wecken mußte, ihr beim Umbetten zu helfen. Ich dachte: Für den Rest meines Lebens werden mir die Schreie im Ohr klingen. Nach wenigen Tagen hatte ich sie vergessen. Wenn wir

Mama falsch betteten oder sie mit unseren Handreichungen nicht zufrieden war, hörte sie auf zu schreien. Das war ihr Mißfallen. Wir stopften ihr solange Kissen unter oder nahmen Kissen weg, bis sie friedlich weiterschrie. Das war ihr einziges Wohlgefallen. Eines Morgens hatten wir die halbmeterhohen Schaumgummiwürfel genommen und durchs Frühstückszimmer getrudelt. Jeder suchte soviel Augen wie möglich zu erlangen. Während ich dabei war, mit fröhlichem Gebrülle meine Sechsen zu zählen, starb oben Mama Berndt meinen Tod.

Mein Horoskop hat einen Webfehler. Das Pentagramm des Quintil-Harmonics schließt sich nicht vollkommen und zwar genau an der Ecke nicht, wo der Fixstern Aldebaran erstrahlt. Da er mit keinem meiner Planeten besetzt ist, d.h. keine Konjunktion bildet, darf ich ihn mir nicht unter den Nagel reißen. Angenommen, ich mogele ein wenig und berufe mich darauf, daß dieser Aldebaran in der Halbsumme von Merkur und Uranus steht, dann, mit Hilfe eines vergammelten Barans ist, o himmlische Geometrie! mein Pentagramm geschlossen. Angenommen, ich sei selbst eine Produktfigur, die mit dem einen oder dem anderen Menschen zusammenhinge, ja, vielleicht mit allen Menschen auf diese oder jene Weise, und es gäbe einen Menschen, der im Aldebaran eine Konjunktion von Merkur und Uranus hätte, noch besser, er hätte nicht den Aldebaran, sondern den Antares besetzt, der in der Opposition von Aldebaran stünde, dann wäre dieser Mensch mein kosmisches Spiegelbild, über die gesamte Breite des Himmels wären wir voneinander getrennt und spiegelten uns in der Unendlichkeit.

Bis dato habe ich also keinen richtigen Aldebaran, sondern nur einen Gammelbaran, den ich mir in mein Horoskop hineingestohlen habe, aber auch ohne dies ist es eines der vollkommensten Quintil-Dezil-Harmonics die es gibt. Wer ist wohl der Rennfahrer oder Massenmörder oder beides, der massenmörderische Rennfahrer, der rennfahrende Massenmörder, der nun in dieser Welt meine Arbeit tut, die ich nicht vollbringen kann, weil es mir an Führerschein und Schießgewehr mangelt? Angenommen, er braust gerade die Avus entlang und es beginnt zu regnen. Angenommen, die Sonne in meinem Geburtshoroskop, meinem Radix, steht genau da, wo er in seinem Radix die Himmelsmitte, das Medium coeli zu stehen hätte. Das bedeutet, daß ich auf seines Lebens Schicksal Einfluß nehmen könnte, ohne daß ich ihn kenne und er es hinderte. Angenommen, ich fahre in der Berliner S-Bahn, ich denke, schnell muß ich nach Hause kommen, denn es regnet, irgendwie fällt mir die Avus ein, unvermutet denke ich an einen Rennfahrer, ich denke: »Das Auto geht kaputt und brennt.« Am anderen Tag würde es in der Zeitung stehen.

Ich habe eben eine blühende Phantasie. Außerdem glaube ich nicht, daß mein Leben anders verlaufen wäre, wenn ich ein anderes Horoskop gehabt hätte. Es kommt eben alles so, wie es kommen muß.

Ich habe mich lange gegen die Astrologie gewehrt, nicht aus einem naturwissenschaftlichem Aberglauben, sondern weil ich dem I Ging, dem chinesischen Buch der Wandlungen verschworen war. Ich achtete es nicht als ein Buch, sondern als ein lebendes Wesen, mit dem ich einen besonders engen Kontakt hätte. Das Buch redete zu mir von Mensch zu Mensch. Um nichts in der Welt hätte ich mich von diesem Buch trennen mögen. Es hat mir das Leben gerettet. Der Gedanke, irgend ein anderes Orakel zu befragen, und sei es die exzellenteste Kartenlegerin, erschien mir als Verrat gegen das I Ging. Sobald ich nun durch Zufall oder Schicksal in die Astrologie hineingeschoben war, rührte ich das I Ging nicht mehr an. Ich wollte die Dinge nicht vermengt haben. Vergeblich versuche ich den Augenblick zu rekonstruieren, in dem es geschah. Ich habe den ganzen Gedankengang entstellt mit meinem abwehrenden Nein und Abernein. Es ließ sich nicht ändern. Auf einmal und in einem einzigen Augenblick erkannte ich den Schlüssel, mit dem es möglich war, die Symbolik der Grundzeichen des I Ging auf die Zeichen der modernen Astrologie umzuschreiben. Mit Nein und Abernein machte ich mich an die prüfende Arbeit. Das ist das Ergebnis: Das I Ging ist ein astrologisches System mit der Besonderheit, daß die Symbole der Venus und des Merkur nicht getrennt vermerkt werden. Dieses System wurde vor dreitausend Jahren plötzlich »eingemottet« und nicht mehr zu Zwecken der Himmelsbestimmungen verwendet. Es wurde auf ein Zahlensystem umgestellt, das aus der Landvermessung entstand, eben dem Schafgarbenorakel. In den Texten des I Ging gibt es kaum den Begriff Nacht. Es gibt das Zeichen Ming I »Die Verfinsterung des Lichts« d.i. Sonne am Immum coeli (Mitternacht), es gibt die Sterne nicht als Nachtphänomen, sondern sichtbar am Tag nämlich bei Sonnenfinsternissen in dem Zeichen Fong »Die Fülle«. Die Texte enthalten sonst keinen Hinweis mehr auf Astrologie.

Vergeblich habe ich mich bemüht, den Begriff Heimat zu realisieren. Gewiß, Berlin ist eine schöne Stadt, auch heute noch schöner als Rom und hat das beste Klima von Europa. Wenn die Bewohner nicht so garstig wären (ich darf das sagen, weil ich ein garstiger Berliner bin), könnte man nirgendwo in Europa angenehmer leben, auch nicht in Paris, wo selbst die Neger verschrumpelten Kartoffeln gleichen und die Kinder aussehen wie Kartoffelkeime. Aber Heimat? München ist noch schöner als Berlin und im September/Oktober südlicher als Rom. Einst stand ich in einer Telefonzelle und bekam keinen Anschluß. Die Schlange vor der Tür wurde länger und länger. Ängstlich wollte ich fliehen. Dann dachte ich: Sollen sie erst anfangen zu schimpfen und dann mich rauszerren. Da sah ich – wie einer nach dem anderen still wegging. (Berliner, schämt Euch!) Das ist München. Aber Heimat? Ein annäherndes Heimatgefühl hatte ich, wenn der Bus in die Vorstraßen von Rom einschaukelte in ein Gewuhre von Zwergwolkenkratzern und Miniautos, in Staub und auffliegenden Papierfetzen. Dann war ich »zu Hause«. Aber es war die Müdigkeit, die Aussicht, bald Feierabend zu genießen. Aber Heimat? Johannisstraße 13. Nichts mehr, nur eine Rasenfläche, merkwürdig klein gemessen an den Kindheitserinnerungen, die hier in riesengroßen Räumen spielen. Ackerstraße 156. Alles, wie gehabt, sogar die Mieter zum Teil dieselben. Unsterblichkeit suggerieren sie. Hier soll ich 15 Jahre lang groß geworden sein? Linienstraße, wo wir ausgebombt wurden, wir zogen eigentlich nur ein und bekamen eine Bombe auf den Kopf und gingen mit dem Rest unserer Sachen ins Sammelquartier. Daher ist mir die Nummer nicht im Gedächtnis. Gipsstraße 7. Eine Zeit so schlimm, daß meine Mutter sagte: weißt du, ich schäme mich, aber ich meine, das alles ist schlimmer als der Krieg. Ich erschrak, denn ich hatte genau dasselbe gedacht. Aber ich antwortete: Versündige dich nicht. Trotzdem, sagte sie, trotzdem, lieber wieder Krieg, als das hier durchmachen. Ich war mit ihr einer Meinung, aber um sie nicht an den Rand des Selbstmords zu treiben, schwieg ich. Da bin ich hindurchgegangen. Es war eine Straße wie andere auch. Und es begab sich, daß ein Gebot ausging vom Kaiser Augustus. Das ist Heimat. Wenn mir ein Theologe erklärt, daß vom Kaiser Augustus gar kein Gebot ausging und daß diese Worte keine göttliche Offenbarung sind, dann bin ich fromm erschrocken. Aber ich kann ihm nicht glauben. Im Mahapadana-Suttanta erzählt der historische Buddho Gotamo die Geschichte seines Vorgängers, des Buddho Vipassi.

Vipassi, der Königssohn hatte nach den vier denkwürdigen Ausfahrten, da ihm ein Alter, ein Kranker, ein Leichnam und ein Mönch begegnet waren, auf die Wiedergeburt verzichtet und lebte und lehrte im Park von Khemo. Die Leute strömten in Mengen herbei, seine Worte zu hören. Jedesmal, in was für einer Übersetzung und Form auch immer ich dies lese, bekomme ich einen elektrischen Schlag und weiß: Ich bin dabei gewesen. Einmal fand ich bei K. E. Neumann die Fußnote: Khemo, das heißt eigentlich »Sanssouci«.

Wie glücklich war ich, als ich auf so unerwartete Weise ins I Ging zurückfand. Ich habe auf das Buch verzichten wollen, um die Dinge nicht zu vermengen. Jedes sollte es selber bleiben. Und nun, ohne Beimengung, ganz es selbst und doch gleich dem anderen fand ich es wieder. »Vor der Vollendung«, so heißt das Todeszeichen. Möge ich einst in den Tod so selig zurückfinden wie in das Buch der Wandlungen.

Es gab kein Begräbnis. Mama Berndt hatte ihren Leichnam der Anatomie vermacht und er war stillschweigend und ohne Aufhebens aus dem Haus verschwunden. Alle hatten Mama Berndt gern gemocht, ich hatte sie geliebt, ich vermeinte von ihr geträumt zu haben, noch ehe wir uns kennengelernt hatten. Aber dies, daß ein von uns allen verehrter Mensch uns den Traueraufwand und das Begräbnis-Ritual erspart hatte, das riß uns zu Lobsprüchen hin. Selten bekommt ein Weiser so ruhmvolle Nekrologe, wie wir sie gleich am Frühstückstisch improvisierten. Ich aber hatte einen Einwand. Ich werde meinen Leichnam nicht der Anatomie vermachen, prahlte ich, ich werde ihn dem zoologischen Garten stiften, damit ihn die Geier und Hyänen aufessen, denn das sind nützliche Gesellen. Die halten die Welt in Ordnung. Der Anatomie werde ich nur eine zerrammelte Seegrasmatratze vermachen, da mögen sie hineinstechen nach Herzenslust und werden keinen Schaden stiften. Frau Berndt weinte noch und lachte schon wieder.

Harihara

Lieber Leser, verzeih den Eifer, mit dem ich mich über mein Thema ereifere. Die andere Seite, die Du eher hören magst, eifert auch, und sie eifert zu Deinem Verderben. Es gibt drei Arten von Küche. Das eine ist die Steinzeitküche: Man nehme ein Stück von einem Kadaver und eliminiere die Geschmäcker der Fäulnisbakterien und Kadavergifte, indem man das Fleisch brennt und siedet und Händevoll Salz und Pfeffer darüberschüttet. Mit einer Zunge gleich einer Schuhsohle, gelingt es einem dann, das tote Tier im Munde zu behalten, ohne daß ein automatisches Würgen einsetzt, und es zu schlingen. Die zweite Küche ist die Hautgout-Küche, die chinesische und die französische. Sie arbeitet nicht gegen, sondern mit dem Geschmack der Fäulnisbakterien und Kadavergifte. Man braucht mit der Tierart nicht mehr so wählerisch zu sein wie die Steinzeitmenschen. Schnecken, Muscheln, Frösche, Heuschrecken, Raupen, Spinnen, Ameisen, alles fault und stinkt und wird zu Hautgout. Von da aus geht es dann zu faulen Eiern, zu madenwimmelndem Käse, zu Schnepfendreck, zu Hundekötel, zu Menschenkot. Lieber Leser, verzeih mir zum zweiten Mal, bedenke, daß der appetitlichste Teil der modernen Ernährungsweise sich sowieso auf dem Klosett abspielt, und laß mich ausreden: Es gibt Gourmets, die ergötzen sich an Menschenkot. Das ist die Konsequenz der Hautgout-Küche. Die dritte ist die vegetarische Küche. Wenn ich meine ambrosischen Vegetabilien zusammenpussele, wenn ich die bestgelungenste Spargelsoße der Welt, die unberühmte »Milbertshofener Nektarsoße« komponiere, wenn ich den edelsten Kartoffelpufferteig der Welt menge, dann erleide ich eine mystische Ekstase: Tot könnt ich mich fressen!

Ich sonne mich im Gefühl inwendiger Reinheit, ich kann meine Organe erfühlen so frischgewaschen wie eine Haut unter einem weißen Bademantel. Die Sportstypen sehen verachtungsvoll auf meine Krüppelhaftigkeit herab, an ihren Gesichtern erkenne ich, daß sie innerlich einer Mülltonne gleichen. Ich danke dem bösen Geist, der mich die Treppe hinunterstieß, ich verzeihe den verblendeten Ärzten, die seine Helfershelfer wurden. Wenn ich die Wahl hätte, die Treppe wieder hinaufzufallen, so daß der Kopf obenaufsitzt, mein Inneres aber ein Sack voll von Fäulnisbakterien und Kadavergiften sein sollte, wie es ja war, ich verzichte.

Ich habe mir lange den Kopf zerbrochen über die Kraft, die meinen Sturz bewirkt hat, der Strom meines Nachdenkens vereint sich mit den Flüssen, die über mein ausgebreitetes Leben verlaufen: Das Forschen nach meinem Vater. Mit der Frage nach dem Vater beginnt jegliche menschliche Gesittung, ganz gleich, wie denn das Objekt beschaffen sein mag, nach dem hier gefragt ist. Einige Tage, bevor meine Mutter starb, erzählte sie mir einen

Traum. Es war ihre Gewohnheit, besonders am Sonntagfrüh, wenn wir lange »in der Klappe« blieben, mir ihre Träume zu berichten. Mir, die ich keine Kennerin bin, erschienen sie ungereimtes Zeug und ich unterbrach sie bald. Nun aber, da sie dem Tod so nah war, ließ ich sie reden. Sie erzählte: Denk dir, ich habe von »dem Reimers« geträumt. Ich träumte, es war in Vaters Werkstatt. Da habe ich ihn ja tatsächlich kennengelernt. Er war der einzige Mensch, der nett zu mir war. So war es auch im Traum. Mir zu Gefallen warf er einen Stock in einen Apfelbaum. Da fielen zwei Äpfel herunter. Tante Herta bevorzugte eine andere Version meiner Herkunft. Sie meint, es sei ein tieftragisches Verhältnis zwischen »Vater« (d.h. von mir aus gesehen Großvater) und meiner Mutter gewesen. Nun habe ich nichts gegen altgriechische Familienverhältnisse, der Gedanke, die Tochter meines Großvaters zu sein, verletzte einfach mein ästhetisches Gefühl. Ich stopfte Tante Herta den Mund, indem ich ihr den Traum meiner Mutter erzählte. Sie meinte dann auch, was das Jugendamt von jeher gemeint und in den Akten vermerkt hatte, daß »der Reimers« mein – Zeuger sei. Wie sehr hatte mich dieses Wort gekränkt, als ich es von einem Beamten des Jugendamtes vernahm: »Ihr Zeuger, Karl Reimers.« Aber ich vermochte ihn doch nicht Vater zu nennen. Wenn er in der Haustür stand (Mutti hatte es gar nicht gern, daß er nach mir sah), dann packte ich ihn beim Ärmel und sagte: Komm, Karl! und ging mit ihm ins Kino.

Die Story von Großvaters Vaterschaft ist auch nur unter Großmutters Drachenzähnen hervorgewachsen, damals, als es in die Scheidung ging. Später erfand sie eine andere Story. Die Geschichte von dem »Judenkind«. Instinktsicher kam sie damit heraus, als die jüdischen Nachbarskinder aufhörten, ihre ausgestreckten Zeigefinger gegen mich zu stechen und »hi, hi, hi« zu ätschen, um ihre frommen Eltern zu erfreuen und vielmehr dazu übergingen, sich an mich heranzuschmeißen mit: Woll'n wir nich' mit'nander spielen? Genau in dem historischen Augenblick, als ich begriff, daß es sich nicht mehr lohnte, die jüdischen Liebkinder unserer Lehrer zu beneiden und einsah, daß ein Kind, das auf sich hält, im Bockspringen und Stangenklettern glänzt, nicht aber in Rechnen und Schönschrift, da startete sie das »Judenkind«.

Aber meine Mutter hatte einen noch schärferen Instinkt. Sie wurde die Erfinderin der Fotoaktion in Rassenangelegenheiten. Es muß ein Schweinegeld gekostet haben, und alles an ihren wunden Fingern abgescheuert. Aber es wurde ein riesiger Pakken, die schönsten Fotos, die je von mir gemacht wurden. Es gab wohl kein Stadt-, Landes-, Staats-, Reichs-Amt, wo nicht ein solches Foto landete. Überall, wohin wir kamen, sah ich es schon daliegen. Das Ende war, daß ich Bastard der einzig anerkannte echtbürtige Edeling der Familie wurde. Das zu einer Zeit, als die Leute noch schwafelten: Wir sind doch keine Araber (Arier), wir sind Deutsche, und wenn das »der Jude« erfährt (der Hauswirt), daß wir Araber sein sollen, setzt er uns vor die Türe. So blöd waren die Leute. Meine Mutter nicht.

Wenn ich den umgekehrten Versuce mache, auf wen wohl das Wort »Vater« am besten passen würde, dann bleibe ich bei Onkel Gottlieb hängen. Seine Onkelschaft begann damit, daß er vor unserer Haustür stand und auf die Idee kam, meiner Mutter beim Schneefegen zu helfen. Da mußte sie ihn zu einem warmen Trunk einladen. Und so weiter. Wir haben uns von Herzen gehaßt und uns alles Böse angetan, außer wenn Mutter weg war, dann blieben wir friedlich. Aber sonst ...

Er hat mir mein Poesiealbum ruiniert. Er hat das Schloß aufgebrochen, während wir im Kino waren und hat die leeren Seiten mit albernen Sprüchen verziert. Auf die erste Seite hatte meine Mutter geschrieben: Sage nie, das kann ich nicht, vieles kannst du, will's die Pflicht, alles kannst du, will's die Liebe, darum dich im Schwersten übe. – Auf die zweite Seite hatte mein Klassenlehrer denselben Spruch noch einmal geschrieben, nur mit den Berichtigungen. »Schweres kannst du, will's die Liebe« und »Viel verlangen Lieb und Pflicht, drum sage nie, das kann ich nicht.« Dann Tamara Groß mit »Rosen, Tulpen, Nelken ...«. Gisela Prange war natürlich für schlichte Verse zu führnehm, sie hochstapelte in Prosa: »Herr, mache mich rein, daß ich und mein Herz schneeweiß werden.« Die hatte es nötig! Sie kam in die Erziehungsanstalt wegen ihrer ständigen Lügereien und Klauereien. Ingeborg Trapp hatte auch was von ewiger Freundschaft geschrieben. Alles war heilig, groß und edel, bis Onkel Gottlieb das Schloß aufgebrochen hatte, und nun mit verstellter Schrift dazu schrieb: Vor allem, Kind, vergiß den Nachttopf nicht! Deine ewige Königin Luise ... oder: Eine Wassermaus und eine Kröte ... Dein geliebter Friedrich Wilhelm Göthe. Mutti lachte sich kaputt.

Er hat meine Filmkuriere zerschnippelt. Wir waren bei Schneider Gresch und saßen im Schneidersitz auf seinem großen Schneidertisch und spielten Karten. Als wir wieder nach oben kamen, war der Ofen dicht beklebt mit ausgeschnittenen Filmbildern. Da sah man Heli Finkenzeller im Badeanzug und Heinz Rühmann beguckte sie durch das Fernrohr und ähnliches zusammenkombiniertes. Mutti eilte sofort und holte Familie Gresch, nur die Kinder durften nicht mit, weil die Bilder »so unanständig« seien. Trotzdem blieben sie kleben und alle Nachbarn kamen, und wollten unseren Ofen besichtigen.

Er hat mein Rennauto zerstört. Es war der schönste Wagen der Ackerstraße. Selbst die Jungen nahmen sich seiner an. Sie füllten ihn mit Knete, damit er schwer wurde, und »Fahrt« bekam, wenn ich ihn mit dem Daumen losschnellte. Zwischen die Räder machten sie eine Bremse, so daß er hängenblieb, wenn er über die Bordschwelle kantete. Ein solcher Schub galt dann noch. So verschenkten die Jungen ihre Vorteile an mich, nur damit dieser herrliche Wagen vornliegen und siegen sollte. Abends nahm ich den Wagen in die linke Hand und die Autokarte von Großdeutschland in die rechte Hand, preßte beides fest an die Brust und schlummerte selig hinüber. Onkel Gottlieb polkte die Knete wieder heraus, zerlegte den Wagen in seine Teile und bohrte Löcher hindurch. Er baute auf den Kühler einen Federmotor und hoffte den schnellsten Wagen der Ackerstraße zum Laufen zu bringen. Als ich den Wagen so vorfand – das ganze Haus hat meine Schreie gehört.

Ich nehme an, ich habe ihm auch eine Menge angetan. Aber ich kann mich an Einzelheiten nicht erinnern. Einmal sagte meine Mutter, er habe meinetwegen Tränen der Wut geweint. Richtige Tränen, ein Mann! Und dies, daß er wegen mir hätte weinen müssen, das werde er mir nie verzeihen.

Als ich noch gesund und wohlgeschaffen war, hat mich nichts so sehr abgestoßen wie der Anblick körperlicher Mißbildung. Ich weiß, daß ich einst als Kind meine makellosen weißen Händchen auf der weißen Bettdecke mit Wohlgefallen betrachtete. Wenig später bekam ich Streit mit Onkel Gottlieb. Ich trocknete gerade Geschirr ab. Onkel Gottlieb griff in das Geschirr, das ich auf dem Tisch aufgebaut hatte, erwischte einen Topfdeckel und zielte nach mir. Ich war noch stolz, daß ich so elegant ausgewichen war – und rannte genau in den Teller hinein, der dem Topfdeckel gefolgt war. Dann stand ich da und betrachtete meine weißen Hände. Sie schienen unversehrt. Dann vor meinen Augen öffnete sich die linke Hand an mehreren Stellen. Ein rosiges Fleisch erschien. Dann war alles von Blut überschwemmt, die Hand, das Kleid, die Stube. Es blieben häßliche und dicke Narben, die ich als Schriftzeichen sah und zu dem Wort *Rache* ergänzte. Aber um vier Ecken herum haben wir uns eigentlich geliebt und ihm verdanke ich die Erfahrung von der Vergänglichkeit der Schönheit.

Mutti behauptet, ich sei's gewesen, ich hätte ihn hinausgegrault. Aber dazu habe ich dann zehn Jahre gebraucht. Vielmehr, ich behaupte, Mutti war's, sie war auf einen alten Freund namens Hermann gestoßen. Wie dem auch sei, Gottlieb nahm seine Klamotten und zog nach Brandenburg in die Baracken der Aradowerke. Mutti meint, ich solle ihn da doch mal besuchen und ihn trösten. Das tat ich. Es war ein schöner Sonntag an der Havel, gewissermaßen und in aller Unschuld habe ich ihn ihr ausgespannt. Dann kehrte ich heim, um nun dem Onkel Hermann die Hölle heiß zu machen. Ich mußte ja Onkel Gottlieb an ihm rächen.

Eines Abends saß ich und spielte Schach, mein Partner sagte: Übrigens, der Gottlieb ist gestorben. Ich sagte: Ach! Spätabends ging ich schlafen. Ich zog die Decke über meinen Kopf und die Tränen stürzten mir aus den Augen. Ich habe die ganze Nacht geweint. Ich überlegte bis zum frühen Morgen: Ich kann doch nicht um Gottlieb weinen. Was geht der mich denn an. Es schien mir, als müsse ich um mich selbst weinen. Nicht mein graues Haar, nicht mein Hinkestock, sondern Gottliebs Tod zeigte mir an, daß nun die Bahn meines Lebens abwärts ging. Mein Gottlieb! Du kannst Dir wohl mein Erstaunen vorstellen, als ich die Horoskope der Familie zusammenstellte, und herausbekam, daß wir Horoskopzwillinge sind. Das heißt nicht gewöhnliche, die oft mit bedeutendem Abstand der Geburtsdaten dieselben Gestirnstände und persönlichen Punkte haben, sondern spiegelverkehrte Horoskopzwillinge, die nicht zwei, sondern nur ein Horoskop haben, das aus zwei Teilen besteht, gewissermaßen siamesische Horoskopzwillinge. Du bist mein Saturn und ich dein Mond und das allerschlimmste ist, daß Dein Todeshoroskop noch einmal ein Spiegelbild ist, nämlich zu meinem quasi »Todeshoroskop«, dem Augenblick meines Treppensturzes. Ich habe Dich also nicht einmal, sondern zweimal überlebt. Und es scheint, als könnten wir uns immer noch nicht voneinander trennen. Die alten Germanen nannten so etwas einen Harihara.

Die Chinesen nennen es Yin und Yang. Yin ist das Medium coeli und Yang der Aszendent. Saturn am Medium coeli ist nach dem chinesischen Buch der Wandlungen das Zeichen Bo, die Zersplitterung. Saturn am Medium coeli, das ist der Sturz von der

Höhe. Besten Dank, Onkel Dämon, oder wie Du nun heißen magst, ich habe ja versprochen, daß ich mich bedanken werde. Im Buch der Wandlungen heißt es an dieser Stelle:

> Eine große Frucht ist noch ungegessen da.
> Der Edle erhält einen Wagen.
> Dem Gemeinen zersplittert sein Haus.

Hoffen wir, daß das Buch I mich weiterhin als Edlen vorfindet.

Zweite Pause
Arminius und Tacitus bereiten gemeinsam die Herausgabe der Germania vor

Arminius: Ich weiß nicht, was es da zu lachen gibt.

Tacitus: Ich lache nicht. Sie sehen doch, daß mir die Tränen kommen. Ich vergieße meine Tränen auf Ihre zukünftigen Briefe, in denen geschrieben stehen wird: Hiermit schicke ich Ihnen fer fost einen facken fackfafier zur frobe für die druckerfresse.

Arminius: Ich doch nicht! Wir Sachsen machen die zweite Lautverschiebung nicht mit.

Tacitus: Wenn die oberdeutschen Germanen alle bös-lateinklingenden p's aus den eigenen urgermanischen Wörtern hinauswerfen und sie durch brav-deutschklingende f's ersetzen, die niederdeutschen aber nicht, dann wird es eben zwei deutsche Sprachen geben und das bedeutet, Verehrtester, zwei deutsche Völker.

Arminius: Wir werden es eben drauf ankommen lassen.

Tacitus: Drauf ankommen lassen! Das ergibt kein Fundament zur Errichtung eines römischen Reiches, und weshalb muß es ausgerechnet ein römisches Reich sein. Geht's nicht kleiner?

Arminius: Wir Sachsen brauchen uns nicht zu re-germanisieren. Wir sind die Kultur-Kader in Karls des Großen Anti-Rom-Programm.

Tacitus: Karls des Sachsenschlächters, wie Ihre Leute ihn, glaube ich, nennen.

Arminius: Wenn's gegen Rom geht, stehen wir hinter ihm.

Tacitus: Warum wollt Ihr ein römisches Reich, ja, gar ein »heiliges« römisches Reich, wenn Ihr partout dagegen seid.

Arminius: Wir sind die rechtmäßigen Erben.

Tacitus: Ich versichere Sie, es wird kein Testament geben, wohl aber ein Gesetz, daß kein Germane zum Kaiser gewählt werden darf.

Arminius: Aber jeder Krauskopf, jedes Schlitzaug'.

Tacitus: Ich muß bitten, Sie reden von meinen Landsleuten und in diesem Zusammenhang von meinen Vorgesetzten.

Arminius: Sie sind nicht nur römischer Patriot, Sie sind auch Vaterlandsverräter, und, da Sie mit den Thron-Usurpatoren konspirieren, Hochverräter.

TACITUS: Immer diese Hochgetürmtheit! Ich bin römischer Hobby-Reiter. Die Germanen sind mein Hobby.

ARMINIUS: Also zur Sache. Das Wort tiudisc bedeutet, daß der Gefahr begegnet werden muß, daß aus Germanen Römer werden, eben weil, wenn wir uns romanisieren, wir Rom nicht werden halten können.

TACITUS: Das sehen wir eben von einem anderen Standpunkt aus. Wir bilden uns ein, je römischer man ist, desto besser kann man Rom regieren.

ARMINIUS: Das sehen Sie eben falsch.

TACITUS: Natürlich, wir haben alles falsch gemacht. Nein, im Ernst, Sie sind der leibhaftige Beweis dafür, daß wir Fehler gemacht haben.

ARMINIUS: Das sagen sie so wie: Onkel Lucius hat sich erkältet.

TACITUS: Als Römer stelle ich mich nicht quer gegen die Geschichte wie ein ... Cherusker.

ARMINIUS: Sprechen Sie es doch aus: Barbar. Das heißt: »Der zweimal Geborene« und ist der älteste Ehrentitel, den die Menschheit zu vergeben hatte.

TACITUS: Wer weiß das heute noch.

ARMINIUS: Es genügt, daß ich es weiß.

TACITUS: Was bedeutet nun tiudisc?

ARMINIUS: Ich sagte schon, es bedeutet, daß wir der Gefahr romanisiert zu werden entgegenstehen.

TACITUS: Ja, ja, das habe ich begriffen. Ich meine, es muß doch irgendwoher kommen, es muß doch zuvor etwas bedeutet haben, bevor man es zum Programm-Wort erhoben hat.

ARMINIUS: Das weiß ich nicht. Es ist irgend ein Wort.

TACITUS: Sie können doch nicht irgend ein Wort irgendwoher nehmen und irgend etwas damit anstellen. Was soll denn aus diesem Wort werden?

ARMINIUS: Das muß man eben –

TACITUS: Drauf ankommen lassen. Ja.

ARMINIUS: Wir sind keine sibirischen Hungutzen, die sich zu zwölf zusammentun, um irgend ein Dorf zu plündern und zu zwölftausend, um ein Reich zu plündern und dann auseinanderlaufen und für dreihundert Jahre verschwunden sind. Wir sind mit den Lateinern aus einem Urvolk, Roms Erben, und wenn dieser krummnasige, plattfüßige Justinian es wagen sollte –

TACITUS: Ich breche das Gespräch ab und die Germania bleibt ungeschrieben.

ARMINIUS: Wir haben eben einen verschiedenen Geschmack in Sachen »Mensch«. Sie als Römer werden sich doch nicht über Geschmacksfragen streiten.

TACITUS: Ich warne Sie. An Ihren Geschmäckern in Sachen Mensch und Übermensch und Untermensch werden Sie eines schönen Tages kaputt gehen.

ARMINIUS: Und Sie gehen kaputt an den Typen, die Sie als Römer herumlaufen lassen. Dann gehen wir eben beide kaputt.

TACITUS: Vielleicht weil wir beide Recht haben. Jeder am falschen Ende. Schön, also Römer wollen Sie nicht werden, künftig werden Sie tiudisce sein, aber Germanen sind Sie doch auch nicht immer gewesen. Was waren Sie zuvor?

ARMINIUS: Die Pharaonen nannten uns die Leinländler, die Leute aus dem Leinenland. Wir nannten uns die Leute aus dem Land der blauen Blüten, die »blaublütigen«.

TACITUS: Soll ich das alles in die Germania reinschreiben?

ARMINIUS: Warum nicht.

TACITUS: Das wollen wir doch lieber Herrn von Däniken überlassen.

ARMINIUS: Erich von Däniken ist die Geißel Gottes für Eure Archäologen, die unermüdlich darauf bestehen, daß die Nord-See-Völker der alten Ägypter aus Innerasien stammen, nicht etwa aus der Nordsee. Ex oriente lux.

TACITUS: Haben Sie das Foto schon gesehen?

ARMINIUS: Einer von diesen Weltraumgöttern, die unsere Vorfahren pausenlos an alle Felswände aller Erdteile gemalt und gemeißelt haben.

TACITUS: Die berühmte Grabplatte von Palenque. Glauben Sie daran?

ARMINIUS: Schmarrn!

TACITUS: Ihr Urgroßvater.

ARMINIUS: Ich weiß nicht recht. Vielleicht ist doch was dran. Man kann ja nichts beweisen, aber widerlegen auch nicht.

TACITUS: Ich will es Ihnen deuten. Sie sehen nicht einen aztekischen Weltraumfahrer, sondern dies ist das Porträt von Montezumas Chefsekretärin. Die Dame sitzt an der Schreibmaschine. Die Tasten sind Hieroglyphen-Typen.

ARMINIUS: Köstlich!

TACITUS: Beachten Sie die lässige Eleganz. Sie ist charakteristisch für Steno-Sekretärinnen, die in der Minute 120 Anschläge haben und gar nicht mehr auf das hören müssen, was man ihnen in die Maschine diktiert. Die rechte Hand schlägt gerade die Type »In der Anlage senden wir Ihnen« an, die Linke greift in eine Pralinen-Schachtel.

ARMINIUS: Genau!

TACITUS: Die Füße stehen auf einem Fußbänkchen, wie es von der Firma Typo-Present angeboten wird mit dem Slogan: »Machen Sie sich bei Ihren Angestellten beliebt«. Gewiß ist es ein persönliches Präsent des Azteken-Herrschers an seine Mitarbeiterin. Der Arbeitsraum der prominenten Dame ist angefüllt mit den üblichen Utensilien, einem Radio-Wecker, mehreren gerahmten Fotos der lieben Angehörigen.

ARMINIUS: Und was ist das?

TACITUS: Ein ausgestopfter Papagei.

ARMINIUS: Und Montezumas Weltraumschiffe stehen in Oslo, im Osebergmuseum.

TACITUS: Teutonischer Prahlhans!

ARMINIUS: Wir sind zu lange zur See gefahren.

TACITUS: Und dann ist das Wasser kalt geworden und nun sind Sie an Land gegangen. Aber auf dem Land wohnen Leute.

ARMINIUS: Das muß –

TACITUS: Muß man eben drauf ankommen lassen. Ich weiß. Sehen Sie, das Weltmeer hinterläßt keine Spuren. Man kann unendliche Weltreiche darauf errichten und jedes von ihnen dauert zweihundert Jahre und dann sind sie verschollen und so gut wie nie gewesen. Kein Mensch wird Ihnen glauben, daß die phönizische Schrift blaublütigen Ursprungs ist, aber viele werden einst behaupten, die Briten hätten ihren Dudelsack von den indischen Soldaten übernommen. So ist das nun einmal mit dem Weltmeer.

ARMINIUS: Vielleicht!

TACITUS: Was, vielleicht?

ARMINIUS: Wo waren wir stehengeblieben?

TACITUS: caesoque publice homine celebrant barbari ritus horrenda primordia ...

ARMINIUS: Das gefällt mir ganz und gar nicht. Das liest sich, als hätten unsere Leute mitten im Gottesdienst einen mit der Axt umgehauen. Dabei hat er sich doch nur auf Anweisung der Oberen in scheuer Ehrfurcht zu Boden geworfen. Wenn das einer falsch übersetzt?

TACITUS: Wir müssen es eben drauf ankommen lassen.

Fünftes Kapitel
Zyx

Frau Cholera

Ein Charakteristikum des dünschis generalis ist, daß er nie ohne Komplikationen auftritt. Man kann nicht einfach Dünnschiß bekommen, hinauseilen und die rettende Tür öffnen. Nein. Sobald es kommt, gibt es weit und breit keine Tür, kein Baum, kein Strauch. Und es gibt auch keinen Trost. Gewöhnlich ist kein Leiden so groß, daß man es nicht mit der Lektüre einer Boulevard-Zeitung lindern könnte. Ei, was da alles passiert, Gott sei Dank, daß es mir nicht passiert, da kann ich in meiner Lage mit meiner Situation noch hoch zufrieden sein. Man kann nicht hinter einem Menschen, der vom Dünnschiß befallen, wahnwitzig umhereilt, mit geöffnetem Zeitungsblatt hinterherrennen und sagen, hör doch mal, was hier steht: Außenminister stirbt an Krebs, Flugzeug abgestürzt, Überlebende ernähren sich durch Kannibalismus, Hungersnot in Biafra! Ist das nichts? Es ist nichts. Der von Dünnschiß Befallene kann nichts sehnlicher wünschen, als an Krebs zu sterben und also die gesellschaftliche Erlaubnis zu haben, ins weiße Bett unter sich zu machen, nichts sehnlicher hoffen, als in Biafra Hungersnot zu erleiden und also das Gegenteil seines gefüllten Darms zu verspüren, am liebsten aber mit dem Flugzeug abstürzen und aufgefressen werden oder alle drei auf einmal: an Krebs sterben, mit dem Flugzeug abstürzen mitten in die Hungersnot von Biafra und dann in einen Kochtopf hineingemetzgt zu werden. Hätt' ich mich nach der Höchsten Heiligsten Wahrheit ein einziges Mal so gesehnt wie häufig nach der ersten besten Klosettür, ich wäre längst vom Leid erlöst und aus dem Kreislauf ausgeschieden. Einmal erwischte es mich mitten auf einer Hochbahntreppe. Es floß ohne Vorwarnung einfach aus mir heraus. Ich blieb vor Schreck in der Luft hängen über der Stufe, auf die ich treten wollte. Was sollte ich tun? Umkehren. Aber ich war nun so verdreckt, daß es gar keinen Sinn mehr hatte, sich in Sicherheit zu bringen. Ich lief weiter. Im Betrieb entkleidete ich mich, wusch meine Wäsche und hängte sie zum Trocknen auf. Um diese Zeit war ich von den verschiedensten Leiden befallen. Zum Beispiel von Elefantendurst. Gewöhnlich ist schlichtes Wasser mein Lieblingsgetränk, und ich lege auf seinen guten Geschmack so eitlen Wert, wie ein Weinkenner auf seinen hochnoblen Essig. Daß aus meiner Wasserleitung am Prenzlauer Berg das wohlschmeckendste Wasser von Berlin kam, darauf war ich stolz, und es war ziemlich der einzige Trost in meinem damaligen Lebenselend. Nun stand da ein gefüllter Eimer mit einer Suppenkelle. Ich trank das Wasser, unermüdlich schöpfend, gleich aus der Kelle. Weiter war ich von Wadenkrämpfen geplagt. Ich bat in Gedanken alle Schwimmer um Verzeihung, die ich einst angeherrscht hatte: Was heißt Wadenkrampf, dann legst du dich auf den Rücken und hältst das Bein aus dem Wasser! Wie lächerlich hatte ich mich benommen. Mit solch einem Wadenkrampf mußte man unweigerlich untergehen. Abends, wenn ich von der Arbeit kam, war ich so zerschlagen, daß ich mich im Mantel auf den Stuhl setzte, den Taschengriff noch in die Hand gekrampft, so blieb ich wohl eine Stunde, ohne mich zu rühren. Manchmal dachte ich, ich müsse wohl zum Arzt, aber der Gedanke, dort stundenlang auszuharren und mich dann verhöhnen zu lassen, schreckte mich ab. Tatsächlich hatten damals viele Leute denselben Dünnschiß zum Arzt getragen und sich eine Abfuhr geholt. Sie wurden als Drükkeberger entlarvt und taten das übliche. Sie schleppten sich an den Arbeitsplatz und rollten sich in einer Ecke zusammen. Die Kollegen übernahmen ihre Pflichten mit, denn das konnte jedem passieren und das nächste Mal liege ich in der Ecke und du hilfst mir. Manche Leute blieben in der Ecke liegen und waren sonderbarerweise tot. Die Kollegen, die sie betteten und ihnen den Schweiß abwischten, erkrankten als nächste. Was mich betraf, ich wurde gesund und vergaß die Sache. Ich war auch nie auf die Idee gekommen, daß meine Schlappheit, mein Elefantendurst, meine Wadenkrämpfe und mein Dünnschiß Symptome von ein und demselben Leiden sein könnten.

Die Kulturkommission der Betriebsgewerkschaftsleitung tagte. Wir waren drei Leutchen. Der Hausmeister hatte den Vorsitz. Er referierte: Eigentlich ist es uns verboten, während der Arbeitszeit zu tagen. Aber ich meine, wenn der Betrieb Kultur haben will, dann soll er uns auch die Zeit dazu zur Verfügung stellen. Wir sind alle müde und kaputt. Ich habe manchmal die Einbildung, daß ich es nicht mehr lange mache. Vielleicht lande ich demnächst in der Klapsmühle. Stellt euch vor, was mir neulich passiert ist. Ich sitz und lese in einem Buch. Derweilen halte ich einen Groschen in der Hand und spiele damit. Plötzlich stecke ich mir den Groschen in den Mund. Ich lutsche darauf herum und denke, das will ich lieber nicht tun. Vielleicht verschlucke ich den Groschen aus Versehen. Vorsichtshalber nehme ich den Groschen wieder aus dem Mund heraus. Wie ich ihn nun in der Hand halte, kommt mich ein Schluckgefühl an. Ich muß schlucken, ob ich will oder nicht. Ich schlucke also und während ich den Groschen in meiner Hand deutlich vor Augen habe, fühle ich gleichzeitig, wie er meine Speiseröhre hinabrutscht. So steht's mit mir.

Das ist noch gar nichts, sagte die Aufseherin. Mir geht es viel schlimmer. Ich muß jeden Morgen über die Treptower Brücke. Die Fußgängerseite ist, wie ihr wohl wißt, mit Brettern verschalt. Man kann rechts und links nichts sehen außer diesen Brettern. Jedesmal nun, wenn ich die Mitte der Brücke erreicht habe, denke ich: Jetzt bin ich in der Mitte angekommen und ein Schwindel überfällt mich, so, als ob ich im Freien stünde und in die Tiefe schauen müßte. Ich brauche allen Mut, um auch nur einen Schritt weiterzumachen und meinen Weg aufnehmen zu können. Es ist ein Wunder, daß ich jeden Morgen hier ankomme.

Das ist noch gar nichts, sagte ich. Mir geht es viel schlimmer. Gestern gehe ich durch die Krausnickstraße. Da kommt mir auf der anderen Straßenseite ein Glaser entgegen. Zwischen mir und dem Glaser ist eine zweispurige Fahrbahn. Ich sehe die hölzerne Hucke, in der er seine Glasscheiben auf der Schulter trägt und denke, wenn er nun stolpert und stürzt, dann fällt das Glas auf den Menschen, an dem er gerade vorbeigeht. Und wie ich so denke, geht der Glaser auf der anderen Straßenseite an mir vorüber. Da habe ich das Gefühl, daß das Glas gegen mich stürzt und spüre, wie es mir den Hals aufschneidet und das Blut herausquillt.

Allerdings, von uns dreien starb keiner an der Cholera. Wir setzten unsere Kulturarbeit fort.

Montagfrüh war gewöhnlich »Fernsehschau«. Die Kollegen standen, den Arm noch halb im Mantelärmel, herum und erzählten, vielmehr, stellten dar. Die Leute mit Fernseher waren die Stars des Betriebes und dies war ihr großer Auftritt. Der eine hatte Talent für Nachrichten, der andere für Kommentare, einen »Hitchcock« hatten wir, der war so einzig, daß, als ich endlich einmal einen echten Hitchcock zu sehen bekam, es nur der halbe Spaß war. Eines Morgens mußte die Fernsehschau zurückgestellt werden. In der Berliner Zeitung fand sich eine kleine, fünfzeilige Nachricht über eine durchfallähnliche Volkserkrankung, die völlig harmlos zwar und kein Grund zur Besorgnis, nichtsdestotrotz um sich gegriffen hatte und man möge Hygienevorsorge treffen. Von wegen, meinten die Leute, das ist eine große Schweinerei, da ist etwas im Anmarsch, sage ich euch. Das geht schon monatelang und jetzt ist es explodiert. Eine Seuche, eine richtige, Pest hätte ich beinahe gesagt. Jedenfalls haben die Ärzte nicht reagiert und die Leute wieder nach Hause geschickt und jetzt ist es ihnen aus der Kontrolle geraten. Und was heißt Hygiene? Der Hausmeister schwärmte: Hygiene, das heißt als erstes, daß wir uns nicht mehr die Hände geben dürfen, weil jeder von uns verseucht sein kann und die anderen ansteckt. Ich finde diese ewige Händeschüttelei sowieso überflüssig. Das ist eine Gelegenheit, sie abzuschaffen. Morgen steht in der Zeitung, daß wir uns nicht mehr die Hände schütteln dürfen. Regierungsbefehl: Hände schütteln verboten! Ha, ha! Sie wissen noch nichts davon, strecken die Hand aus, rennen mir entgegen, ich ziehe meine Hand weg und Sie fallen um. Er führte vor, wie zwei Leute sich in freudigem Eifer mit ausgestreckten Armen entgegeneilen, im letzten Augenblick sich an den Regierungsbefehl erinnern, die Hände wegziehen und gegeneinanderstürzen. Die Gesellschaft löste sich in Gelächter auf. Einige Tage später las man in der Zeitung, daß das Händeschütteln möglichst zu vermeiden sei. Nun stand es im Neuen Deutschland und war offiziell. Die ganze letzte Seite war mit kleingedruckten Anmerkungen versehen. Wir fanden uns in der Kaderabteilung zusammen. Der Kaderleiter las die einzelnen Punkte vor und murmelte von Zeit zu Zeit: So ein Unsinn! Nun, wo es im Neuen Deutschland stand, erschien es den Leuten übertrieben und von der Regierung künstlich hochgespielt. Die Seuche hieß jetzt typhusähnlich. Der Kaderleiter memorierte: vor und nach jedem Essen, nach jeder Toilettenbenutzung die Hände waschen. Das tut der anständige Mensch sowieso, sollte man annehmen. Aber nicht mit gewöhnlichem Wasser. In jeder Toilette, in jedem Arbeitsraum hat auf einem Gestell eine Waschgelegenheit zu stehen mit Desinfektionslösung und einem Handtuch zum Händetrocknen. Da waschen wir uns alle in derselben Plärre die Hände und trocknen uns an demselben Handtuch ab? Das ist die neue Hygiene. Sämtliche Klinken sollen mit Mull überkleidet werden und regelmäßig mit Desinfektionslösung angefeuchtet. Ja, wie sollen denn diese Mullbinden aussehen, wenn da hundert Menschen am Tage angefaßt haben? (Schwarz sahen sie aus, rabenschwarz). Aber zunächst dachte niemand daran, diese Dinge ernst zu nehmen oder in die Tat umzusetzen. Die Parteigehirne hatten wieder einmal ihren Unsinn ausgeschwitzt, diesmal einen besonders bizarren Unsinn.

Nachmittags ging ich Möbel besichtigen. Wir hatten ein Angebot auf irgendwelche alten Erbstücke bekommen, die einer loswerden wollte. Ich mußte prüfen, ob es sich für uns lohnte, zuzugreifen. Ich war zu früh gekommen und spazierte in der Schönhauser Allee auf und ab. Ich kam mehrmals an einer Drogerie vorbei. Jedesmal dachte ich: Wenn ich nun da hineingehe und in Berufung auf das Neue Deutschland einen Eimer Desinfektionslösung kaufe, wird man dann gekränkt sein, weil ich mich über den Drogisten lustig mache, oder wird man mich für geisteskrank halten? Dann war die Frau gekommen. Sie ging mit mir die Treppe hinauf und wir betraten die Wohnung. Sie legte den Mantel ab und sagte: Erst wollen wir uns die Hände waschen. Das ist jetzt unsere wichtigste Beschäftigung. Ich erlitt einen Schock und linste durch die Schlafzimmertür, ob da der Tote lag. Auf alle Fälle machte ich kurzen Prozeß, lehnte den Ankauf ab, faßte gar nichts in dieser Wohnung an und machte mich davon. Aus den Kreuz- und Querfragen hatte ich ermittelt, daß es gar keinen Toten gab, sondern daß sie im Lebensmittel-HO werktätigte. Trotzdem. Es grauste mich. Das Gruseln verließ mich auf dem Nachhauseweg nicht.

Abends gab es im Rias ›Die Nashörner‹ von Ionesco. Es war mein erster Ionesco, ich hatte lange auf ihn warten müssen. Aber mittendrin wurde es bitterer Ernst. Ich wußte plötzlich, daß auch ich von dieser Seuche ergriffen werden konnte, daß ich vielleicht schon krank war und ahnte es nicht. Da fiel mir ein: Ich konnte die Seuche gar nicht bekommen. Weil ich sie schon gehabt habe! – Aber, das, was ich da hatte, das wußte ich nun, war kein Volksdurchfall und kein Typhus, es war die Cholera, ein Schmetterlingsanflug von Cholera. Nun begann ich zu frieren und schlotterte. Ich wiederholte mir: Ich kann sie ja nicht kriegen. Ich bin immunisiert.

In wenigen Tagen hatte sich die Welt verändert. Wir hatten keine Regierung mehr. Sie war in die Tschechoslowakei geflohen. Es gab auch keine Staatssekretäre und Sachbearbeiter. Sie waren nach Sachsen in die Berge gezogen. Die Dienststellen waren mit Pförtnern und Besenfrauen besetzt. Berlin war nicht nur gegen Westen durch die Mauer, sondern auch gegen Osten durch einen Polizeikordon abgeriegelt. Kein Berliner konnte mehr die Stadt verlassen und kein Sachse, Mecklenburger oder Brandenburger durfte zu uns hinein. Es sei denn, er war schon drin und saß nun fest. Frühmorgens, wenn ich aus dem Haus kam, stank die ganze Breite der Schönhauser Allee nach Desinfektionsmittel. Vor allen Ladenschwellen war es feucht. Die Frauen scheuerten die Steine mit weißer Flüssigkeit. Die Schwaden verfolgten einen bis in die U-Bahn. Im Betrieb wurden die Neuigkeiten ausgetauscht, zunächst flüsternd die Katastrophen. Hier und da hatte es schon in der entfernteren Verwandtschaft Tote gegeben. Unser Betrieb war noch vollzählig. Dann, immer lauter werdend, zuletzt mit äußerstem Stimmenaufwand, die lustigen Meldungen. Es gab viel Lustiges zu vermelden.

Man ging zum Arzt und wollte »nichts als ein wenig Kohle« verschrieben haben. Der Arzt horcht auf, will näheres wissen. Man macht Ausflüchte und läßt sich das Geständnis entreißen, daß man nichts weiter als nur ein klein bißchen Durchfall hat. Sofort schreitet der Arzt zur Tat. Man muß ein Formular ausfüllen, in dem sämtliche Haushaltsangehörige aufgeführt sind. Sie alle gelten automatisch als mitkrankgeschrieben, die Kinder sind vom Unterricht befreit. Die Familie darf allerdings die Wohnung nicht mehr verlassen. Die Wohnung wird kontrolliert. Der Hausobmann ist verantwortlich für die Ernährung. Er stellt die Lebensmittel vor die Tür. Dies erinnert mich an die harmlosen englischen Kriminalfilme, die uns von Zeit zu Zeit erlaubt waren, da gab es auch immer Leute, die einem Milch und Brötchen vor die Tür stellten. Der Hausobmann als Lebensmitteleinkäufer erregte riesiges Gelächter. Aber keiner spielte mit dem Gedanken zum Arzt zu gehen. Die Leute, die es drauf ankommen ließen, waren so selten wie Deserteure vor der Front. Man blieb bei der Truppe. Es gab auch wirklich positive Nachrichten: Die Regierung hatte ihre Devisen geopfert und Obst und Gemüse im kapitalistischen Ausland eingekauft, damit wir Vitamine bekämen. Da die Regierung gar nicht da war, mußten das wohl die Pförtner und Besenfrauen sein, die in den Ministerien die Stellung hielten. Sie hielten sie gut. Es gab plötzlich ausreichend Lebensmittel, Grünzeug vor allem. Allgemein war Lachen und Scherzen. Ich habe seit den Kriegs- und Mord- und Brandzeiten nicht mehr so übermütige Menschen gesehen. Es ging fast so ausgelassen zu wie in der Reichskanzlei anno 1945.

Ich fragte mich, warum ich so lustig sei. Ich fieberte jeder Katastrophen-Nachricht entgegen. Vielleicht war ich gefeit. Jedenfalls war das Ganze das Gegenteil eines grauen kommunistischen Alltags und lohnte vielleicht, daß man später sagen kann, man sei dabeigewesen. Palmsonntag ging ich, das Familiengrab zu schmücken. Der Friedhof dampfte vor Desinfektionsgestank. Man roch es schon gar nicht mehr, so gewohnt war man daran. Aber darunter duftete ein anderes Parfum. Süß. Die Tafel mit den Begräbnisanzeigen war von unten bis oben voll geschrieben. Nun, es war Vorfrühling, da starben die Alten weg, die den Winter über bettlägerig geworden waren. Nichts Besonderes also. Auch der Geruch war nichts Besonderes. Es war ein schöner Friedhof, ein verwilderter Park mit uralten, umgestürzten Grabmälern. Da gab es verwitterte Engleinfiguren auf Kindergräbern vor dem ersten Weltkrieg. Noch ältere Steine, in die man ovale bräunliche Fotografien der Verblichenen eingesetzt hatte. Stromlinienförmige, bombenähnliche, mit einem Kreuz auf der Bombe. »Der Anfang, das Ende, o HERR, sie sind Dein / Die Spanne dazwischen, das Leben war mein / und irrte ich im Dunkeln und fand mich nicht aus / Bei Dir, HERR, ist Friede und licht ist Dein Haus.« Ich war es gewohnt, die Gräber zu zählen, die hinzugekommen waren. Jährlich kamen in meiner Abteilung eineinhalb bis zwei Reihen hinzu. Einst war mein Grab das letzte gewesen. Dann war die Reihe voll, dann Reihe auf Reihe, eine stattliche Kompanie mit ihren Feld- und Ehrenzeichen. Einst war mein Denkmal das pompöseste, riesig, quadratisch mit vielreihiger Goldschrift, zuletzt mein eigener Name und mein Geburtsdatum, das Sterbedatum noch offen. Wo nun auch immer, und ich vermutete: nicht hier! mein Grab sein würde, den Stein, das Ehrenmal hatte ich schon. Das Ganze gekrönt mit einer Kugel, über der Kugel das Kreuz, wie ein Reichsapfel. Das hatte natürlich Schule gemacht. Alle Leidtragenden mußten nachziehen. Dann waren die Überlebenden verschollen. Nach dem Westen gegangen. Die Toten blieben zurück, der Prunk verfiel. Die neuen Gräber sahen fast verwüsteter aus als die aus dem vorigen Jahrhundert. Ich zählte die Reihen, die hinzugekommen waren. Eins, zwei, drei, vier und eine halbe. Die Abteilung war nun komplett. Hier würde nichts mehr angebaut werden. Moment! Wann war ich das letztemal hiergewesen. Vor vierzehn Tagen? Man kann das Datum am jüngsten Grabstein errechnen. In drei Wochen waren vier und eine halbe Reihe hinzugekommen. Ach was! Sie hatten eben die Abteilung komplettiert und alle Toten in dieser einen Ecke begraben. Ich ging den Friedhof auf und ab, die große Allee und zu den Seiten. Der ganze Friedhof war gelb von den frisch aufgeworfenen Gräbern. Es war nicht der Duft von vergammelten Rosen, der sich unter dem Lysol hervorschlich. Es war Leichengeruch von so vielen Toten, daß man ihn nicht mehr übertäuben konnte.

Ich ging zurück in meine Abteilung und setzte mich auf das Bänkchen, das eine Nachbarin für ihre Totenbesuche aufgestellt hatte. In dieser Stadt wurde nun hauptsächlich gestorben und wir lachten und tändelten darüber hinweg, weil man nichts anderes mehr auf der Welt auszurichten hatte, als sich zu amüsieren. Man mußte irgend etwas unternehmen. Die Ärzte. Die Ärzte waren Materialisten. Kommunistische Materialisten, christliche Materialisten, naturwissenschaftliche Materialisten, Ärzte-Materialisten, Pfarrer-Materialisten, Prolet-Materialisten, Ästhetik-Materialisten, Pathetik-Materialisten. Es gab in dieser Stadt nur einen einzigen Menschen, der an die Allmacht des Geistes glaubte. Das war ich, und ich verstand nichts von Cholera. Außerdem war es nicht gut, an sie zu denken, denn das heißt, sie auf sich herabzuziehen. Zwar war ich gefeit. Aber besser –

Ich fuhr nach Hause. In der kommenden Woche ließ mich die Cholera nicht mehr los. Sie war ein Wesen, das leibhaftig diese Stadt bewohnte. Man konnte sie sich vorstellen, man konnte sogar mit ihr reden, was man besser unterließ. Sie war aber nichts absolut Böses. Sie hatte uns Apfelsinen beschert und grünen Salat. Eigentlich waren wir ganz vergnügt. Unter unseren menschlichen Herrschern waren wir lange nicht so vergnügt gewesen. Trotzdem –

Es war Karfreitag. Im Radio gab es ›Parsifal‹. Den ganzen Tag über gab es ›Parsifal‹. Daß es Leute solange im Theater aushielten. Es war ein frommes, heiliges Thema. Ein Schutz. Ich war von Tag zu Tag mehr entschlossen. Ich hätte es auf jeden Fall gewagt, nun aber unter dem Schutz von Herrn Parsifal und seinen seltsamen Tönen, setzte ich mich hin und richtete meine Gedankenkraft auf die Cholera, ihr klarzumachen, daß sie ihre Beute habe und sich nun doch besser zurückzöge. Ostersonntag hatte ich Dienst. Ich schaute vom Turm auf die ausgestorbene Stadt und dachte an die Cholera. Nach Ostern bereiteten wir uns auf das Impfen vor. Der Staat hatte weitere kostbare Devisen geopfert und bei den kapitalistischen Feinden Impfstoff aufgekauft. Alle sollten geimpft werden. Wir sprachen davon wie zum Tode verurteilt, na, Gott sei Dank, morgen endlich findet das Standgericht statt. Wir wurden nicht geimpft. Die Cholera war verschwunden. Von Ostermontag auf Dienstag war sie weg.

Das Thema unseres Jahrhunderts ist nicht die Gewalt, sondern die Wehrlosigkeit. Was hilft es einem Arbeiter, daß man ihm seine Rechte im Produktionsbetrieb verschafft, wenn er im Haus den Machenschaften seiner Frau und seiner Kinder ausgeliefert ist und die einfachsten Tricks nicht kennt, in seiner Familie Ordnung zu halten. Was nützt der Frau die Emanzipation, wenn sie durch Übersensibilisierung in eine sexuelle Hörigkeit überführt wird, die für sie undurchdringlicher ist als Haremsmauern. Was soll den Kindern eine freiheitliche Erziehung, die keine Erziehung zur Freiheit ist.

Angenommen, eine Reiterschwadron hält sich eine Koppel wilder Pferde. Sobald der Krieg losgeht, fangen sie die Pferde mit Lassos ein, satteln sie in stundenlanger Arbeit, setzen sich drauf, werden abgeworfen, setzen sich wieder drauf und werden wieder abgeworfen. Nun könnte man sagen, was interessiert das die Pferde, daß die Reiter sich die Knochen brechen und der Krieg verloren geht, nur weil die Pferde nicht zugeritten sind? Antwort: Sehr viel interessiert das die Pferde, der siegreiche Feind ist Pferdefleischesser. Das Problem einer weltweiten Hungersnot aus Überbevölkerung ist ein Scheinproblem: Denn der Mensch ist eßbar. Wenn nicht bald geschieht, was die Geologen prophezeien, daß die Erdrinde aufplatzt und wir alle von den quellenden Magmamassen verschlungen werden, dann werden sich Menschenrachen auftun, uns zu verschlingen, dann wird jedes Kind, das jetzt gezeugt ist, in den Rachen des Kannibalismus hineingeboren werden. Wer nun wird wen fressen?

Der Starke wird den Schwachen fressen, der Disziplinierte den Hampelmann, der Hassende den Liebenden, der Gierige den Verzichtenden, jedes Kind, das als fröhlich-freies Spielkind aus der Schule entlassen wird, ist auf die Bratpfanne entlassen. Das Problem des Kollektivs: daß es essen muß, das Problem des Individuums: daß es gegessen werden kann.

Einst komme ich mit gehöriger Verspätung morgens in den Betrieb, da begrüßt mich meine Abteilungsleiterin: Bleib angezogen, du mußt nach Dresden reisen. Ich sage erst gar nichts, dann sage ich: ja, aber, ja, aber – ich habe doch kein Geld. – Du wirst mich doch nicht im Stich lassen? sagt sie, unser Betrieb hat drei Reisen spendiert bekommen. In Dresden ist irgend so ein Fachkongreß, zwei Kollegen sind schon unterwegs. Der Direktor kann nicht weg, ich auch nicht, da habe ich die Karte für dich festgehalten, für dich! – Dank dir, sage ich, vielen Dank! Aber ich habe nur ein paar Groschen und einen U-Bahnfahrschein. – Geh' in die Kaderabteilung, sagt sie, laß dir Vorschuß geben.

Zwar gab es in unserem Betrieb einen Kollegen, der jede Woche zwischen Berlin und Dresden hin- und herreiste, weil er in Dresden wohnte und in Berlin keine Wohnung hatte – aber daß ein gewöhnlicher Mensch, ein Berliner von Staats wegen eine Dresdenreise machte, das war so unerhört, daß ich das letzte Geld des Betriebes ausgehändigt bekam, es war nicht viel und der Kaderleiter meinte: Sie werden sowieso kein Hotelzimmer kriegen, denn Sie sind nicht angemeldet. Dann kommen Sie eben wieder zurück. Er hoffte, daß ich am nächsten Morgen einen Teil des Geldes wieder abliefern würde. Aber ich dachte: Ich komme nicht zurück, ehe das Geld alle ist, und wenn ich in Mülltonnen übernachten muß. Dann trat ich die erste Geschäftsreise meines Lebens an.

In der Bibliothek hatte ich mir ein Buch geben lassen, die Fahrt zu verkürzen. Der Bibliothekar sagte: Hier, einen echten Nobelpreisträger, Halldor Laxness, ›Atomstation‹, »na, is det nischt! Viel Spaß, Sie Glückspilz.« Aber ich kam zunächst nicht zum Lesen. Ich studierte vielmehr die moderne Reisetechnik: Kohlenstaubloks, Doppelstockzüge, man konnte oben und unten sitzen, ich saß mal oben, mal unten, spazierte durch die Gänge, sah aus dem Fenster und lauschte auf die Räder: »Nach Dresdn – nach Dresdn – nach Dresdn!« Ich stand in Dresden vor dem Bahnhof und schaute auf die Stadt. Ich fühlte, ich war in Dresden angekommen. Nur in Paris hatte ich so das Gefühl in einer Stadt zu sein, aber Kunststück! Paris war ja da, so wie es in Jahrhunderten herangewachsen war. Hier stand ich in der leeren Luft. Es gab gar nichts zu sehen als die Lücke, wo die Stadt sich einst befunden hatte. Das alte Dresden habe ich gar nicht gekannt. Und trotzdem war es *Da.* Geheimnisvoll, doppelt ergreifend, weil das *Dasein* dieser einzigen Stadt nun nicht mehr von dieser Welt war.

Ich zeigte mich auf dem Kongreß, begrüßte meine Kollegen und verabschiedete mich im gleichen Atemzug, denn ich mußte, wie ich sagte, mir Quartier besorgen. Insgeheim war ich entschlossen, den Kongreßsaal nie mehr zu betreten, die Stadt aber um keinen Preis zu verlassen. Ich ging von Hotel zu Hotel. Sie hießen Excelsior, Atlantis, International und sahen auch so aus. Die letzte Abfuhr holte ich mir in irgendeinem Ambassador. Ich blieb an der Rezeption stehen und fragte den Portier: Wie ist die

Adresse vom Hotel Anton? Der goldbestickte Protz prallte vor mir zurück, dann murmelte er die Adresse. Ich dankte, und machte mich auf den Weg. Je näher ich dem Anton kam, um so bekannter wurde mir die Gegend. Allerdings hatte sie keine Ähnlichkeit mehr mit Ansichtspostkarten. Ich war schon einmal, als Studentin für zwei Tage, in Dresden gewesen. Damals hatte man unsere Studentengruppe in zwei Teile geteilt. Ich wurde mit einigen anderen ins Anton eingewiesen. Abends wollten wir in der Kneipe vom Anton noch ein Glas Bier trinken. Da merkten wir so langsam, wo wir gelandet waren. Wir lachten wie über einen Scherz und schnappten über. Zuletzt machten wir einen einzigen großen Tisch aus dem Lokal und luden alle Miezen und ihre Kavaliere ein und hielten sie frei. Nachts, als wir uns in unser Zimmer zurückgezogen hatten, machte unsere Staatssicherheitsdame Anstalten, das Zimmer vollzukotzen und das Bett, worin wir zu dritt schlafen sollten. Ich zerrte sie aufs Klo und hielt ihr das Köpfchen. Es war das erste Mal, daß ich so was vollbrachte. Ich dachte: Man muß alles lernen, um es zu können. Ich dachte: Die Staatssicherheit möge es mir danken! Insgesamt waren wir sehr stolz auf unser Abenteuer und nahmen uns vor, mit unserer Nacht im »Blauen Anton« wie wir es nun nannten, vor den anderen Studenten zu prahlen. So kamen wir, drei Knaben und drei Mädchen aus den Lasterhöhlen Elbathens zum Treff. Die andere Gruppe hatte im ersten Hotel der Stadt genächtigt. Sie waren mit Fahrstühlen gefahren und hatten ihre Schuhe abends vor die Tür gestellt und morgens frisch geputzt wieder hereingeholt. Wir erstickten vor Neid. Besonders der Mechanismus mit den Schuhen beeindruckte mich. Ich konnte nicht begreifen, wie das Putzen zustande kam. Es spielte dann in unseren Protestnoten eine große Rolle: Während die bürgerlichen Studenten im ersten Hotel der Stadt genächtigt hatten, wo sie ihre schmutzigen Schuhe vor die Tür gestellt, und sie am anderen Morgen geputzt wieder hereingeholt hatten, wurden wir »Arbeiterkinder« in die tiefsten Tiefen Dresdens hinabgestoßen und mußten in einem Bordell übernachten, der ganze Arbeiter- und Bauernstaat wurde mit uns mitgeschändet. Nachdem wir uns am Schwarzen Brett und in Versammlungen ausgetobt hatten, wollten wir uns wieder versöhnen. Aber der Riß war unheilbar, auch die Professoren, die als Veranstalter der Exkursion hineingezogen wurden, konnten uns nie mehr so richtig leiden.

Der Blaue Anton hatte sich verändert. Es gab keine Kneipe mehr. Alles war ganz bürgerlich. Es war jetzt volkseigen. Nur der Name war geblieben »Zum Anton«. Der Portier fragte mich: Woher haben Sie unsere Adresse? Ich sagte: Hier habe ich schon mal gewohnt. Er blickte mich erstaunt an und dann bekam ich einen Schlüssel. Jetzt war ich in Dresden zu Hause. Nur, wie ich das Ernährungsproblem lösen sollte, das wußte ich nicht. Ich kaufte mir ein Brötchen, und sobald ich über dem Augenschmaus Hunger bekam, nahm ich einen Bissen. In der Nähe der Brühlschen Terrassen sah ich an einem Metzgerladen ein Schild: »Frisches Pferdefleisch! Täglich von 14 bis 15 Uhr! Gefäße mitbringen!« Also war auch die Ernährung unter Dach und Fach. Ich kaufte mir einen billigen Eßnapf. Den Löffel bekam ich dann im Laden geliehen. Es war wie im Krieg, nur die Schlange nicht mehr kilometerlang. Da stand der Auswurf der sozialistischen Zivilisation und sah genau aus wie jeder Auswurf: weißhaarig-strubbelig, grau-braun-sackmäßig gekleidet, gebeugt, einbeinig, einarmig mit und ohne Krücken. Blasse, pickelige Jungen, zu faul zur Arbeit, zu feige zum Verbrechen, zu schwächlich, zu häßlich, den Zuhälter zu machen, drängelten sich, brockten Brötchen in den Pferdefleischabsud und löffelten, leckten den Löffel ab und gaben ihn weiter.

Zwei Dinge legten die Missionare jedem Deutschen auf: Er durfte keine Babys mehr töten und kein Pferdefleisch mehr essen. An das erstere hat man sich wohl nie gehalten. Keine Hebamme brachte es fertig, der Mutter einen ungliedrigen Balg in den Arm zu legen. Man ließ das arme Wesen stillschweigend in den Eimer plumpsen, verkündete Totgeburt und tröstete die weinende Mutter: »Nächstes Jahr auf ein Neues.« Nichts ist billiger, als die Produktion von Menschen und nichts ist kostspieliger als hier nicht zu sortieren. Anders war es mit dem Pferdefleisch. Bis in den Ersten Weltkrieg hielten die Deutschen dem Bonifatius die Treue, dann, unter dem Ausrottungsprogramm der Hungerblockade, beugten sie sich doch über die Pferdekadaver, und Mirakel! verfielen dem Wotan.

Abends im Anton begann ich meine Nobelpreisträgerlektüre: Halldor Laxness, ›Atomstation‹ – Island, nicht von dieser Welt. Was gab es da für Menschen, Lebende und Tote und alle unter einem Dach. Da gab es einen Skarphedin, einen Goden Arnkel, einen Snorri, einen Gisli, einen Grettier, einen Hrapkel und allen voran den weisen Njal. Mit der »Njala« habe ich mich später einmal porträtieren lassen. Meine Malerfreunde sagten: Nächste Woche bist du dran, zieh dir was Hübsches an. So dienten die Freunde rundum als Modelle. Ich zog mir mein blaues Bormann-

Kostüm an und nahm das gelbe Buch. Damit mußten sie mich malen. Sie saßen von mehreren Seiten um mich herum. Das einzige, was alle Bilder gemeinsam hatten, war das Blau und das Gelb. Ich bedankte mich, Kunst gegen Kunst und begann nach dem Abendbrot aus der Njala zu lesen:

Es war ein Mann namens Mörd, zubenannt Geige. Er war ein Sohn Sigwarts des Roten. Er hatte eine Wirtschaft in Feld im Krummachland. Er war ein mächtiger Häuptling und ein großer Rechtsbeistand, so kundig im Gesetz, daß keine Urteile für rechtmäßig galten, wenn er nicht dabei war. Er hatte eine einzige Tochter namens Unn. Sie war ein schönes Mädchen, brav und von höfischer Sitte. Diese Heirat galt als die beste im Krummachland. Jetzt wendet sich die Geschichte westwärts nach den Breitföhrdetälern. Es war ein Mann namens Höskuld. Er war ein Sohn des Koll aus den Tälern, seine Mutter hieß Thorgerd und war die Tochter von Thorstein dem Roten, dem Sohn von Olaf dem Weißen, der Sohn von Ingjald Helgisohn. Die Mutter dieses Ingjald war Thora, Tochter des Sigurd Schlang-im-Aug, des Sohnes von Ragnar Lodenhose. Thorsteins des Roten Mutter war Aud, die Tiefdenkende, die Tochter von Ketil Plattnase, dem Sohn des Björn Rindsfuß.

Spätestens an dieser Stelle begannen die Freunde ihren Krakeel und wollten nicht ein Wort weiter hören. Ich versuchte ihnen klarzumachen, daß dies die größte Literatur des Abendlandes sei, größer als Homer, Shakespeare und Goethe zusammengenommen. Da wurden sie chauvinistisch und begannen mich zu lynchen.

Damals in Dresden betrat ich zum ersten Mal eine Buchhandlung mit der Frage: »Haben Sie altisländische Sagas?« Es war die Universitätsbuchhandlung. Sie hatten natürlich nicht. Als Kind hatte ich mich nach Dresden gesehnt, nicht wegen der Brühlschen Terrassen, der Kreuzkirche, der h-moll-Messe, dem Zwinger und der Sixtinischen Madonna, sondern um Karl Mays willen. Wie gern wäre ich ins Karl-May-Museum gegangen. Nun wollte ich mir doch diesen Kinderwunsch erfüllen, obwohl ich nicht annahm, dort etwas Neues über Indianer zu erfahren. Ich wußte schlechthin alles, was es von Indianern zu wissen gab. Hätte man mir gesagt, daß es in einer Reservation in Neu-Mexiko noch einen hundertjährigen Chiricahua gäbe, der mehr wisse als ich, hätte ich ungläubig gelächelt. Ich wußte nicht nur das, was es von Informanten zu erfragen gab, ich wußte auch das, was sie verschwiegen, vielleicht selbst nicht mehr wußten. Ich kannte das Mysterium des Tanzes. Ich wußte, daß der Clown sich während des Tanzes verwandeln würde in Nayenätzghani, dem Töter feindlicher Götter, der wie alle Drachentöter Schwimmhäute zwischen den Fingern hatte. Ich wußte sogar, was die Amerikanisten nicht ahnten und die Indologen nicht verstanden, daß die Schwimmhäute des Nayenätzghani dieselben waren, die dem Buddha als Merkmal eines Großmenschen zugeschrieben wurden und daß ihre unerkennbaren Überreste am »hürnenen Seyfried« hingen. Ich wußte, daß die vier Götter der vier Himmelsrichtungen dieselben Farben hatten wie die vier Buddhas des Guhyasamadscha-Tantra. Ich wußte, daß die Grundfigur des Tanzes identisch war mit dem Tai-ki-tu der Chinesen. Ich kannte die Ursache, aus der alle diese Dinge in die vier Himmelsrichtungen auseinandergewachsen waren. So klug war ich.

Zwei alte Damen begrüßten mich, den anscheinend einzigen Karl-May-Fan des sozialistischen Lagers. Mit meinen Augen würde ich die Spinngewebe auf diesen kostbaren Dingen ein wenig heben, würde ich den alten Damen und dieser Sammlung ein Lebensrecht verleihen. Ich kaufte ein Billett.

Vielleicht weil ich dieser Dinge so überdrüssig war, vielleicht, weil sich mir mit der Lektüre von Halldor Laxness ein neuer Kontinent eröffnet hatte, vielleicht weil es mir vorbestimmt war – jedenfalls musterte ich die Sachen kaltherzig, leidenschaftslos Stück für Stück, keines auslassend, da sah ich die Fotografie! Sie war aus einer amerikanischen Zeitung geschnitten, aus dem vorigen Jahrhundert und einfach auf die Tapete gepappt. Ich sah meine geliebten Gan-Tänzer, voran deutlich erkennbar: Isdideditschi, der Schwarze Donner, der Gott des östlichen Berges, Widerpart der Sonne, Skigomeh genannt, des Gottes des westlichen Berges, sah, wie sich Isdideditschi das hölzerne Schwert in den Leib rannte, bis es zu seinem Rücken wieder heraustrat. Er hatte seine Körperlichkeit aufgelöst und war, in Fotos festgehalten, zu göttlichen Bewußtseinszuständen entrückt.

Ich entsann mich meiner illyrischen Herkunft und rief: »Manometer!« Dieser Ausruf ist zehntausend Jahre alt und bedeutet: Das hätte ich nicht zu träumen gewagt! Aber das wußte ich damals noch nicht, denn mit den alten Deutschen war ich nicht befaßt. Sie hatte ich mir für den Rest meines Lebens aufgespart. Manometer! rief ich und war von den Indianern geheilt. Ich wußte nun, daß ich nichts wußte und daß mein Wissen um die innersten, heiligsten Mysterien des Gan-Tanzes angelesener Bücherkram war, den ich findig kombiniert hatte und so in Dinge eingedrungen, die mir nicht zustanden. Das war das vorletzte Mal, daß ich etwas mit Indianern zu tun hatte.

Die letzte, die unwiderruflich letzte Indianervorstellung gab's in Frankfurt am Main. Inzwischen war ich Weltreisende zwischen Rom, Paris, London und kehrte vorübergehend zur Buchmesse in Frankfurt ein. Die Idee einer Halle, einer riesigen Halle, randvoll mit Büchern war für mich einst die Idee des Paradieses, gewesen, nun war's Realität und es war die Hölle. Um mich in dieser Hölle zurechtzufinden arbeitete ich drei Tage lang einen Plan aus mit Lineal und Farbstiften, einen Kriegsplan. Die Freunde lachten mich aus, aber als ich in der großen Halle Zehn wie an Marionettenschnüren entlanglief, stets um die richtigen Ecken kurvte und bei den richtigen Farben landete, da hatte sich die Vorarbeit bezahlt gemacht allein an den Schuhsohlen. Wär's ein echter Krieg gewesen, ich hätte ihn gewinnen müssen, so haargenau liefen meine Operationen ab. Da ging's von der Archäologie zur Indologie zur Tibetologie zur Sinologie und zu den Atlanten. Natürlich hatte ich nicht die Absicht, mir einen 100-Mark-Atlas aufzuschreiben und ihn dann zu erwerben, nein, ich sammelte die Prospekte. Auf diese Weise erhielt ich Sachsen und Thüringen in verschiedenen Ausführungen. Aber Afrika fehlte in diesem Jahr und also auch in meinem Atlas. Die Japaner schenkten mir ein kleines Büchlein mit Tempeln, es gab Joga, Tarot, Ikebana, Tartessos, Popol Vuh, Ura Linda, Mkhas grub rje, Gandhavyuha, Kegon, Macumba, Altamira, Yin und Yang und was weiß ich. Am Eingang stand ein ceylonesisches Teefräulein und schenkte ceylonesischen Tee aus. Man saß inmitten seiner Prospektblätter wie ein Baum, trank und warf einige unnütze Blätter ab und wanderte weiter. Von Zeit zu Zeit kam ich an einer unbewohnten Ecke vorbei. Es war ein amerikanischer Stand, der nichts als ein vierundzwanzigbändiges Indianerlexikon zum Kauf, oder vielmehr zum Vormerken für einen Kauf anbot. Nichts als diese Reihe in dunkelrotbraunes Kunstleder gebundene mit plumpen Goldbuchstaben bedruckte Indianerwissenschaft. Daneben saß ein einsamer Mensch und wartete auf das, was kommen sollte, die Rache der Indianer oder die Völkerversöhnung. Es war schon seltsam, daß ich immer wieder um diese abgelegene menschenleere Stelle kreiste. Zunächst zogs mich automatisch an. Ich dachte: Das ist überstanden, das geht mich gar nichts mehr an. Dann dachte ich: Gerade wenn man auf einem Gebiet so versiert ist, dann sollte man auch den kleinsten Spuren nachgehen. Ich riß mich los: Das ist Verzettelung. Eine

Aufschrift lockte mich: Diesem Lexikon ist ein Bildband beigegeben von noch nie veröffentlichten Meisterfotos des Meisterfotografen Williams aus dem Jahre 1903. Laß mich in Ruh, dachte ich, ich kenne sie alle, ich kenne alle Fotos, die es über Indianer gibt, ich kenne die Gesichter, die Namen, ich kenne nicht nur die großen Namen Mangas Colorado, Cochise, Victorio, Geronimo, Naché, Chatto, ich kenne auch die kleinen Namen: Ponce, Delgatio und wer auch immer irgendwo und sei's als Unterhändler registriert worden ist, ich kenne auch die Vorbilder der Romanfiguren, ›Slender Maiden‹, die Oliver Lafarge verewigt hat, aber in Wirklichkeit war sie gar keine Navaho, sondern eine White Mountain Apache. Ich will sie nicht mehr kennen. Genug. Es war der letzte Abend der Messe, die Halle Zehn war fast geräumt von Menschen, in der Ecke des Indianerlexikons war es nun totenstill wie im Grabe Tut ench Amons. Ich setzte mich, ich nahm den Bildband mit den Meisterfotografien des Meisterfotografen. Ich schlug die erste Seite auf, ein fremdes, niegekanntes Gesicht, darunter (in der üblichen angelsächsischen Ponetik entstellt) *Tenakeh*, mein Name, mir aus Urzeiten eines unbekannten Lebens vertraut. Das also wars. Nun ist endgültig Schluß. Nun ruhe sanft, Tenakeh, laß mich los, laß mich mein eigenes Leben, laß mich dieses Leben leben, das du nun nicht mehr mit mir teilst.

Als ich von meiner ersten großen Alleinreise aus Dresden heimkehrte in meine Berliner Wohnung, fand ich die Tür aufgebrochen. Ich ging zum Hausobmann, mich zu beschweren. Er sagte: Ja, das war ich, wissen Sie, wo Sie so plötzlich verschwunden waren und tagelang nicht wiedergekommen sind, da dachten wir, Sie sind eben nach dem Westen abgehauen und da wollten wir mal nachsehen, »nischt for unjut«. Ich bekam oft von der Polizei Anrufe, in diese oder jene Wohnung zu kommen, wo ein Republikflüchtiger gehaust hatte und vielleicht Möbel oder Wertsachen ins Museum übernommen werden konnten. Einmal kam ich in eine solche Wohnung, da gab es einen Fernseher, zwei Radios, eines davon in der Küche, einen Biedermeierschreibtisch, den schönsten, den ich je gesehen, den Schrank voller Kleider darunter ein Frack für einen Elefanten angemessen. Ich hatte plötzlich weinen müssen, dieser, der hier gelebt hatte wie die Made im Speck, der war in den Westen geflohen zu noch größerem Speck und ich in meinem Elend, ich blieb hier hängen, warum, warum können arme Leute ihr Schicksal nicht ändern? Nun stand ich in meiner Tür und mußte lachen, hier hatten sie eingebrochen und geschaut, was es zu erben geben würde, wenn ich nicht zurückkehrte. Wie erbärmlich müssen Klamotten sein, daß nicht noch einer strebt, sie zu erwerben.

Herr Barsch

Das wichtigste Gesetz der Welt ist das 2. Keplersche Gesetz. Das zweitwichtigste Gesetz der Welt ist nicht das 3. Keplersche Gesetz, sondern das Hausputzgesetz. Es lautet:

Es gibt keinen vollendeten Hausputz.

Damit der Hausputz überhaupt vollbracht werden kann, muß mindestens eine Ecke Dreckecke bleiben. Angenommen, ich will einen Schreibtisch aufräumen. Es ergeben sich zwei Möglichkeiten: a) Ich räume die Tischplatte auf und bringe dadurch die Schublade in Unordnung. b) Ich räume die Schublade auf und bringe dadurch die Tischplatte in Unordnung. Will ich eine Lösung c) finden, so muß ich eine neue Ecke ins Spiel bringen, z. B. einen Büroschrank, der dann als Auffanglager der zu beseitigenden Dinge dient. Eine kluge Hausfrau faßt grundsätzlich niemals einen Hausputz ins Auge, nicht einmal vor Weihnachten. Die Familie behauptet eh, daß es ihr wurscht sei, gut, dann wird es eben ein Dreckfest geben. Allerdings befindet sich an einer Badezimmerkachel ein arger Fleck, den man nicht umhin kann zu beseitigen. Nach vier Stunden ist die kluge Hausfrau unter dem Dach gelandet, wo sie auf einer Leiter stehend, die Ziegeln von innen putzt. Nun strahlt das Haus. Sie kehrt zum Ausgangspunkt ihres Wirkens zurück und nimmt ein Bad. Danach ist die Badewanne so schwarz, als hätte sich dort ein Schornsteinfeger weißgewaschen. Die kluge Hausfrau resigniert. Es ist ein tiefer Schmerz, auf den Glanz der Vollendung verzichten zu müssen.

Nicht jede Hausfrau hat das Zeug zur Katharsis. Es gibt mehr Megären als Medeen. Auch das ist ein Gesetz. Solch eine Megäre geht allen Ernstes daran, ihr Werk zu krönen, ob es den Göttern gefällt, fragt sie nicht. Sie putzt die Badewanne. Dann stellt sie seufzend fest: Der Badezimmerfußboden ist reif, gewischt zu werden, danach ergibt es sich gleichsam zufällig, daß der Flur naßgeplantscht ist, dann gibt es Tappsen in der Küche, sobald das bereinigt ist, muß das Wohnzimmer aufs neue gebohnert werden. Da steht ein Mannsbild und schaut zu, wie ein und dasselbe Frauenzimmer zum zweiten Mal an diesem Tag ein und dieselbe

Gegend abreibt und sagt: Putzteufel! Wenn Männer Hausfrauen wären, gäbe es keine Psychotherapeutik, denn diese ist ein Sonderfall des Hausputzes und ihre vornehmste Aufgabe besteht wohl darin, aus einem Bettnässer einen Brandstifter zu machen. Jedenfalls –

Nach meinem Studium war ich arbeitslos. Ich war so arbeitslos, daß ich mich bei der Gesellschaft für deutsch-sowjetische Freundschaft bewarb. Aber selbst die wollten mich nicht haben. Ich wartete auf die ablehnenden Bescheide meiner Bewerbungen. In der Zwischenzeit ergründete ich das Hausputzgesetz, denn meine Frau Mutter war gestorben. Ich bekam Wind davon, daß das Kunstgewerbemuseum eine Mitarbeiterin suchte. Der Direktor des Museums war ein berühmter und gefürchteter Mann. Er faßte nur erste Kräfte ins Auge und ich war gutester Durchschnitt. Ich schrieb einen Brief: daß ich die eurasische Motivreihe des Tai-ki-tu bis zu den südlichen Athapasken von Neu-Mexiko erforscht habe und dabei festgestellt, daß die Apache- und Navaho-Sprache ein flektiertes Ur-Chinesisch sei. Er antwortete mit einem Spott- und Hohnbrief: Sehr geehrtes Fräulein Reinig! Ich kann Sie nicht gebrauchen. Denn ich suche eine Kunsthistorikerin und keinen Genius. – Da saß ich und hatte mein Herz aufgerissen und es trat genau das ein, weshalb man niemals sein Herz aufreißen soll. Jemand schmiert Senf darauf. Ich tröstete mich über meine Verletzungen. Die Untergebene dieses gefürchteten Mannes würde ich nicht werden. Aber wie sollte es weitergehen. Die Studienkollegen wanderten reihenweise nach dem Westen ab, um in Lohn und Brot zu kommen. Ich verzehrte die Sterbeversicherung meiner Frau Mutter. Die würde auch nicht ewig reichen. Was dann? Eine Schicksalsgefährtin sagte: »Man muß ja nicht mehr fragen, warum einer nach dem Westen geht, man muß ja nur noch fragen, warum einer hierbleibt.« Wir sahen uns beide an. Ich gab keine Antwort. Das Paradox der Arbeiterklasse: daß wer arbeiten *will!* ihr nicht anzugehören braucht. Im Grund waren wir Pioniere. Wir waren bereits im Jahre 1950 auf die Idee gekommen, uns vom Staat ein Abitur nachwerfen zu lassen und dafür das Monatsgehalt eines Angestellten in öffentlichen Diensten als Stipendium zu kassieren – und dann raus aus der Fabrik und auf die Uni zum Gammeln.

Nun saß ich da, ein Pionier des Akademikerproletariats. Aber das Kultusministerium erbat sich meinen Besuch. Es war eine Picasso-Ausstellung geplant (im Sowjet-Sektor), Museumsführer wurden gesucht und sämtliche Kunsthistoriker waren wie vom Erdboden verschluckt, nicht, weil sie Picasso nicht leiden mochten, sondern weil die Staatsorgane Picasso nicht leiden konnten. Ich war ahnungslos offen in der Gegend stehen geblieben, während alles andere in den Katakomben saß und sich in Sicherheit gebracht hatte. Wenn ich diesen Auftrag ablehnte, hatte ich verschissen bis zur Steinzeit. Ich nahm den Auftrag an, meldete mich aber nicht weiter, sondern verzog mich, in der Hoffnung, daß es vielleicht noch einen zweiten Dummen gäbe.

Zwei Tage vor der Eröffnung der Ausstellung rief ich den Ausstellungsleiter an. Er sagte: Kommen Sie sofort! Ich war so erschlagen, daß ich den Hörer grußlos auflegte. Nun hatte es mich doch erwischt. Der Ausstellungsleiter, der mutige Mann, der es gewagt hatte, in Ost-Berlin eine Picasso-Ausstellung anzuzetteln, sah mich grimmig an: Wo haben Sie gesteckt? Warum kommen Sie erst jetzt? – Ich mußte die Literatur studieren, sagte ich frech. Gut, sagte er, was für Bücher haben Sie gelesen? Ich machte die übliche bedeutungsvolle Kunstpause, die ich mir für Prüfungssituationen eingeübt hatte. Gleich würde eine unerhört überlegte und intelligente Antwort erfolgen. Er wartete auf meine interessanten Ausführungen. Die Pause wurde länger und länger. Ihm riß die Geduld: Gehen Sie an die Arbeit, schnauzte er, Sie haben uns lange genug im Stich gelassen. Am Tag der Eröffnung benötigte man keinen Museumsführer. Er hätte einfach keinen Platz gefunden. Die Leute stürzten sich durch den Eingang förmlich zu Tode. Trotzdem schien es noch gesittet zuzugehen, im Vergleich zu dem, was sonst in Picasso-Ausstellungen geschah. Ein Bayer nämlich flüchtete sich in den menschenleeren Zeichensaal, dort traf er auf Herrn Barsch, den letzten der Berliner. Der Bayer meinte, er müsse ein wenig verschnaufen. Der Berliner prahlte: So wat hats hier noch nie jejebn! Der Bayer meinte, in München sei die Picasso-Ausstellung noch viel schlimmer gewesen, da haben die Leute das Prügeln angefangen. Herr Barsch antwortete: Na, wir Balina sind ja ooch eene zifilißierte Natzjohn. Der Bayer lachte. Sie plauderten noch dies und jenes und trennten sich dann. Herr Barsch, der Leiter des Zeichensaals, war einst Opernsänger gewesen. Er hielt jeden einzelnen Vorübergehenden an und erzählte die Geschichte. Da der Platz des Museumsführers im Zeichensaal eingerichtet war, saß ich neben ihm, nun von Picasso-Literatur umgeben, und hörte die Geschichte Dutzende Male mit an, ohne zu ermüden. Denn Herr Barsch hatte einen herrlichen Baß und erzählte die Geschichte richtig, wie sie erzählt werden mußte. Die Pointe war nämlich nicht die ungezogene Antwort des Berliners, sondern die würdevolle Contenance des Bayern. Wieder und wieder sagte Herr Barsch: So hat er gelacht! Und aus dem tiefsten Abgrund seines Bauches lachte er das bayerische Lachen.

Da ich nun ein Waisenkind war, und Herr Barsch der erste richtige Mensch, dem ich über den Weg lief, mußte er notgedrungen an mir Mutterstelle vertreten. Ich adoptierte ihn. Herr Barsch war der einzige Mensch, der sich Gedanken über mein Problem machte. Was werden Sie den Leuten denn erzählen? sagte er, irgend etwas müssen Sie Ihnen doch sagen. Ich meinte, ich würde bei den Tauben anfangen, davon gibt es eine Menge, eine immer naturalistischer als die andere. Die eine hat die Flügel so, die andere so, darüber vergeht schon eine Menge Zeit, dann teile ich die Bilder ein in die, auf denen ich was erkennen kann und in die, auf denen ich nichts erkennen kann. Bei den ersteren erzähle ich herunter, was es darauf zu sehen gibt, bei den anderen sage ich einfach, daß ich nichts sehe, dann freuen sich die Leute, daß ich ihrer Ansicht bin, denn sie werden auch nichts erkennen können. Tatsächlich war mein System zukunftsträchtig, denn von Führung zu Führung wurden die Bilder, auf denen ich nichts erkennen konnte, weniger und noch Jahre später hielten mich die Leute auf der Straße an: Sie haben damals bei Picasso geführt. Manchmal bedankten sie sich bei mir, denn im Verlauf der Wochen wurde ich ein fanatischer Picassaner und übertrug meine eifernde Parteilichkeit auf die Geführten. Einmal schleifte ich eine Gruppe Polit-Studenten aus Potsdam durch. Sie verzogen keine Miene. Ich ließ mich nicht beirren, ich wußte, sie hatten Pokerface geübt und waren stolz auf ihre Kunst, aber innerlich würde sie jedes Lobeswort über Picasso wie ein Giftpfeil durchbohren. Ich spickte sie mit Giftpfeilen. Am Ende stand ich ausgepumpt und sprach die üblichen Abschiedsworte. »Einen Augenblick noch«, sagte der Sprecher der Gruppe: »Was ist nun Ihre wirkliche Meinung über Picasso!« Damals war ich noch sehr dick und aufrecht, ich nahm mit Leichtigkeit Lutherpose an und sagte: Glauben Sie, ich habe Ihnen meine zersetzenden Äußerungen vorgeschwindelt, was Sie von mir gehört haben, das ist meine Meinung.

Bis dahin war es ein langer Marsch. Zunächst war es sonntagvormittags, der zweite Tag der Ausstellung, die Museumssäle waren noch leer. Das konnte sich mit jedem Moment ändern. Dann begann meine Arbeit. Und ich hatte noch keine Meinung über Picasso. Herr Barsch kam mit offenem weißem Kittel hereingeflattert und baute sich vor mir auf: Ihr Typ wird verlangt, es geht los. Was für Leute sind es denn? – Er schüttelte sich aus vor Lachen: Ein ganzer Bus voll. – Voll was? fragte ich. Er lachte und lachte. Es war ein Bus voller Russen. Ich dachte, etwas Besseres konnte mir doch nicht passieren. Ich begrüßte die Dolmetscherin und wir zogen los. Ich fing bei den Tauben an. Davon gab es eine Menge, eine immer naturalistischer als die andere. Die eine hatte die Flügel so, die andere so. Darüber verging eine Menge Zeit. Aber langsam mußte ich die Russen mit der Realität vertraut machen, und die sah eben bei Picasso ganz anders aus. Der Ernst des Lebens begann. Die Russen lachten. Ich dachte an den Türken von Kalarograd. Die Moschee war kalt und wir standen in Strümpfen. Wir begannen zu hüpfen. Der Professor hielt uns eine Strafpredigt. Aber der türkische Küster sagte: »Tanzen gut!« und begann auch zu hüpfen. So tanzten wir durch die Moschee. Nun lachten wir uns durch die Ausstellung. Ich lachte voran.

Einer machte nicht mit. Ein junger Russe in Uniform. Sobald wir ein neues Kabinett betraten, ging er mit großen Schritten bis an den nächsten Durchgang, stellte sich in den leeren Türrahmen und sah das weiße Holz des Türrahmens an. Schweigend und ernst absentierte er sich von uns. Gewiß war es ihm verboten, das Kollektiv zu verlassen oder sich abzukapseln. Aber er wollte seine Augen nicht durch den Anblick von Bildern, die er für unzüchtig hielt, beschmutzen. Obwohl ich die Partei Picassos gegen ihn und seinesgleichen zu vertreten hatte, bewunderte ich seine Konsequenz.

Ich sagte zu der Dolmetscherin: Das war die erste Abteilung. Es gibt noch eine zweite Abteilung, wollen Sie mir bitte folgen. Nein, danke, sagte sie, wir sind in Eile und haben keine Zeit zu verlieren. So verabschiedeten wir uns auf russische Art, als ob wir nun für ewig Freunde seien, obwohl wir uns doch niemals wiedersehen würden. Ich löste mich aus den Umarmungen, zeigte ihnen den Weg zum Ausgang und trennte mich von ihnen. Ich schritt den Kreis der Kabinette zurück. Die Aufseher hatten getan, was sie von nun an täglich taten, sie hatten ihre Plätze verlassen und waren mir gefolgt. Nun rannten sie vor mir davon und nahmen ihre Plätze wieder ein. Ich hatte den Kreis durchschritten und war wieder in dem Saal angelangt, der Ein- und Ausgang zugleich war. Es war der Corneliussaal mit meterhohen, gigantischen Handzeichnungen ausgeschlagen. Die eiligen Russen standen davor und konnten sich nicht losreißen. Ich winkte ihnen grüßend zu, und wollte in den Zeichensaal, meinen Platz einzunehmen. Herr Barsch stand in der offenen Tür, gleich würde ich erlöst sein und könnte mich ausruhen von meiner ersten Heldentat.

Die Dolmetscherin hielt mich zurück. Bitte, sagte sie, bitte, erklären Sie uns diese herrlichen Bilder. Die Schwierigkeit war, wir standen in der Mitte des Saales. Die Schildchen, die zu den Bildern gehörten, waren winzig klein. Ich hätte nahe an die Wand gehen und mich bücken müssen, um zu erfahren, was es mit diesen herrlichen Bildern auf sich hatte. Diese Schmach konnte ich mir und dem Stand der Kunsthistoriker nicht antun. Ich mußte in der Mitte des Saales stehenbleiben und irgend etwas erzählen. Ich erzählte die Story vom glücklosen Zeichner Cornelius, der wenigstens, was das Format anbetraf, der größte Zeichner Deutschlands genannt werden konnte. Das mit dem Format ließ ich weg. Der Bayernkönig hatte ihn entlassen mit den Worten: »Ein Maler muß doch malen können!« Die Russen riefen: Oh! Auch der Preußenkönig hatte sich schnöde benommen und den großformatigen Cornelius nicht recht gefördert. Die Russen riefen: Oh! Während die Russen fast in Tränen schwammen über das tragische Künstlerschicksal dieses Kollegen von Toulouse-Lautrec, suchte ich verzweifelt eines der gigantischen Bilder ab, irgend etwas mußte doch darauf zu finden sein. Endlich, in letzter, höchster Not, entdeckte ich einen Pferdekopf. Sofort unterbrach ich die immer dürftiger werdende Künstlerbiografie und sagte: Hier sehen Sie eine Szene aus dem trojanischen Krieg. Während ich die Geschichte des trojanischen Krieges herunterleierte, suchte ich mit den Augen das nächste der Bilder ab. Ich entdeckte einen Adler. Die Geschichte des trojanischen Krieges nahm ein jähes Ende, es folgte eine Schilderung der Götterversammlung auf dem Olymp. So Bild für Bild, ich war gar nicht mehr darauf angewiesen, hinzublicken, ich erfand herrliche Bilder. Der Abschied, der nun kam, war großrussisch mit Tränen und Küssen und: Auf Wiedersehen in Leningrad! Wenn sie mich nicht losgelassen hätten, wäre ich ihnen in den Bus gefolgt und gleich mitgefahren. Dann nahm mich Herr Barsch in Empfang, schweigend, schmunzelnd. Die Premiere war gelaufen. Ich erholte mich von meinem Schock und dachte: Über jedes und jedes Bild von Picasso habe ich doch irgendeine Idee gehabt und vor diesen riesigen Schinken von Cornelius bin ich fast Hungers gestorben. Ich dachte: Auf diesen Formaten, die vom Fußboden bis zur Decke reichen, habe ich nichts erkennen können, aber wenn ich in den Kabinetten mit Picasso-Grafiken stehe, dann schießen mich die Grafiken von allen Seiten an, als sei ich ein Ziel, nicht ich, sie blicken mich an. An Picasso muß doch etwas dran sein und ich werde es entdecken. Merkwürdig, sagten meine Malerfreunde, daß du doofer Kunsthistoriker mit deinen byzantinischen Elfenbeinen ausgerechnet bei Picasso Einstand geben mußt.

Eines schönen Vormittags biß ich in ein Butterbrot und las in einem Picasso-Buch, Herr Barsch biß auch in ein Butterbrot und las in einer englischen Zeitschrift. Dann sprang er auf, warf Brot und Zeitschrift weit von sich und schrie vor Wut, er tobte, als wolle er den Zeichensaal in Stücke reißen. Ich hatte nie geglaubt, daß ein Berliner Baß so in Raserei verfallen konnte. Dann hob er Brot und Zeitschrift auf und studierte weiter. Als er fertig war, entschuldigte er sich bei mir. Ich war nämlich Gutsbesitzer und Agronom, sagte er. Er schien ein noch abenteuerlicheres Leben geführt zu haben als ich, studierter Agronom bin ich, sagte Herr Barsch, und enteigneter Gutsbesitzer, und ich habe mit natürlichen Düngemitteln systematisch experimentiert, und bis heute lese ich die Fachliteratur. Da schreibt doch so ein amerikanischer Professor, daß die Menschheit nur die Wahl habe, zu verhungern oder sich mit Insektiziden zu vergiften. Das stimmt aber nicht. Sehen Sie, die Chemie ist ein Teufelskreis, gebe ich künstlichen Dünger, muß ich chemische Mittel gegen Insekten spritzen. Gebe ich natürlichen Dünger, muß ich nicht gegen Insekten spritzen. Mir war das, was Herr Barsch mich lehrte, nicht nur neu und unverständlich, sondern auch herzlich gleichgültig. Wichtig waren nur die schönen Geschichten, die dabei herauskamen, denn Herr Barsch hatte auf Grund seiner großen Kartoffeln, dem Urgesteinsmehl, der Autarkie in der Landwirtschaft und seiner Verflochtenheit mit der Reformernährung fast alle Obermimer des Dritten Reiches persönlich gekannt, ihnen Feuerwerk gegeben, heimgeleuchtet, den Marsch geblasen, und so weiter, und schon sein Großvater war beinahe ein Duzfreund von Kaiser Wilhelm gewesen, Massen von Geschichten und alle historisch. Beim Abschied sagte Herr Barsch: Schade, daß Sie studiert haben, hätten Sie nicht studiert, dann hätte ich eine Planstelle für Sie und dann könnten wir zusammenbleiben.

Nach vielen Jahren, Herr Barsch hatte längst die Welt und den Zeichensaal verlassen, ich saß fest in Lohn und Brot, erschien plötzlich Brigittchen auf der Bildfläche, um mir die akademische Planstelle bei den Staatlichen Museen zu verschaffen. Aber nun wollte ich nicht mehr. Sie konnte es nicht fassen, daß ich darauf verzichtete, Seite an Seite mit ihr, die Staatsfeinde auf der Museumsinsel zu liquidieren. Aus irgend einem Grund fühlte sich Brigittchen mit mir besonders befreundet. Einst hatte ich ihr im Blauen Anton das Köpfchen gehalten. Einst waren wir die Linden entlangspaziert und sie hatte mich studientechnisch beraten: Du bist eine Schleimscheißerin erster Güte, sagte sie zu mir, wenn du einen von diesen mickrigen Professoren oder einen von der Instituts-Bourgeoisie auch nur von weitem siehst, bemachst du dich vor Untertänigkeit. Glaubst du im Ernst, daß du mit diesen Mätzchen deine Examina bestehen wirst? (Ja, das glaubte ich.) Wir standen unter dem Brandenburger Tor. Sie sagte: Ich war noch nie in West-Berlin. Ich verlockte sie: Du hast noch nie das sowjetische Ehrenmal besucht? Schande über dich! Sie war in einer Konfliktsituation. Sie faßte an den Mantelkragen, knipste das Parteiabzeichen ab und steckte es in die Tasche. Dann klammerte sie sich an meine Hand und betrat auf zittrigen Beinchen den morastigen Boden von West-Berlin. Brigittchen war nicht dumm. Aber sie konnte und konnte nicht begreifen, daß das intensive Studium von Marx-Engels-Lenin-Stalin nicht das kleine Einmaleins ersetzt und nicht die Rechtschreibefehler ausbügelt. (Jedenfalls damals noch nicht.) Sie war darauf angewiesen, daß jeder freundliche Vorübergehende ihr sagte, welches »das« nun mit ß geschrieben wird. Dabei war sie der garstigste Mensch, den ich je kennengelernt hatte. Einst sagte der Partei-Agitator zu einem Genossen: In unserem Kollektiv gibt es zwei Arschlöcher. Das eine ist Brigittchen und das andere bist du! Der so Gescholtene lachte lauthals mit allen andern mit. Nur Brigittchen lachte nicht, sie war nicht anwesend. Einst saß sie mit ihrer Mutter auf einer Bank im Park. Beide waren in Trauer. Sie rief mich an: Christa, komm, setz dich einen Augenblick zu uns. Ihre Stimme war kaum wiederzuerkennen, eine ganz gewöhnliche Menschenstimme. Ich zögerte und suchte nach einer Ausrede. Dann beschloß ich mich zu demütigen und nahm an ihrer Seite Platz. Wohin gehst du? fragte sie weiter mit dieser unnatürlich sanften Menschenstimme. Ich wollte eine Lüge gebrauchen. Aber dann beschloß ich mich weiterhin zu demütigen und sagte die Wahrheit: Ich gehe ins Krankenhaus, ich will meiner Mutti ein paar Sachen bringen. Was hat sie denn? fragte die friedliche Stimme. Ich zögerte einen Augenblick und beschloß mich nun auf den tiefsten Grund zu demütigen und sagte: Sie hat Krebs. Genau wie Pappi! sagte die Stimme. Dann plötzlich krallte sie ihre Finger in meinen Arm, ein blonder schwarzer Panther und kreischte mit ihrer üblichen Brigittchenstimme, so, als hätte sie mich beim Abhören des amerikanischen Senders erwischt: Du nimmst sie doch raus da! Du darfst sie nicht da drin lassen! Da quälen sie sie! Hörst du, was ich dir sage! Du allein kannst sie pflegen! Sie darf nicht im Krankenhaus sterben! Der Mensch muß in seinen vier Wänden sterben, das ist das einzige, was du ihr noch Gutes tun kannst. Versprich mir, daß du ihr das tust! Ich war unfähig zu antworten. Ich begriff: Ein Engel stellte sich mir in den Weg. Ich dachte: *Das schlimmste ist* der Augenblick, wo sie es erfahren muß. Der Engel las in mir und sagte: *Das schlimmste ist:* daß sie es nie erfahren dürfen. Man muß immer heucheln, bis auf den letzten Atemzug muß man so tun, als seien sie auf dem Wege zur Genesung. Der Engel, der die Züge des allverhaßten Brigittchens angenommen hatte, fragte: Ist sie schon operiert? Nein? Das ist gut. Das Operieren hilft nämlich nichts, es nimmt ihnen nur die letzte Kraft, die sie zum Sterben brauchen. Ich dachte bei mir: Dank dir, Engel, ich kenne jetzt meine Pflicht, aber im Letzten will ich dir nicht gehorchen. Ich will nichts unversucht lassen. Sie soll operiert werden, aber dann werde ich sie nach Hause nehmen und meine Kindespflicht erfüllen. Ich wußte, daß ich aus der Hölle errettet war. Ich fühlte mich leicht und froh, aber ich konnte den Engel nicht mehr ertragen. Ich muß jetzt gehen, sagte ich und stand auf. Sie erhob sich und sagte: »Wir geh'n jetzt auch.

Der, auf den wir gewartet haben, kommt nun nicht mehr.«

Spinne

Die Zartheit der Dame, die Robustheit des Herrn, sind Züchtungsergebnisse. In der Altsteinzeit hat man anders gezüchtet. Dazumal glichen die Weiber sowjetischen Gewichthebern und die Männer tschechoslowakischen Bodenturnerinnen. Da blieb denn den Herren der Schöpfung nichts anderes übrig, als das Volk der Dichter und Denker zu werden. Und Höhlen zu verzieren. Weiter war nichts für sie drin. Denn ein Weib, das in dem Bewußtsein lebt, dem Gros der Männer muskelmäßig überlegen zu sein, diskutiert nicht. Es gebraucht sein Mundwerk nur, um Schwaden von Unflat auszugießen. Differenzen werden behoben, indem die Gattin dem Gatten das Patschhändchen vor die

Brust schlägt. Er schweigt dann und spuckt Blut. Eines Tages hatte der Polier eine Meinungsverschiedenheit mit der Einreißkolonne. Er stieg in den ersten Stock hinauf, wo das Team der sechs Damen sich zu einer Beratung zusammengefunden hatte. Auf dem Weg vergaß er ganz, daß er ein rüder Bursche war. Als er dann anhub zu reden, hatte er das Meckern verlernt. Er brachte höflich und bescheiden seine Beanstandungen vor. Die zotenschleudernden Schandmäuler schwiegen. Die Damen waren sprachlos. Daß ein Polier es wagte, ihnen Vorhaltungen zu machen. Dann trat eine vor, ein kleines Pummelchen, ungefähr dieselbe Portion wie der Polier, nur etwas kürzer gewachsen. Sie drehte ihm Hemd und Jacke über der Brust mit einem Griff ihrer Wurstfinger zusammen und hob ihn einarmig über sich in die Luft. Dann ging sie zum Rand der Plattform (die Wände hatte die Einreißkolonne schon eingerissen), beugte sich hinab, ließ sich in die Knie nieder, vorsichtig, daß sie das Gleichgewicht nicht verlöre und stellte das zappelnde Mannsbündel ins Parterre auf den Boden. Es reichte nicht ganz. Aber er fiel auf die Füße und stand und starrte nach oben.

Tatsächlich waren diese Urweiber, die die Steinzeit überlebt hatten, echt weiblich mit Mengen von Männern und Kindern behaftet, mit Ausnahme der Kolonnenführerin Erika, dem stärksten menschlichen Wesen, das ich je am Werk gesehen habe. Auf einer modernen Olympiade hätte sie bestimmt nicht mitmischen dürfen. Vielleicht hätte sie dann ihre Medaillen auf der Männerseite erstritten. Wenn um Hilfe gerufen wurde, näherte sie sich uns mit fürchterlichen Flüchen. Dann schwieg sie und musterte uns, Männlein und Weiblein von oben bis unten. Jeden einzeln. Wenn sie damit fertig war, hob sie den T-Träger aus dem Schutt und schleuderte ihn erst einmal fünf Schritt weit von sich. Dann faßten wir an. Die gesamte Betriebsbelegschaft, Männlein und Weiblein am einen Ende des Trägers, sie, Erika, mutterseelenallein am anderen Ende. Sie war dürr wie eine Zaunlatte und nur einen Kopf größer als ich. An ihrem glatten Kinn zeigte sich kein Bartanflug. Das einzig Männliche an ihr war ihr Eisenbahneranzug (sie war zuvor Zugbegleiterin gewesen), den sie der Fama zufolge nachts im Bett nicht ablegte. Auch ihre Stimme war gewöhnlichstes Weibergekreische. Erika hatte die merkwürdige Eigenschaft, daß sie, anders als der Bürger, der die Gegenstände und Akte der Geschlechtssphäre mit harmlosen Wörtern zu umschreiben versucht, vielmehr alles und jedes und die alltäglichsten Betriebsangelegenheiten mit zotigen Ausdrücken umschrieb. Von morgens bis abends kreischte sie den russischen Mutterfluch, job twoju match! wohl an die hundertmal täglich. Einmal hatte sie schon sechsmal hintereinander geschrieen: Job twoju match! Job twoju match! Sie kam auf die Idee, sich übertreffen zu wollen und setzte an, den Fluch auf deutsch zu fluchen. Fick deine Mutter! wollte sie sagen. Aber sie kam nicht zurande. Die Stimme brach ihr weg.

In meiner Erinnerung erscheint sie mit ihrem weißbestaubten Eisenbahneranzug mitten in der Firma Häfner & Schön, Schaufensterpuppen und Zubehör. Ich brauche einige Zeit, um mich zu korrigieren, denn Erika gehört der Firma Otto Trebitz, Hochbau, Tiefbau an und das Weiß, mit dem sie besudelt ist, ist kalkweiß und nicht gipsweiß, außerdem gibt es bei Häfner & Schön keine Hermaphroditen, sondern nur die gnadenlose Geschlechterschlacht Mann gegen Weib. Ich habe einen schlimmeren Urhaß nicht erlebt. In diesem Kampf Männerpartei gegen Weiberpartei wurden sogar die Ehegatten der Beteiligten einbezogen, ohne daß sie von ihrer Schande wußten oder es je erfuhren. Was auch ein Mann der Weibspartei oder ein Weib der Mannspartei vorschmiß, er belegte es mit den bösen Erfahrungen, die er mit seinem Ehepartner gemacht hat. Von der Decke hingen und in den Regalen stapelten sich indes die nackten menschlichen Glieder, Arme, Köpfe, Brüste, Herrenunterteile, Damenunterteile mit angedeutetem Schoß, und vielleicht war es die Anhäufung gipsweißer oder schon rosa angespritzter nackter Körperteile, die die Belegschaft so in Wut und Hitze versetzte. Manchmal versöhnten sie sich in einem Scherz. Die Weiber fragten: Wer ist besser, Mann oder Weib? und dann buchstabierten sie: Mann – Hm, Ah, Hn, Hn! – Weib – Wh, Äh, I, Bh! Die Männer revanchierten sich und buchstabierten: Weib – Wilde, Ewig Interessante Bestie! – Mann – Müder Alberner Nichts-Nutz! Es galten nur zwei Faustregeln der Menschenkenntnis: »An der Neese des Mannes erkennt man den Johannes« und: »An dem Munde des Weibes erkennt man die Öffnung des Leibes.« Wie bei Homer trat manches Mal aus jeder der Parteien ein Held heraus, um sich im Zweikampf zu messen. Allerdings zogen sie sich dazu in eine Ecke zurück. Es wurden viele Lieder gesungen, die keinerlei Zoten enthielten:

Warum küssest du die Wangen deiner Braut?
Küß ihr doch den Hintern, das ist dieselbe Haut!

und ähnliches, wobei man es gerade darauf angelegt hatte, das Schlimmste zu vermeiden. Dieselben Spielregeln galten im täglichen Umgangston. Wenn es durch die Räume schallte: Komm her, du Arschloch, wo bleibst du, du Zicke! war Friede. Wenn es aber hieß: Frau Zieske, ich muß doch sehr bitten! Dann war dicke Luft.

Die Inder haben zwei Göttervölker, die Devas, das sind die guten Götter, die Asuras, das sind die bösen Götter. Die Feinde der Inder, die Perser, haben dieselben Göttervölker nur mit umgekehrten Vorzeichen, die Asura sind die guten und die Difs die bösen Götter. Bei den Germanen sind die Asen die Mannsgötter und die Disen die Weibsgötter. Wenn die Disen sich auf einem Hag versammeln, um ihre Tänze zu tanzen, heißen sie Hagedisen, das sind die Hexen. Die Betriebshexe von Häfner & Schön war Frau Zieske, sie wußte, daß sie eine Hexe war, und sie war stolz darauf. Wenn wir gekonnt hätten, hätten wir sie verbrannt oder doch wenigstens vertrieben. Aber sie war die Bestarbeiterin. Sie hätte uns Faulpelze alle ersetzen können und gemeinsam mit der Chefin den Laden alleine schmeißen. Die Chefin vergötterte sie. Sie wußte, was sie an ihr hatte. Eines Tages sagte sie zu mir: Kindchen, nehmen Sie ihre Sachen und setzen Sie sich neben Frau Zieske, von der können Sie viel lernen. Sobald die Chefin aus dem Fabrikraum verschwunden war, unterbrachen die Arbeiter ihre Arbeit und die Männer und Weiber ihren Trojanischen Krieg und versammelten sich um mich, um mir genaue Verhaltensmaßregeln zu geben, wie ich es neben der Teufelin aushalten sollte.

Frau Zieske erschien und nahm ihren Schemel ein. Ich stellte meinen Schemel daneben. Sie war mittelgroß, von dunkelbrauner Hautfarbe mit hellen grellen Äuglein, ihre Nase war penislang und verbreiterte sich zur Spitze zu wie eine umgestellte Pyramide. Daß sie einen Mund hatte, bemerkte man erst, wenn sie ihn aufmachte, um kluge Reden zu halten. Sie war das häßlichste Frauenzimmer, das je Glück bei Männern hatte. Vielmehr, die Männer wußten nicht, wie ihnen geschah. Einmal kam Frau Zieske empört aus der Trockenkammer, die heiß und duster war wie ein Backofen. Ein Kollege hatte sie angetatscht. Ich erstaunte erst und begriff dann: Sie nahm übel, daß *er* es gewagt hatte, anzugreifen und nicht ihre Initiative abgewartet. Frau Zieskes Lieblingsbuch war Tolstois ›Kreutzersonate‹: Das ist gelebtes Leben, pflegte sie zu sagen, so habe ich es selbst bitterlich erfahren. Ich wollte gern dahinterkommen, was Frau Zieske erfahren hatte, und las die ›Kreutzersonate‹ auch. Als weiteres schätzte sie ›Die weißen Rosen von Ravensburg‹. Dieses Buch legte sie mir besonders ans Herz, das solle ich unbedingt lesen, denn darin käme ein Mann vor, der die Frauen »hyptonosiert«.

Nach einigem Nachdenken schenkte ich ihr Mérimées ›Carmen‹. Sie fühlte sich von mir durchschaut und reagierte tief geschmeichelt. Ich war stolz, daß ich die Bestie gezähmt hatte und daß ein Menschenkind, vor dem alle zitterten, mir freundschaftlich entgegenkam. Wir saßen und bearbeiteten unsere Puppenarme, daß der Staub in Wolken aufflog, dabei plauderten wir (Thema Mann) und waren guter Dinge. Die Chefin ging vorbei: »Wie steht's?« Frau Zieske unterbrach ihre Arbeit, nahm einen Puppenarm, den ich als erledigt beiseite getan hatte und sagte: »Sehen Sie sich das mal an, das ist doch keine Arbeit, hier, die Naht, die ist nicht richtig gespachtelt, und hier, hier ist eine Fläche eingeschliffen. Wie gemein wird das aussehen, wenn es erst gespritzt ist!« Sie nahm einen Arm nach dem anderen und zeigte meine Pfuscharbeit vor. Ich war sprachlos.

Mit einer Spinne hatte unsere Freundschaft begonnen, mit einer Spinne endete sie. Einst hatten wir uns gestanden, wie wir Spinnen haßten und uns vor Spinnen ekelten und sie fürchteten. Wir versicherten uns gegenseitig, daß wir tot umfallen würden, wenn je eine Spinne es wagen sollte, auch nur über einen von unseren Holzpantinen zu krabbeln. Tagelang sann ich auf Rache. Ich wurde in den Flur hinunterkommandiert, einen Lastwagen zu entladen. Zwischen den Kisten entdeckte ich eine gräßliche Spinne, groß, dick, behaart, mit acht Beinen hetzte sie durch die Gegend. Meine Haare sträubten sich, ich wich zurück. Dann fiel mir ein, Frau Zieske saß nicht an ihrem Platz. Ich hatte sie fortgehen sehen. Ich raffte mich zusammen wie vor einem schwindelnden Abgrund. Ich trachtete nicht danach, meinen Körper, der sich automatisch schüttelte, zu beruhigen, sondern verlegte meine ganze Bewußtseinskraft in die Hand. Jetzt war meine Hand ruhig. Ich griff zu. Am äußersten, dünnsten Teil der Spinne, an einem ihrer Beine, hielt ich sie gepackt und rannte wie mit einem brennenden Streichholz an den Fingerkuppen die Treppen hinauf. An unserem großen Tisch angekommen, klebte ich die Spinne mit einem Bällchen Spachtelmasse auf der Platte fest. Sie hing nun mit einem Bein in der Klebmasse und ich achtete einen Augenblick darauf, ob sie sich freireißen könne. Der Anblick des kämpfenden Ungeheuers war noch viel erschrecklicher als zuvor, da sie friedlich ihren Geschäften nachgegangen war. Ein Schauder nach dem anderen überlief mich. Ich mußte machen, daß ich davonkam. Allmählich beruhigte ich mich, und stapelte meine Kisten. Es verging eine so lange Zeit, daß ich schon dachte, der Streich wäre mißglückt und meine grauenhafte Selbstüberwindung sei ein vergebliches Opfer gewesen. Dann ertönte ein seltsames Geräusch wie ich es noch nie gehört hatte. Ein Ton wie Zischen, Pfeifen und Heulen zugleich. Ich selbst mußte nachdenken, ob es denn das sei, worauf ich die ganze Zeit gewartet hatte. Die Männer ließen die Kisten los und wir standen alle da und lauschten. Was ist denn das? Was ist denn! schrien sie ratlos und rührten sich nicht. Ich begann leise zu kichern. Wir gingen hinauf. Die Leute hatten sich um Frau Zieske versammelt. Wir umgaben sie mit einem dichten Ring von Menschenleibern und sahen sie an. Sie schrie und deutete mit dem Arm. Da sah man auf dem Tisch ein winziges Tierlein, das mit einem seiner Beinchen festhing und eben, wie Tierlein tun, vor sich hinzappelte. Einer fing an zu lachen, dann begann ein Heulen, Schreien, Grölen, Jubeln. Als Frau Zieske artikulieren konnte, weinte sie: Bitte, bitte, macht die Spinne weg! Die Kollegen weigerten sich, keiner tat ihr die Liebe an. Als alles ruhiger geworden war und man sogar Reden wechseln konnte, sagte ich: Von mir können Sie das nicht verlangen, Sie wissen, wie ich mich vor Spinnen fürchte. Männer und Weiber schrien: Wer das getan hat, der soll leben. Hoch soll er leben! Hoch soll er leben! Dreimal hoch! Dreimal im Jahr soll er Geburtstag haben, so sangen und so schrien sie. Dann kam der Former. Ein ehemaliger Offizier und Preisboxer, ein so schöner und autoritärer Mann, daß er außer jeglichem Verdacht stand: zum ersten, je in die Netze der Frau Zieske geraten zu sein und zum anderen, sich den albernen Scherz mit der Spinne erlaubt zu haben. Er entfernte das Tier. Ich war achtsam genug, meinem Triumph nicht die Spitze aufzusetzen. Ich ließ es auf sich beruhen, wem der Betrieb diesen Freudentag verdankte.

Weißer Dreck, ich wiederhole es, ist schlimmer als schwarzer Dreck. Eines Tages mußte Frau Zieske einen Puppenarm nehmen und ihn ins Büro tragen, dort sollte sie ihn irgendwelchen Gästen vorschleifen. Wir sahen uns bedeutungsvoll an. Das Büro würde ein Jahr lang weiß abfärben. Niemand hätte es restlos von dem Gipsstaub befreien können, den Frau Zieske dort fliegen ließ. Von wegen! Sie stoppen den Akkord. Akkord ist Mord und Frau Zieske wird wissen, wie sie uns Zeiten auferlegen kann. Frau Zieske kam zurück und schwieg sich aus. Ich war Mitglied der Betriebsgewerkschaftsleitung und kassierte jeden Monat die Kollegen ab. Ich war sehr pflichtbewußt und hielt die Leute an, ihre Bücher in Ordnung zu halten. Nur mein eigenes Buch hatte empfindliche Lücken. Ich war über ein Jahr mit Beitrag im Rückstand. Es bedeutete einen schweren Eingriff in mein Vermögen, das alles binnen weniger Tage nachzukleben. Ich ging Unter den Linden in irgendeinen Marmorpalast und verlangte sehnlichst danach, Mitglied der deutsch-sowjetischen Freundschaft zu werden. Dann rief ich die Betriebsgewerkschaftsleitung zusammen und eröffnete ihr: daß ich die Absicht hatte, zu studieren und daß sie mich zu diesem Zweck an die Arbeiter- und Bauernfakultät delegieren müßten. Einen Augenblick waren sie perplex. Dann strahlte einer nach dem anderen auf. Sie würden eine Studentin aus ihrer Mitte erwählen! Und ich hatte gezittert, daß sie mich lynchen würden. Zum Abschied gaben sie mir Ratschläge: Und wenn Sie mit der Politik kommen, mußt du immer sagen: Ich versteh nichts davon, ich bin zu dämlich, und tritt nicht in die Partei ein, und bleib ein guter Mensch! Und schade, daß du jetzt von uns wegwillst, wo es doch in Kürze höhere Löhne geben wird. Es kamen aber keine höheren Löhne. Es kam der Akkord.

Bratkartoffeln

Ich habe 2 Eltern, 4 Großeltern, 8 Urgroßeltern. Das ist eine arithmetische Reihe. Nach dieser Reihe beträgt die Zahl meiner Vorfahren

um 1810 genau 16 Ahnen
um 1690 dann 256
um 1570 4 Tausend 96
um 1480 32 Tausend 768
um 1390 262 Tausend 144
um 1270 4 Millionen 184 Tausend 304
um 1180 33 Millionen 474 Tausend 432
um 1090 267 Millionen 795 Tausend 456,

das ist die gesamte Bevölkerung der damaligen Erde. Darunter sind die Kaiser

Heinrich IV., Alexios I. Komnenos, Hui Tsung,

die Könige

Philipp I. von Frankreich, Knut der Heilige von Dänemark,

Magnus Barfuß von Schweden, Jayavarman VI. von Khmer,

die Edlen

Robert von der Normandie, Gottfried von Bouillon, Balduin von Flandern, Raimund von Toulouse, Harsha und Utkarsha von Kashmir, Surapala und Ramapala von Bengalen,

die Weisen

Saemund auf Island, Sung Tung Po, Milarepa, Al Gazali,

ferner

das Kreuzfahrerheer, die Jomsburg-Wikinger, die Almaraviden,

nun ja, die Masse der 267 Millionen Namen kann sich selbst der ehrerbietigste Urenkel nicht merken.

Eines Tages erwies ich mich meiner erlauchten Ahnen würdig und übte Großmut gegen den wehrlosen Feind. Es war in der Berufsschule und wir sollten eigentlich Bürokunde haben und lernen, wie man Zahlkarten ausfüllt. Aber die Lehrerin war krank und die Rektorin kam, sie zu vertreten. Die Gestrenge erschien und improvisierte eine Unterrichtsstunde, indem sie ihr geistiges Handgepäck vor uns ausbreitete. Sie entwarf mit bewegter Stimme ein Bild der politischen Weltlage, die Engländer hatten wieder einmal, wie das in ihrem Chromosomensatz verankert ist, einen Krieg vom Zaune gebrochen. Aber diesmal hatten sie Pech gehabt. Die Völker zerrten an den blau-weiß-roten Ketten, die den Erdball umspannten, und drohten sie zu zerreißen. Selbst die ausgemergelten opiumverseuchten Rikschakulis schickten sich an, das Joch jahrhundertelanger Knechtschaft von sich abzuwerfen. Meine Phantasie arbeitete sich langsam ein. Ich sah Rolf Torring, Jörn Farrow und den Neger Pongo auf dem Kriegspfad, von der anderen Seite näherten sich Old Shatterhand und Winnetou. Der spitzhütige Pi-Pa-Po aus Hongkong zerbrach seine Opiumpfeife. Die Völker hatten sich erhoben, um das wackere deutsche Volk geschart, standen sie gegen den Todfeind der Menschheit auf: England! Vor meinem inneren Auge erschien eine schwarz-weiß-rote Glucke von Küchlein umdrängt. Die friedlichen Inder – Sie riß ihre Aktentasche auf und brachte einen Völkischen Beobachter zu Tage. Sie las, was da täglich in einer Extra-Zeile lapidar herausgehoben stand: »Gandhi hungert den 108 Tag!« Und das alles, weil die Engländer eine minderwertige Rasse sind, von brennender Geldgier geplagt, Dichter und Denker gibt es bei denen nicht. Es gibt keinen großen Engländer. »Oder hat vielleicht einer von euch was von einem großen Engländer gehört!« Ich verstand nichts von rhetorischen Fragen und meldete mich. Sie dachte wohl, ich müsse austreten und nickte gnädig. Ich stand auf und sagte: »Oliver Cromwell.« Sie verstand erst gar nicht, was das soll. Dann gab sie mir kontra: Oliver Cromwell, nein, das ist kein großer Mann, er war ein Usurpator, der das Volk unterjochte und gegen die Iren einen blutigen Raubkrieg führte, ein typischer Engländer, so wie sie in unserer Zeit das KZ erfunden haben, um darin die Burenkinder verhungern zu lassen. Ich antwortete: Dann Lord Biehron. Sie rätselte eine Weile herum und sagte: Ach, du meinst Lord Bairn. Nein, das ist ein Zeuge für meine Worte. Er hat die Engländer gehaßt und sich von ihnen losgesagt. Lord Byron war ein großer Europäer! Ich setzte mich hin und war ganz verzweifelt. Plötzlich schnellte ich hoch und rief in den schon wieder beginnenden Unterricht: S-hakes-pe-are! In der Klasse wurde es mäuschenstill. Die Rektorin sagte: Schäkspiehr, ja, da hast du recht. Das ist ein großer Engländer. Aber es ist der einzige. Sie haben nur den einen, wir aber haben viele.

Gewöhnlich ging ich in der Pause allein und latschte hinter den anderen her. Sobald es nun aber klingelte, war ich von den Schülerinnen umringt. Eine griff mich gleich beim Arm und hakte sich bei mir ein. Vielleicht hatte sie sich überhaupt nicht meinen Namen gemerkt, aber nun offenbarte sie mir ihr Geheimnis: Ich studiere das Gretchen. Ich hatte auch schon »den Faust im Tornister« und fragte: Wird sie nun ehrlich wahnsinnig oder tut sie nur so. Sie sagte: Es ist eine problematische Rolle. An meinem Ohr hörte ich eine Stimme. Eine andere Künstlerin war am Werke und sagte ein Gedicht auf. Ich wußte, es war ein großer Augenblick, den durfte ich nicht verschenken. Ich achtete auf jedes Wort und ich verstand jedes Wort. Aber einen Sinn konnte ich nicht hineinbringen. Fein, sagte ich, ist das von Schiller oder von Goethe? – Von Mörike, wisperte es. Ich konzentrierte mich: Dichter Mörike, es gibt einen Dichter Mörike. Ich ging in die Betriebsbücherei. Dort waltete Fräulein Senf, an die neunzig. Geben Sie mir etwas von Schäkspiehr, sagte ich. Was? fragte sie. Irgend etwas, sagte ich. Ich ging ins Theater. Als der Vorhang aufging, kam es eiskalt herauf. Dann fing das Reden an. Ich hielt es aus, ohne mich zu rühren, ohne einzuschlafen. Ich habe auch später niemals in Theatersesseln einschlafen können. Das war mein erster ›Hamlet‹.

Eines Abends kam Oliver Cromwell aus der Berufsschule und

maulte. Jetzt sollen wir auch noch Gedichte machen. Jeder hat ein Los gezogen mit einem Namen, die soll er dann bedichten und muß ein für die beschenkte Person typisches Scherzgedicht machen. Wie find ich das? Mutti versuchte mich zu trösten: Das kann doch so schwer nicht sein. Deine Großmutter hat Gedichte gemacht und ich, als ich noch Dienstmädchen war, habe Gedichte gemacht. Jeder Mensch, der etwas auf sich hielt, hat damals Gedichte gemacht. – Ja, ihr auf dem Lande, schmähte ich, und du mit deinen Büchern. Tolstoi und Dostikowski. Die Zeiten sind vorbei. Stenografie und Schreibmaschine, das ist die wahre Kunst. Mutti ließ sich die Fakten geben, und ohne nur im Abwaschen innezuhalten, lieferte sie mir das Gedicht. Ich trocknete ab und zwischendurch schrieb ich es auf. Dann sagte sie: Eines Tages wirst auch du meine Bücher lesen und dann wirst du mir dankbar sein.

Tatsächlich war es mit der Kunst der Stenografie und Schreibmaschine bei mir nicht weit her und ich würde mir vielleicht wieder eine neue Lehrstelle suchen müssen. Vielleicht würde ich gar keine mehr kriegen. Ich war schon zu oft gescheitert. Damals gab es das Wort Legastheniker noch nicht. Ich war eben faul und unaufmerksam. Dreimal habe ich meine Lehrer in Angst und Schrecken versetzt, einmal als ABC-Schütze beim Lesen- und Schreibenlernen, das zweite Mal in der Berufsschule eben bei Stenografie und Schreibmaschine und das dritte Mal beim russischen Staatsexamen. Ich war als erste erschienen und die Prüfer wollten mich gleich drannehmen. Ich hätte mich weigern können. Aber die Lehrerin sagte: Na, wir werden doch nicht gleich den ersten schlachten. Ich ließ mich in die Klausur schicken. Dann wurde ich geprüft. Meine Übersetzung war fehlerfrei, ich konnte mich auf russisch unterhalten, ich beantwortete grammatikalische Fragen. Dann reichte mir der Prüfer einen Zettel mit einem Text, den ich abzulesen hatte. Ich blickte meine Lehrerin an und sah, daß sie sich mit der Hand am Tisch festkrampfte. Ich erstaunte über meine Bierruhe. Ich begann zu lesen: »Mmm-t-w-h-j-nt-w-m.« Man hat mich allen Ernstes eine ganze zu unterbrechen. Dann geschah nichts. Es war, als hätte ich gar unterbrechen. Dann geschah nichts. Es war, als hätte ich gar nicht gelesen. Ich bekam als Note im russischen Staatsexamen eine 2. Damals gab es unter den Studenten eine kleine Revolte. Man fühlte sich zu hart angefaßt, die Einser hatten zweien bekommen, die Zweier dreien. Die Rädelsführer fragten jeden, der seine Note erhalten hat. Über jede Note, die bekannt wurde, gab es kollektives Ach- und Weh-Geschrei. Ich verdrückte mich. Wenn der Ruf erschollen wäre, die Reinig, die Reinig hat 'ne zwei, die mit ihrem Lesen! Es hätte einen Aufstand gegeben.

Meine schmerzlichste Lernerfahrung war das Maschinenschreiben. Wir bekamen einen Deckel über die Hände und dann ging's los: Sicherheitsschreiben. Ein Satz mußte drei- bis viermal untereinandergeschrieben werden, das war eine Gruppe. Nur die Gruppen zählten. Sobald man sich vertippte, mußte man den Wagen nach rechts werfen und eine neue Gruppe beginnen. Ich habe nicht eine Gruppe zustandegebracht, nicht einmal eine Reihe. Meine Note auf dem Zeugnis war eine sechs. Ich selbst gewann damals den Eindruck, daß ein böser Dämon in mir hauste, der unabhängig von meinem Willen meine Finger bewegte. Beim Handschriftlichen konnte ich jedes Wort und jeden Buchstaben im Nachhinein verbessern, aus den n und m ein j oder ein h machen, umgekehrt aus den h und k die i und e, das war viel schwieriger. Das waren eben Verschreiber. Nun aber spürte ich die andere Kraft in mir arbeiten. Es galt ein f anzuschlagen und ich wußte doch, daß ich den linken Zeigefinger zu bewegen hatte. Da bewegte sich der rechte Mittelfinger, ging nach oben und schlug ein o an. Es war eine Lotterie ohne Gewinnchancen. Alle Finger setzten sich in Bewegung, nur der Finger, unter dem der richtige Buchstabe saß, versagte.

Wir waren wohl ein Dutzend Lehrlinge, die zweimal wöchentlich aus der Berufsschule in die Kantine kamen. Eines Tages gab es für unseren Betrieb als besondere Auszeichnung für Leistungen im Großen Europäischen Freiheitskampf, eine Dr.-Goebbels-Spende. Kurzum, es sollte etwas Unerhörtes zu essen geben. Ich hatte schon davon läuten hören, mir aber nicht den Kopf darüber zerbrochen. Einmal hatte ich in der Kantine des Reichsernährungsministeriums gegessen. Da gab es Spaghetti mit einer rosanen Tomatensoße und dazu ein Glas Apfelsaft. Das war das feudalste, was ich je gespeist hatte und ich genoß es »an der Quelle« zu sitzen. Die Grundnahrung bestand aus einer grauen Suppe mit einigen rötlichen Trümmern drin, von denen die Optimisten behaupteten, das seien Fleischfasern, die Pessimisten bestanden auf Rüben. Die Ernährungshöhepunkte waren saurer Hering und Pellkartoffeln oder Rote Beete und Quetschkartoffeln. Da wir ein wehrwirtschaftlich wichtiger Betrieb waren, gab es viele Höhepunkte. Wir betraten die Kantine und schnupperten. Zum ersten Mal in meinem Leben roch ich Bohnenkaffee, der Geruch beeindruckte mich nicht, auch als ich den Kaffee gekostet hatte, konnte ich mir nicht erklären, warum die Erwachsenen bereit waren, für einen Schluck von so was auf den Schwarzen Markt zu gehen und sich dann einsperren zu lassen. Ich trank aber sehr viele Tassen von diesem bitteren Saft, denn es galt die Bratkartoffeln herunterzuspülen. Das war das Ereignis: Bratkartoffeln, schwimmend in Fett mit Bohnenkaffee. Es begann ein irrsinniges Fressen. Man konnte sich Nachschlag holen, sooft man wollte, der Berg war unerschöpflich und wir Lehrlinge kamen als Letzte und hatten die ganze Kantine mitsamt den Bratkartoffeln für uns. Das Fressen endete damit, daß wir uns nicht mehr von den Stühlen erheben und Nachschlag holen konnten. Wir fielen nach vorn auf die Tischplatten. Ich kann mich aber nicht mehr erinnern, daß ich das oft so vergeblich angestrebte Gefühl des Sattseins genossen hätte. Vielleicht war ich schon nach den ersten zehn Happen satt. Ich erinnere mich nur, daß ich außer meinem Mundwerk kein Glied mehr rühren konnte.

Gewöhnlich eilten wir uns nicht, in unsere Abteilungen zu kommen, nun aber, nach dieser Speise, war es ganz und gar unmöglich an die Arbeit zu gehen. Wir wälzten uns faul herum und schwafelten. Das Thema waren die Gedichte, die wir für den Julklapp anfertigen sollten. Es war uns aufgetragen, diese Dinge geheim zu halten und den Namen der Schulkameradin sowie das Geschenk und das Gedicht, das man ihr zudachte, nicht vorzeitig zu verraten. Jetzt saßen die Lehrlinge in der Kantine und erzählten sich ihre Sorgen, ich habe die und die, was soll ich denn da dichten, und wie soll ich das Dichten überhaupt anstellen? Ich beteiligte mich zunächst nicht an dem Gespräch, vielmehr war ich moralisch entrüstet, daß diese Geheimnisse hier so ausgepackt wurden. Hatte ich mir doch ein Gewissen gemacht, meiner Mutter, einer Außenstehenden, diese Probleme vorzutragen.

Ein Mädchen, das seine afrikanischen Rassemerkmale durch unentwegtes Tragen der Hitler-Uniform kompensierte, war besonders aufmüpfig. Ich hatte mich nach dem siegreichen Zweikampf mit der Rektorin ganz schön hochkrakeelt und fiel sie nun an: Ich weiß nicht, Mohrchen, was du zu meckern hast, wenn ich deine gehabt hätte, da wäre ich glücklich und zufrieden gewesen. Meine war viel schwerer zu bedichten. Mohrchen staunte: Willst du damit sagen, daß du dein Gedicht schon fertig hast? Ich war so kaffeeberauscht, daß ich keinen Gedanken daran verschwendete, von wem »mein Gedicht« eigentlich war. Na, und ob, prahlte ich. Zwölf Lehrlinge, oder wieviel damals um den großen Tisch herumsaßen, rissen die Mäuler auf und stöhnten: Määäännsch! Mohrchen sagte: Na, bitte, ich schenk dir meine. – Na, danke, sagte ich, und zum Erstaunen aller, einschließlich meiner selbst, tat ich, wie Mutti am Abwaschtisch getan hatte. Ich machte ein Gedicht. Mohrchen war außer sich. Zum Zeichen, daß sie, wenn sie gekonnt hätte, aufgesprungen und vor Freude getanzt hätte, hob sie die Handflächen von der Tischplatte hoch. Nun schrien die anderen los: Ich habe die und die, mach doch auch für meine ein Gedicht. Ich nahm einen Zettel 'raus und schrieb mir die Namen auf, damit ich nicht durcheinanderkäme und schmiedete kurz vor Feierabend noch ein paar Reime. Tatsächlich sind wir an diesem Nachmittag nicht mehr an unseren Arbeitsplätzen erschienen.

Es kam dann so, daß ich für alle Lehrlinge die Gedichte machen mußte. Ich tat es, obwohl der Kaffeerausch verflogen war. Mir schienen sie dann nicht mehr so gut. Aber die Lehrkameradinnen waren hoch zufrieden. Die Sache sprach sich herum. Eines Tages mußte ich meine Lehrlingsmappe unter den Arm nehmen und im Sekretariat des Generaldirektors erscheinen. Ich kam aus dem finsteren Eck der Vertriebsabteilung, wo die Spreu des Betriebes saß, die Parteigenossen mit den goldenen Parteiabzeichen und den dreistelligen Mitgliedsnummern, die zu nichts zu gebrauchen waren, daneben die »Kommunisten«, die christlichen Sektierer, die Freudianer und Astrologen und die Lehrmädchen ohne Zukunft. Ich mußte von hoch oben heruntersteigen, um an die Marmortreppen des ersten Stockwerks heranzukommen, als ich den roten Teppich betrat, wurde mir übel vor Angst. Dann öffnete ich eine Tür, die kein Geräusch machte und befand mich im großen Glaskasten, eine zweite stumme Tür, ich war im Sekretariat. Die Sekretärin des Generaldirektors, gewissermaßen die Generalsekretärin, blätterte meine Mappe durch, besah sich die schwachsinnige Handschrift mit den unentwegten Verbesserungen. Ja, sagte sie, und in Schreibmaschine haben Sie eine sechs.

Es wurde mir auferlegt, jeden Abend nach Schlußklingeln, wenn alles aus dem Hause rannte, im Sekretariat zu erscheinen, jeden Abend auf den roten Teppich zu treten, sich zusammenzukrampfen, durch die stummen Türen zu gehen und noch stundenlang, solange die Sekretärin Überstunden machte, auf einer Sekretärinnen-Schreibmaschine – nein, nicht zu hämmern. Die Maschine war riesengroß und wenn man drauftippte, war sie gummigefedert, es machte ein wenig »plopp!«. Ich bekam zum

Schreiben ein gelbes Papier von solcher Eleganz, daß ich mich meiner Fehler erst recht schämte. Aber das war wohl kein pädagogischer Trick. Wahrscheinlich hatten sie kein anderes Papier im Generalsekretariat. Der Text, den ich zu schreiben hatte, war mir altvertraut. Es waren die berlinischen Lokalsagen aus dem Schullesebuch. Ich schrieb sie aus einem Ordner mit einem handschriftlichen Manuskript ab. Wahrscheinlich wollte hier jemand ein Buch herausgeben. Da war die Geschichte von den drei Brüdern mit den drei Eichen. Die Brüder waren zum Tode verurteilt und zum Gottesgericht begnadigt worden. Sie mußten die drei Eichen mit der Krone nach unten und der Wurzel nach oben einpflanzen. Siehe! Die Eichen wuchsen an und gediehen zum Zeichen, daß die Brüder unschuldig waren. Dann das Schloßgespenst von Tegel, die Weiße Frau vom Berliner Schloß, die immer kam, wenn ein Hohenzoller sterben mußte. Dann der Uhrmacher der Parochialkirche. Er hatte das Glockenspiel gebaut, und damit er nicht in einer anderen Stadt ein ebenso schönes Glockenspiel baute, hatten ihm die Berliner die Augen ausgestochen. Die Geschichte vom Neidkopf und von den 99 Schafsköpfen. Die Geschichte vom Probst, der von den Marktweibern vor dem Tor der Marienkirche erschlagen wurde, weswegen noch heute ein Sühnekreuz vor dem Kirchenportal steht. Das merkwürdige war, daß diese Dinge, indem ich sie in die Maschine tippte, aus meinem Gedächtnis verschwanden, aus dem ich sie soeben wieder mühselig hervorziehen muß. Der Text wurde ausgelöscht und allmählich kamen die Lettern dahin, wo sie zu sitzen hatten. Der Dämon resignierte und ließ mich frei.

Übrigens habe ich dann tatsächlich ein richtiges, echtes Gedicht gemacht, mit meinem Herzblut geschrieben und ohne Reime, denn ich bekam bald heraus, daß das vornehmer ist. Es war eine Ode mit der Überschrift:

»Für Dich! Mathematik!«

Ich hatte nämlich zeitlebens eine unglückliche Liebe zur Mathematik.

Die graue Vase

Der Komet Kohutek zieht über unsere Häupter hinweg. Die schrecklichsten Dinge geschehen. Sturmfluten toben, reißen Erdschollen aus den Kontinenten. Menschen ertrinken, erfrieren. Überall, wo Krieg ist, wird mehr als sonst geschossen. Überall, wo kein Krieg ist, wird gleichfalls geschossen. Flugzeuge stürzen vom Himmel und wenn sie oben bleiben, werden sie entführt und landen, wo sie nicht landen sollen. Retter der Menschheit werfen in philosophischem Gleichmut ihre Bomben auf Arbeitsleute und Diktatoren zugleich. An all dem ist aber nicht der Komet schuld, sondern meine Langeweile. Angenommen, ich wäre mit irgend etwas ernsthaft beschäftigt, dann würde ich von all den schrecklichen Dingen gar nichts wissen. Ich kann mich nämlich genau erinnern, was mich Anfang November 1941 beschäftigt hat und zwar so ausschließlich, daß ich es bis heute nicht vergessen habe. Manchmal erstaune ich, was anderen Leuten einfällt, wenn sie etwas über das Jahr 1941 berichten sollen. Mir fällt dies ein:

Es ist Abend. Ich stehe mitten in der Arbeit still und betrachte entsetzt meine blutbefleckte Hand. Ich blicke mich um und sehe, daß ich im Binderaum allein bin. Schnell spüle ich das Blut unter der Leitung ab, entzünde eine der roten Kerzen, die wir für den Keller brauchen, und tröpfele rote Flecken auf meine Hand. Dann kam schon jemand herein. Ich griff mir eine Vase und die Kellerschlüssel und ging mit der brennenden Kerze über den Hof. Ich schloß den Keller ab. Niemand sollte ihn nach mir betreten. Mit Edith, dem anderen Lehrmädchen, hänge ich das Gitter vor die Ladentür. Das ist der Augenblick des Tages, an dem wir fröhlich werden und Späße treiben. Länger als nötig halten wir uns damit auf, strecken die Hände durch die Gitterstäbe, spielen Raubtiere oder eingesperrte Verbrecher. Heute bin ich ein richtiger Verbrecher, sage ich, an meiner Hand klebt Blut, Menschenblut. Ich kratze vor ihren Augen die Stearinflecken ab. Sie lacht. Ich hab's schon vorhin gesehen, sagt sie, ich dachte wahrhaftig, es wäre Blut und du hättest dich geschnitten.

Auf dem Heimweg schenkte mir Edith eine Kinokarte. Der Film hieß: ›Immer nur Du‹. Johannes Heesters spielte und sang. Edith liebte ihn mehr als die Offiziere, die in unserem Laden Blumen kauften. Sie wollte auch mich zu ihm bekehren. Denn ich hatte mein Leben dem Will Quadflieg geweiht. Den hatte ich als Winnetou auf einer richtigen Theaterbühne gesehen. Aber er konnte nicht singen. Es war das erste Mal, daß ich im Kino nicht das magische Licht sah, sondern die trostlose Dunkelheit. Der Zufall hatte es gefügt, daß es mir aufgetragen war, morgen als erste den Dienst zu beginnen und den Laden aufzuschließen. Ich hielt die rettenden Schlüssel in meiner Hand.

Von Zeit zu Zeit machte ich den Versuch, mich auf den Film zu konzentrieren. Auf der Leinwand zuckten Schatten hin und her und wenn ich mein Unglück vergaß, wurden Menschen daraus, lustige Menschen. Ich lachte mit ihnen und erschrak. Um mich herum war es wieder finster und die albernen Schatten hampelten. Ich glaubte, ich hätte nie weniger mitbekommen bei irgend einem Film. Später stellte ich fest, daß ich alle Schlagertexte von der ersten bis zur letzten Zeile im Kopf hatte wie mit dem Eisen eingebrannt. In dieser Nacht träumte ich, es sei alles irgendwie in Ordnung gekommen. Ich wachte auf und entsetzte mich, als ich erkannte, daß ich nur geträumt hatte und der Tag noch zu überstehen war. Ich schlief ein und träumte einen anderen Traum und wieder war alles gutgegangen und ich erwachte und entsetzte mich abermals. Das geschah bis in den grauenden Morgen. An jedem anderen Morgen hätte ich behauptet, ich sei schwer krank, wäre im Bett geblieben und allen Übeln entgangen. Aber gerade heute konnte ich mich so nicht retten. Es lag alles daran, daß ich den einzigen glücklichen Zufall in dieser Schrecknis ausnutzte und mit den Schlüsseln als erste im Laden war.

Ich schloß den Laden auf, drehte die Lampe über dem Bindetisch an, indem ich die Birne einschraubte, bekam den üblichen elektrischen Schlag, der mir, als jüngstem Lehrling nach der hierarchischen Ordnung zustand. Denn Licht an- und auszumachen war stets meine Aufgabe. Kein anderer faßte die Lampe an. Auf dem Hof war es dunkel. Die schrecklichen vier Fenster im zweiten Stock (der Wohnung der Chefin) waren schwarze Höhlen. Trotzdem fühlte ich mich von diesen Fenstern her beobachtet. Aber ich mußte es darauf ankommen lassen. Ich schloß den Keller auf, brachte »alles in Ordnung«, schloß wieder zu, und die schlimmste Angst war vergangen. Ich hatte eher Lampenfieber. Es konnte losgehen. Fräulein Graichen, die Binderin, kam aus der Blumenhalle und packte die Ware aus. Edith kam, und wir hängten das halbhohe, pfeilspitzenbewehrte Gitter aus der Tür. Die ersten Kunden wurden bedient. Frau Hedwig Denecke, Chefin und Besitzerin der Blumenhandlung Tuberose, erschien. Vielmehr, sie trat auf, Hauptdarstellerin unseres täglichen kleinen Theaters und heute in einer Rolle, die sie selbst noch nicht kannte. Die Spieler waren versammelt. Die Frühstückspause wurde wieder einmal verschoben, solange, bis sie mit der Mittagspause in eins zusammenfiel. Edith war im Laden und bediente. Das paßte mir heute gar nicht in den Kram. Die Graichen hatte schon dreimal gerufen: Die Rosen aus dem Keller! Die

Rosen sollte nach meiner Berechnung heute Edith holen. Aber nun mußte ich gehen. Ich kam zurück: Augenblick, der Keller ist noch zu! Ich suchte den Schlüssel so umständlich, bis es alle mitgekriegt hatten, daß ich den Schlüssel suchte. Ich schloß den Keller auf, tat, als ob ich hineinschaute, ich wußte ja, was es zu sehen gab, und wollte, bleich und schlotternd, in den Laden zurück. Da wurde es echt. Ich sah ein weißes Flimmern vor den Augen und schlotterte leibhaftig. Ich stammelte: Fräulein Graichen, würden Sie bitte mit in den Keller kommen. Es ist etwas geschehen. Ich habe den Keller nicht betreten. Sie sah mich an mit demselben Blick, den Sibylle Schmitz in dem Film ›Tanz auf dem Vulkan‹ von oben nach unten auf eine lästige Bittstellerin fallen läßt, die ihr zu Füßen liegt. Nur daß Sibylle einmal so blickte, unser Fräulein Graichen aber unentwegt. Vielleicht konnte sie nichts dafür und es war ein Geburtsfehler. Sie rannte keinesfalls, nein, sie eilte in den Keller. Weiß wie die Wand kam sie in den Binderaum gewankt. Frau Denecke! flüsterte sie in halbabgerissenen Worten, würden Sie bitte mit in den Keller kommen, es ist etwas Schreckliches geschehen. Die Chefin stieß einen wütenden Schnaufer aus und feuerte den Strauß, den sie gerade gebunden hatte, auf den Bindetisch. Dann sah sie die Graichen und mich, wie wir so belämmert herumstanden. Ihr Gesicht ging an wie ein Ofen, den man mit Schwarzpulver gefüttert hatte. Gleich würde sie uns ins Gesicht springen. Sie rannte voraus in den Keller. Wir hörten einen heulenden Schrei. Edith kam aus dem Laden und wollte nun auch sehen, was es zu schreien gab. Die Chefin jagte die beiden zurück in den Laden und begann die Befragung. Ich sagte: Nein, ich habe den Keller nicht betreten. Ich habe es von hier aus gesehen. Nein, ich war nicht vorher drin. Es war ja noch zugeschlossen. Es mußte ihr nur noch einfallen, daß ich heute früh die erste und mehr als eine Stunde allein im Geschäft gewesen war. Aber es fiel ihr nicht ein. Sie war mit den Nerven herunter und keuchte: Hole die Lupe!

Im Büroverschlag pflegte sie die Rechnungen und Geschäftspapiere mit einer riesigen viereckigen Lupe zu lesen. Wenn wir Lehrlinge allein waren, drangen wir ins Büro ein, stellten uns vor den Spiegel, hielten uns die Lupe vors Gesicht und fletschten grauenvoll die Zähne. Ich holte die Lupe. Sie kroch am Boden wie ein Meisterdetektiv und mit dem gleichen Erfolg. Da sind Glassplitter, sagte sie, Haufen von Glassplittern, hier ist doch noch mehr in Scherben gegangen. Nun, da das Spiel lief, war ich richtig in meiner Rolle drin. Ich war ein schuldloser, kaltschnäuziger Lehrling, ich erfreute mich an dem Anblick einer Chefin, die dabei war, den Verstand zu verlieren. Ich mußte die graue 50-Mark-Vase, von der die obere Kante abgebrochen war, aufheben und in den Binderaum bringen. Es begann eigentlich ganz vergnüglich mit einem Monolog der Hauptdarstellerin: Ich habe immer und immer gesagt, die teuren Vasen gehören nicht in den Keller. Abends sollen die Rosen herausgenommen und in die Glasvasen gestellt werden, und Glasvasen müssen übrigens auch kaputtgegangen sein, aber man ist ja zu faul dazu und zum einen Ohr rein und zum anderen Ohr wieder raus, und wenn ich sage, keiner geht ohne Licht in den Keller, das ist dem Ochsen ins Horn gepetzt, nein, da wird blind drin herumgetrampelt, und dann fällt es eben um und die Vase kostet 50 Mark, und die Rosen werden auch nicht schöner, ja, sieh sich einer doch das an! Die haben doch auf der Erde gelegen, natürlich, die Vase ist umgekippt, und dann hat sie einer wieder aufgestellt, so, als wäre das Stück über Nacht von alleine abgefallen und *wer also war's!*

Wir alle waren es nicht, und einen Augenblick lang sah es aus, als wäre es die Chefin selbst gewesen, denn wer von uns anderen hätte die Kraft und die Macht gehabt, eine Vase zu zertöppern, ohne daß sie im gleichen Augenblick magisch angezogen von dem Unglück am Tatort erschienen wäre. Aber die Graichen zog gleich den nötigen Strich zwischen sich und uns: Ja, glauben Sie denn im Ernst, Frau Denecke, ich ... Frau Denecke pustete verächtlich zur Decke empor, wo hoch über ihr irgendwo der Kopf von Fräulein Graichen schwebte und ließ offen, was sie glaubte. Die einzige, die hier klarsehen mußte, war Edith, und sie hatte mir gestern die Kinokarte geschenkt. Aber ich schämte mich nicht einen Augenblick. Edith mußte auf meiner Seite in den Krieg hineingezogen werden. Wir wurden in den Keller geschickt, den die Chefin mit ihrer Detektivarbeit durcheinandergebracht hatte. Während des Aufräumens erfand ich die psychologische Kriegsführung. Das Wort selbst war mir unbekannt. Ich wußte nur, wie man's anpacken mußte. Ich begann: Soll ich's dir sagen? Die Alte war's selbst. Jetzt sucht sie einen, dem sie die Vase vom Lohn abziehen kann.

Edith war eine Blumenbinderidealistin, von der Berufsschule erzogen: Wir haben einen besonderen Beruf, wir arbeiten mit lebendem Werkstoff. Vergeßt es nie bei eurer Arbeit, daß Blumen lebende Wesen sind! Das war die Stimme der Lehrerin. Und die Chefin: Wie oft hab ich's euch gesagt, und wenn das popelige Grüngepiesel noch so zerquetscht ist, bei uns wird nischt weggeschmissen. Dann kommt es eben auf'n Kranz. Auf 'm richtigen Trauerkranz sieht auch gekochtes Pilzragout noch hoch und heilig aus. Das seh'n die Leute nicht anders. Auch die Graichen war eine Idealistin. Sagte die Graichen: Einmal im Leben den Kölner Dom sehen! Sagte die Chefin: Da kann ich Ihnen ein preiswertes Hotel empfehlen, das ist gerade gegenüber. Die Graichen: Frau Denecke! Ich rede vom Kölner Dom und Sie kommen mir mit Hotel. Das ist doch typisch für Ihre materialistische Gesinnung! Die Chefin: Machen se mal 'n Punkt. Wenn Sie lang genug vor Ihrem Kölner Dom gekniet haben, müssense doch schließlich was essen und wo wohnen. Und übrigens hab' ich nie ein häßlicheres Ding gesehen als den Kölner Dom. Was die Leute dadran finden.

Edith hatte durchblicken lassen, daß Johannes Heesters ihr ein und alles war. Die Chefin nahm ihn sofort in ihr abendliches Repertoire auf: Und die Brigitte Horney, das ist eine ganz Große, aber dieser Wie-Heester-gleich, den sie ihr da beigegeben haben, der hat mir den ganzen Film verekelt. Eines Abends kam die Rache und Edith erhielt volle Genugtuung. Der Film hieß: ›Ich klage an‹. Ich brach gleich bei den ersten Leidensregungen der Heidemarie Hatheyer in Tränen aus. Als aber Paul Hartmann dem Mathias Wiemann im Schlußwort die gehörige Meinung sagte, da schwamm das Kino. Das Licht ging an und keiner schämte sich seiner Rührung. Am Montag gab's den kalten Guß darauf. Frau Hedwig Denecke fühlte sich durch diesen »popeligen Fillem« persönlich angegriffen. Sie war ganz und gar gegen ein Gesetz, das dem Staat das Töten von kranken Menschen erlaubt. Das wollte sie mal eindeutig festgestellt haben und uns dringend empfehlen, genauso darüber zu denken: »In Eurem eig'nen Int'resse!«

Na, ich hustete ihr was. Mir hatte der Film gefallen, und dafür hatte ich mein Eintrittsgeld bezahlt. Sie stürzte sich gehörig auf den Staat und schimpfte ihn zusammen. Er wurde unter ihrem Gebrülle immer kleiner und häßlicher und verwandelte sich zuletzt in einen Lehrling der Firma Tuberose. Gleich würde der Staat mit einem Kohleneimer in der Hand geduckt an Frau H. Denecke vorüberschleichen, so hatte sie ihn geschafft. Sie sah sich beifallheischend um. Aber ich war damals bereits in den Redestreik getreten. Das Buch, das mich darauf brachte, hieß ausgerechnet: ›Ein Trappist bricht sein Schweigen‹. Nicht gerade dieser, aber die anderen Trappisten waren nun meine Vorbilder. Sobald ein Erwachsener in meine Nähe kam, schwieg ich so unermüdlich, daß mein Lehrvertrag, der unlöslich schien, in Kürze und in »beiderseitigem Einvernehmen« dann doch gelöst wurde. Ich glotzte sie stumm an und verzog keine Miene. Sie wandte sich dem anderen Publikum zu, unterbrach sich und brüllte wild drauflos: Was brummst du? Edith hatte gebrummt. Jetzt bekam sie einen roten Kopf, rothaarig war sie sowieso und hatte die gehörig blitzenden Blauaugen und sah nun aus wie Elektra, die für den erkrankten Orest-Darsteller einspringen muß, die Tat selber zu tun. Dabei war sie ein in die Ecke getriebenes Mäuslein, das nur noch die Flucht nach vorn hatte: Entschuldigen Sie, daß ich das besser weiß. – So, du weißt es besser. Das ist ja das Neueste, daß meine Lehrlinge es besser wissen. Und was weißt du besser! – Mein Vater, entschuldigen Sie, der ist nämlich an Multipler Sklerose gestorben ... Ich war nahe daran, vor Schreck und Staunen meinen Redestreik zu brechen. Ich hatte nicht im Ernst angenommen, daß es diese schreckliche Krankheit in Wirklichkeit gab, sondern geglaubt, die Regisseure hätten sie für Heidemarie Hatheyer erfunden, damit die Schauspielerin eine leidende Rolle hat. Die Graichen drehte ihre innere Habachtstellung automatisch von der Chefin weg und zur Edith hinüber. Die Chefin wagte nicht einmal mehr höhnisch zu pusten. Edith besaß an diesem Abend uneingeschränkte Redefreiheit, und von was anderem als von Multipler Sklerose wurde nicht mehr gesprochen.

Als Edith und ich den Keller wieder richtig hingeräumt hatten, empfing uns die Chefin mit der Feststellung: Ich weiß jetzt, wer es war. Ihr beide wart es, als ihr gestern nachmittag die Strohblumen rübergeholt habt. Es ist mir nämlich eingefallen. Ich selbst habe die Vase am hellen Nachmittag rübergebracht, und dann war sie noch ganz. Edith wurde gleich wieder freundlich zu mir, bestand aber darauf, daß sie es nicht gewesen sei. Das ärgerte die Chefin maßlos, weil es ein Widerspruch gegen sie war. Eine blödsinnige nervenaufreibende Fragerei begann. Der ganze gestrige Tag wurde minutenweise rekonstruiert. Zu meiner Erleichterung spielten weder die roten Flecken auf meiner Hand noch der mir anvertraute Schlüsselbund eine Rolle. Diese Fakten waren vergessen. Trotzdem wurden die unwahrscheinlichsten Gründe gefunden, weshalb ich es vielleicht doch gewesen sein könnte. Ich mußte sie widerlegen. Es war ein Hexenkreuzverhör. Einmal ging die Chefin in den Laden. Die Graichen zirpte mit ihrer lieblichsten Stimme: Sagt mir, wie ihr's angestellt habt, ich sag's nicht weiter. Edith schluchzte tränenlos und sagte:

Ich war's nicht, ich war's nicht, glauben Sie mir doch, Fräulein Graichen, wenn ich's gewesen wäre, hätt' ich's längst gesagt, nur damit die entsetzliche Fragerei aufhört. Ich halte es nicht mehr aus. Mein verzweifeltes Gehirn schwitzte eine neue Hoffnung aus. Es mußte noch schlimmer kommen, dann würde Edith zusammenbrechen und ich würde übrigbleiben. Die Graichen drehte sich zu mir herum. Sie konnte sicher nichts für ihren hochmütigen, verrückten Augenaufschlag. Ich allein konnte dem allen ein Ende machen. Jetzt wollte ich zehn Zentner Blumenerde von mir abschmeißen. Die Graichen sagte: Und du, Christa? Meine Kinnbacken waren ganz verklemmt. Es dauerte eine Weile. Dann ging mein Mund auf: Ich-ich-ich. Der Vorhang wehte, die Chefin war nahe. »Ich kann es mir auch nicht erklären.« Die Chefin kam herein. Die Graichen, die zweimal so lang war wie die Chefin, baute sich richtig vor ihr auf und meldete: »Ich habe die beiden nochmal verhört. Sie leugnen weiter. Edith kann es nicht mehr aushalten und Christa kann es sich auch nicht erklären.«

Ich hatte eine Stunde Mittagspause. Zwanzig Minuten nach Hause rennen, zwanzig Minuten aus dem Fenster starren. Wir wohnten im vierten Stock. Es war sehr tief. Eine Schulfreundin hatte sich aus dem Fenster gestürzt. Ich war zu feige. Das war das Problem meines Lebens. Wie stand es an den Häuserwänden geschrieben: »Was ist gut? Tapfersein ist gut!« Meine Feigheit hinderte mich daran zu fliehen, in die Welt hinaus zu ziehn. Die Kleider tauschen. Junge werden. Als Soldat in den Krieg ziehen. Es gab Filme, darin verkleideten sich die Mädchen und ziehen als Soldat in den Krieg. Dann werden sie verwundet und der Schwindel kommt heraus. Sie werden aber nicht bestraft, sondern als Helden verehrt und das Eiserne Kreuz brauchen sie auch nicht wieder herauszurücken. Aber es gibt doch noch andere Möglichkeiten tapfer zu sein. Man kann sich die Kellertreppe runterstürzen und sich die Beine brechen. Dann kommt man zur Belohnung ins Krankenhaus, ins Paradies und braucht mindestens sechs Wochen nicht in die Blumenhandlung Tuberose. Nicht einmal das! Nicht einmal die Kellertreppe schaffe ich. Vier Treppen waren entschieden zu hoch und außerdem konnte ich mir gerade heute nicht das Leben nehmen. Denn mein Leichnam wäre so gut wie ein Geständnis und das sollten sie nie bekommen, selbst wenn sie mich zu Tode fragten.

Als ich zurückkam, ging Edith zu Tisch. Die beiden Alten schwiegen sich aus. Ich vermutete, daß sie es mit Edith genauso gemacht, und daß die drei keine Verabredung gegen mich getroffen haben. Die Chefin war über fünfzig und die Graichen andeutungsweise an die dreißig. Aber für uns Lehrlinge erschienen sie beide gleichaltrig und waren die »Alten«. Dann ging die Chefin ihren Schönheitsschlaf zu halten. Es war, als wäre nichts gewesen. Um vier kam sie wieder herunter und jagte uns wie gewöhnlich von den Schemeln auf. Wir durften nicht auf Stühlen mit Lehnen sitzen, weil das faul macht, aber im Stehen arbeitet es sich am schnellsten. Darum: »Auf! Ihr faules Fleisch!« Irgend jemand hatte die Unglücksvase weggestellt, vielleicht nicht, weil er klug sein wollte, sondern aus Versehen. Außerdem wäre es der Beweis seiner Unschuld gewesen. Denn ich hätte das Ding nicht angefaßt. Das wurde zum Anlaß, nach dem Täter zu forschen, der das Beweisstück hatte verschwinden lassen. Er meldete sich auf der Stelle. Fräulein Graichen war's: Ich hab' mir doch gar nichts dabei gedacht. Sie nehmen doch nicht etwa an –. Es ging wieder los bis in den Abend. Edith und ich hängten das Gitter ein, schweigend und stumm verkracht und vielleicht nie wieder zu versöhnen. Es war schon ganz dunkel und aus dem Dunkel der Straße kam eine Stimme: Aber Edith, wo bleibst du denn heute? Da brach Edith über dem Gitter zusammen. Sie ließ sich auf die spitzen Pfeile drauffallen und weinte nun wirklich und schrie: Mutti, hole mich hier raus, ich kann nicht mehr, ich nehme mir das Leben! Die Mutter rannte durch den Hofeingang in den Binderaum, und ohne von der Chefin niedergedonnert zu werden, verlangte sie, daß Edith sofort mitkäme. Während Edith sich umzog, hielt die Chefin die große Anklagerede auf die Verderbtheit der heutigen Jugend im allgemeinen und auf die Niedertracht der Lehrlinge der Firma Tuberose im besonderen und gerade heute, da ist wieder so ein Ding passiert! Die Mutter hörte still zu. Sie sah die Chefin gar nicht an. Sie sah mich an. Ich hielt ihren Blick aus und dachte: Es geht also immer noch schlimmer. Dann blieb ich mit den beiden Alten zurück.

Ich weiß gar nicht mehr, wie wir uns dann verabschiedet haben und wie ich es fertiggebracht habe, ihnen in der üblichen artigen Weise die Hand zu reichen. Am anderen Tag war keine Rede mehr von all dem. Die Vase wurde wieder im Laden aufgestellt und so gedreht, daß die fehlende Kante der Wand zugekehrt war, so daß sie für die Kunden ganz und schön aussah. Das abgebrochene Stück durfte nicht weggeworfen werden. Denn vielleicht konnte man die Vase kitten, und ganz sicher hätte man es gekonnt. Aber niemand nahm sich der Sache an. Und so lag es auf dem Bindetisch und wurde von einer Kante zur anderen geschoben. Eines Tages verschwand es ganz von selbst. Niemand fragte danach.

Der Esel im Galopp

Die meisten Menschen sind Materialisten. Sie sagen: Meine Vorfahren sind tot und begraben. Sie sind nichts mehr wert. Scheiß auf meine Vorfahren. Sie sind der Zukunft zugewandt und stekken alles, was nicht niet- und nagelfest ist, in die nichtsnutzigen Mäuler ihrer Bälger. Angenommen, ich bekäme einen Streit und sagte: Mein Herr, Ihr Maulaffe von Sohn wischt seine Stiefel an meinem Mantel ab! Der Vater würde mir ergrimmt antworten. Aber im tiefsten Innern weiß er, daß ich recht habe, sein Sohn ist ein Maulaffe. Sein Geschimpfe ist ein Scheingefecht. Ziehe ich mich nicht zurück, sondern greife an und sage: Und Sie, mein Herr, wer sind denn Sie, Sie hat ja der Esel im Galopp verloren! Dann muß ich damit rechnen, daß er mich ohrfeigt, und daß die ganze Straßenbahnbesetzung diese Ohrfeige genießt und voll und ganz hinter ihr steht. Denn die Wirklichkeit sieht wieder einmal ganz anders aus als die Vorurteile, die wir täglich reproduzieren. Einen Schimpf, der auf unsere Kinder fällt, nehmen wir leicht. Aber nichts kränkt uns mehr als ein Makel auf unserer Herkunft. Angenommen ich würde mit Hilfe von Film, Fernsehen und Funk, mit Zeitungen, Magazinen und Flugblättern, mit allen mir erreichbaren Medien täglich ausrufen lassen: Menschheit! Du bist ein Bastard, Dich hat der Esel im Galopp verloren! Die UNO würde auseinanderlaufen. Die Folgen wären unabsehbar.

Was mich betrifft, ich bin ein Bastard, mich hat der Esel im Galopp verloren. Aber das hat mein Kinderglück nicht getrübt. Im Grunde habe ich es genossen, daß ich nie inmitten einer Familie vegetierte, sondern außen an der Peripherie spazieren ging. Wenn Tante Herta mich anruft und mir erzählt, wer mit wem und wer gegen wen, und die haben sich verkracht und die haben sich versöhnt und du hast eine neue Schwägerin. Aber auf der Hochzeit da hat die Schwiegermutter das Tischtuch mit allen Schüsseln und Tellern zusammengerafft und aus dem Fenster geschmissen. Ja, was sagst du denn dazu! Nichts, liebe Tante Herta. Ja, und was sagst du zu der Petra, ich habe ihr deine

Adresse gegeben, sie will dir was zu Weihnachten schenken. Danke, danke, viele Grüße! Wenn man in einer Familie lebt, vergeht keine Zeit. Die Weltgeschichte findet nicht statt. Alle Geschichten von heute sind die von gestern. Nichts hat sich geändert, außer den Namen.

Das Weihnachtsgeschenk von Tante Petra ist eingetroffen. Ein Bündel Altpapier. Zunächst kann ich nur staunen: so glatt, so fest, so stark habe ich schon lange kein Papier gesehen. Es ist ein wenig gegilbt, aber dadurch nur noch fürnehmer geworden. Ich ahne plötzlich, was da vor mir liegt. Es gibt nur eine Möglichkeit. Solch gutes altes Papier: Das sind die Urkunden meiner Familie. Wieso meiner Familie? Es müßte doch heißen: Petras Familie. Petra schenkt mir zu Weihnachten zwölf Dokumente mit Namen und Daten. Das älteste Datum ist der 22. Dezember 1811.

Die Namens-Hochrechnung erinnert an altrömische Sitten. Es gibt fast keine Vornamen. Die Männer heißen Philipp Adam oder Adam Philipp, die Frauen heißen Anna Katharina oder Anna Margaretha. Die Nachnamen prasseln nur so aufs Papier: Schmidt, Lutz, Rein, Reinig, Weber, Schröder, Artz, Stärger, auch Störger oder Sterger. Man sieht ein, daß Exogamie kein Mysterium ist, sondern eine gesellschaftliche Notwendigkeit. Wie denn sollten sich die Gesippen auseinanderhalten. Jede neue Schwägerin bedeutet einen neuen Namen. Ein Schmidt, der eine Schmidt heiratet, bringt Ungemach in die Familie. Ich erinnere mich an das Geschrei meiner Mutter, wenn sie jemanden herbeirufen wollte: »Petra! Greta! Ingrid! Elschen! Nein doch! Dich meine ich: Herta!« Vor hundert Jahren rief man einfach: Philipp! oder Katharina! Und alle kamen. Wieder dieses moderne Vorurteil, daß Vornamen möglichst bunt sein müssen: Alexander, Beate, Christa, Dieter, Emanuel, Fridolin, Gabriele, Horst, Isabella, Karin, Lorenz, Malcolm, Nikolaus! Ein gräßlicher Bauchschmerz zerschneidet mich in zwei Teile. Wie ich über mein Leiden nachdenke, fällt mir ein, daß ich vor zwei Stunden Mittag gegessen haben sollte. O ihr Ahnen! Ich bedecke einen Topfboden mit Olivenöl und schneide blaue Zwiebeln in Ringen darauf. Dann kommt Sauerkraut in Lagen, dazwischen Apfelscheiben. Es werden hineingestreut: Rosinen, Lorbeerblätter, Nelken. Obenauf kommt eine dicke Scheibe Kaskaval-Käse. Dazu gibt es Nudeln. Wie sagte doch Onkel Walter: »Ihr Preußen mit euren Kartoffeln. Ein Furz und weg sind sie! Spätzle müßt ihr essen!« Das sagte allerdings nicht

Onkel Walter zu uns, sondern der Onkel Walter vom Onkel Walter sagte das zum Onkel Walter und Onkel Walter erzählte es uns.

Während ich eine Olive in kleine Stücke zertrümmere, erinnere ich mich: Mutti und ich stehen im Polizeirevier Elsasser- Ecke Gartenstraße. Hinter der Barriere sitzt ein Polizist an seinem Schreibtisch. Er hält ein Foto in der Hand, blickt es fasziniert an und sagt: »Ganz die Mama! Man sieht es doch!« Er verschwendet keinen Blick an mich, obwohl ich doch leibhaftig neben meinem Foto stehe. Er ist so stolz auf das Foto, als sei es sein Sprößling, der darauf abgebildet ist und nicht das uneheliche Bankert der Aufwartefrau Wilhelmine Martha Anna Reinig. Mutti hat sich das Foto etwas kosten lassen. Zunächst mußte ein Kleid geschneidert werden. Maßgeschneidert, ein Seidenkleid, halb durchsichtig, damit man darunter die sauberen Achselträger sehen konnte. Das Kleid war nicht ganz so weiß-in-weiß, wie ich es mir immer erträumt hatte, es war elfenbein und rosa-groß-geblümt. An Ärmeln, Rocksaum, Halsausschnitt und über der Brust kräuselten sich Volants. Damals trug ich lange, dicke Zöpfe, aschblond mit großen weißen Schleifen. Ich halte ein Buch in der Hand und schlage große, verträumte Augen auf, so, als habe ich soeben das Märchen vom Machandelbaum zuende gelesen. Bei diesem Anblick muß jeder deutsche Polizist ergriffen einsehen, daß ich dem Volk der Dichter und Denker angehöre: »Aber ja, sieht man doch auf den ersten Blick!«

Da ich gerade bei den Annalen des Tacitus bin, blättere ich nicht ratlos zwischen diesen Namen und Zahlen herum, sondern mache mir ein System, so wie es auf der nächsten Seite abgebildet ist.

Unser Kaiser Augustus ist der »Ackersmann« Philipp Reinig, der mit Hilfe einer Apollonia Schmidt einen »Mühlarbeiter« Philipp Reinig zeugte. Am gleichen Ort gab es einen »Kuhhirten« Georg Schröder, von dem er nicht ahnen konnte, daß sie beide 100 Jahre später die Urgroßväter meiner Großmutter bilden würden. Vielleicht haben sie miteinander gesoffen. Vielleicht haben sie aneinander vorbeigeschaut, weil jeder von sich dachte, er sei was Besseres.

Auf meiner Tafel stehen zwei Schuhmachermeister so selbstverständlich nebeneinander, wie ihre Läden in der Schustergasse. Zunächst vermute ich, daß sie rationalisieren wollten und ihre Betriebe mit den Kindern zusammengetan hätten. Dann sehe ich

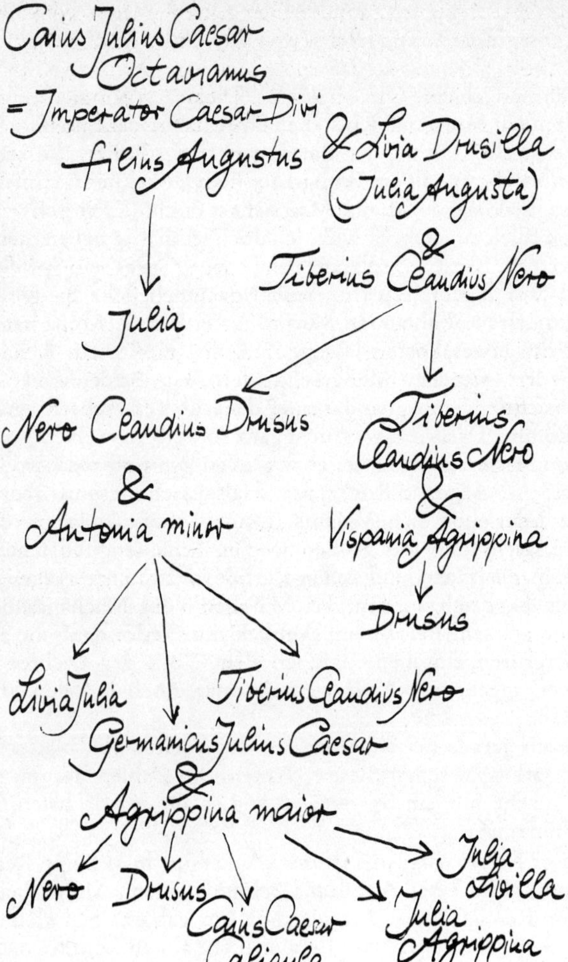

(Anmerkung: Der sprichwörtliche Kaiser Nero hieß nicht Nero, sondern Lucius Domitius Ahenobarbus. Er wurde Nero genannt, damit er besser in die Familie paßte.)

mit einiger Bewegung, daß sie sich erst über ihre Enkelkinder gefunden haben. Schuhmachermeister Heinrich Lutz hat das vielleicht gar nicht mehr miterlebt, denn als Trauzeuge fungiert ein Schuster Adam Lutz, der vielleicht sein Sohn war. Der Sohn von der anderen Schusterseite, Philipp Störger, ist ein typischer Aufsteiger. Eine Urkunde von 1836 bezeichnet ihn als »Taglöhner«, 1847 ist er »Ackersmann«, 1871 ist er »Makler« und 1911 dann »verdorbener Mackler«. Er hat sich ganz schön hochgemackelt.

Der Störgersche Einschlag bringt den richtigen Schuß in die Reinigsche Kette. Die Margarete nennt sich jetzt Sterger und ehelicht den »Schreiner« Philipp Adam Reinig. Aber ihr Sohn ist »Sägewerksbesitzer« Karl. Das ist nicht meine Linie. Wohin es vom Karl aus geht, werde ich nie erfahren. Auf meiner Linie ist dann wieder irgend etwas schiefgelaufen. Das Muster war zu sehr am Rande und franste aus.

Das Merkwürdige an diesem Packen Altpapier ist, daß es zu Lebzeiten der ältesten Philippe und Katharinas zu nichts anderem gedient hätte als zu dem Beweis, daß die aufgeführten Persönlichkeiten sämtlich nicht »von Familie« sind. Heute aber dient es gerade dem umgekehrten Zweck, nämlich daß der Vorzeiger dieses Packens Altpapier auf sämtlichen Hoch- und Niederschulen bevorzugt abzufertigen sei. Der ewige Brahmane hat der Kriegerkaste wieder einmal gezeigt, was eine Harke ist.

DRITTE PAUSE
Kant und de Sade, vom Tode nicht zu scheiden

KANT: Ich teile Ihre blasphemische Meinung über unseren Religionsstifter nicht. Aber ich bin weit davon entfernt, ihn in den Himmel zu heben, wenn ich mich ihm gleichstelle: Mein lieber de Sade, wahrlich, ich sage Ihnen, wehe den Philosophen, die sich an mir ärgern.

DE SADE: Zunächst ärgere ich mich gar nicht, vielmehr, ich delektiere mich an Ihnen, an Ihrer Ethik. In ihr empfehlen Sie dem Bürger die Steuerhinterziehung und lassen die Kindsmörderinnen straffrei ausgehen. Das schmeckt mir sehr.

KANT: Die Maxime, Herr, die Maxime des mediokren Allgemeinwohls, die ich nie aus den Augen verliere, dürfte Ihnen weniger schmecken. Aber setzen wir als Ausgangspunkt unseres Streitgesprächs den Grundsatz, in dem wir uns einig finden.

DE SADE: Die Republik!

KANT: Die wollen wir uns als Nachtisch aufheben, damit wir nicht unversöhnt auseinandergehen. Ich meine das Mißverhältnis von Lustgefühl und Moral, das wir beide nicht verschulden.

DE SADE: Mir schwant ein kategorischer Imperativ.

KANT: Sie sind verwirrt, weil Sie das Begriffsarsenal der Kritik der praktischen Vernunft für Ihren Fall heranziehen. Ihre speziellen Interessen gehören in den Bereich der Urteilskraft. Der Sadismus wird nämlich nicht von der Moral reguliert, sondern von der Ästhetik. Er untersteht der Kontrolle der Gefühlsregungen, nicht der Kontrolle der Willenskraft, der alleinigen Aufgabe der Moral.

DE SADE: Und der Kategorische Imperativ?

KANT: Nichts da! Für die Welt der Gefühle gilt der Gemeinspruch: Erlaubt ist, was gefällt.

DE SADE: Jetzt haben Sie mich gänzlich mystifiziert.

KANT: Weil Sie nicht darauf gefaßt sind, mich in Ihrem Bereich mit Ihnen einig zu wissen.

DE SADE: Sodom ist mein Reich. Man nennt es unnatürliche Wollust.

KANT: Ich definiere kantianisch: Unnatürlich heißt eine Wollust, wenn der Mensch dazu nicht durch den wirklichen Gegenstand, sondern durch die Einbildung von demselben, also zweckwidrig ihn sich selbst schaffend, gereizt wird, etcetera. Sie bemerken vielleicht, daß ich keinen Einwand gegen die Personen erhebe, die Sie darstellen. Mein Mißfallen gilt allein dem Autor, der durch seine Schriften die Phantasie der Leser entzündet.

DE SADE: Thema Masturbation.

KANT: Ich habe in Ihrem Werk keinen einsamen Onan vorgefunden, vermute aber, daß Ihre Leser die schwierigen Übungen, die Sie vorschreiben, gar nicht nachvollziehen, sondern sich von ihren Einbildungen reizen und es dabei bewenden lassen.

DE SADE: Jetzt bringe ich Sie in Verlegenheit: Wie stehts mit den Prothesen der Lusterzeugung?

KANT: Triumphieren sie nicht zu früh. Es ist eine natürliche Regung denkbar, ein Automatamantismus.

DE SADE: Professor, Sie reißen Witze!

KANT: Auf dem Weg zur Professur habe ich lange Student sein müssen, berücksichtigen Sie das bitte.

DE SADE: Ein Ehemann versagt in der Erfüllung seiner Pflichten vor seiner 50jährigen, aus dem Leim gegangenen Angetrauten. Er kneift die Augen zu und malt sich eine 20jährige, ranke, schlanke aus. Unnatürliche Wollust?

KANT: Unter Limitation.

DE SADE: Zweites Beispiel: Ein Matrose arschfickt seinen Schimpansen.

KANT: Im Ernst, Ihr zweites Paradigma ist nicht das Gegenspiel, vielmehr ein Sonderfall des ersteren.

DE SADE: Wenn Zynismus die Kehrseite Ihrer Ethik ist, was soll die Verzierung mit Tugend, Pflicht, Glückseligkeit!

KANT: Nicht so hastig, Freund! Die Oberseite eines Teppichs ist nicht die Verzierung seiner Unterseite. Ziehen Sie den Faden aus der Unterseite, ist auch die Oberseite ausgezogen. Ihnen zuliebe habe ich die Unterseite meiner Lehre aufgerollt.

DE SADE: Ich kantianisiere: Die erste Sorge des Menschen sei, nicht, wie er glücklich, sondern der Glückseligkeit würdig werde. Ich kantianisiere: Pflicht hat eine moralische Maxime nur, wenn sie weder aus Neigung noch aus Furcht getan oder unterlassen wird, sondern nur aus Pflicht.

KANT: Danke für die beiden Kugeln. Ich habe Sie vor der Kritik der praktischen Vernunft gewarnt. In einer Ihrer philosophischen Schriften führen Sie eine Adeptin ein, die nach strengen Spielregeln die Übungen des Libertinismus erlernt. Sobald sie eine Übung beherrscht und dabei Lust empfindet, gilt der Unterricht an diesem Gegenstand als abgeschlossen. Eine neue Übungsreihe beginnt. So kennt selbst der Libertin kein Beharren in der Wollust, sondern einen Weg, der von Reiz und Überreizung zu neuer Reizauffindung führt. Ebenso die Einübung der Pflicht. Eine genossene Pflicht ist angenehm für das Gemüt, aber wertlos auf dem unendlichen Weg der Tugend, der nur durch mehrere und härtere Einübungen weiterführen kann. Ich will Ihnen nicht verschweigen, daß hier der grundsätzliche Antagonismus unserer Lehren beginnt. Ich glaube nicht an den unendlichen Weg der Laster, ganz einfach, weil ein Laster zwar ein Vorsatz, aber niemals ein Ideal sein kann. Sie müßten Rationalist werden, Herr de Sade.

DE SADE: Ich bin Rationalist, der Rationalist des Lasters.

KANT: O nein, Sie sind ebensowenig Rationalist wie ich Empiriker bin. Das sind Brillen, die uns beiden von Geburt her aufgesetzt sind. Wir folgen darin keinem Zeitgeschmack und keinen Moden. Sonst wären wir nicht Philosophen. Ich also bin geborener Rationalist. Das heißt, ich war im Zustand der Verblendung so wie Sie als geborener Empiriker im Zustand der Verblendung sind. Aber die Lehren der englischen Empiriker und Ihres Landsmanns Rousseau –

DE SADE: Bah!

KANT: Rousseau haben mich erschüttert und umgeworfen. So fand ich den mittleren Weg, nicht als asketischer Selbstquäler in der moralischen Tracht des Rationalisten, nicht als genüßlicher Nächstenquäler, im libertinen Anzug des Empirikers, sondern als aus Alpträumen Erwachter rede ich zu Ihnen. Ich glaube an die Wiedergeburt und daran, daß das Wort »Ich« ein leerer Begriff ist. Sie aber glauben an die Materie, die in allen Formen der Verwandlung stets dieselbe bleibt, und an Ihr Ich als Realität.

DE SADE: Das trennt uns nun auf ewig.

KANT: Sofern Sie »ewig« als einen Zeitbegriff meinen. Außerhalb der Zeit trennt uns nichts, nicht einmal der Tod, der die Eheleute scheidet. Sollte ich einen Witz gemacht haben, so war er diesmal unbeabsichtigt.

DE SADE: Ich habe nicht über Ihre Worte gelacht, sondern über meinen eigenen Einfall. Nach Ihrer Definition der Ehe hätte Kaiser Wilhelm II. seinen Fürsten Eulenburg heiraten können. Daraufhin hätten die deutschen Journalisten keinen strafrechtlichen Anlaß gefunden, die Versöhnungsarbeit mit Frankreich zu torpedieren, die der Kaiser in die Hände Eulenburgs gelegt hatte.

KANT: Der Menschheit wäre viel erspart geblieben.

Sechstes Kapitel
Das letzte Kapitel

Rote Fahne

Ich bin kinderlandverschickt. Meine Mutter hat mir statt der Zahnpasta, die sie für reines Gift hält, ein Stück Glyzerin-Seife mitgegeben. Ich bin die kleinste dort unter den Kindern. Wir wohnen in einem Schloß und müssen essen, was das Zeug hält. Manchmal beugt sich ein Kind zur Seite und bricht alles wieder aus. Dann wird sein Teller neu gefüllt und es muß solange essen und brechen und wieder essen, bis es die Ration drinbehalten hat. Ich werde krank und nehme ab statt zu. Darum muß ich noch vier Wochen länger bleiben. Ich kenne alle Tricks und werfe das Fleisch nicht einfach neben mich. Ich schleudere es unter die ganze Tischlänge von mir fort. Gewöhnlich gibt es dort Krach. Irgend ein Kind wird beschuldigt, daß es das Fleisch weggeworfen hat. Das Gemüse und den Salat stecke ich ins Taschentuch und leere es in die Toilette aus. Wenn wir gebadet werden, wird keine Rücksicht genommen, immer zwei kommen in die Wanne, ob Mädchen, ob Junge, wir genieren uns ohne Unterlaß. Einmal dringen wir Mädchen bei den Jungen ein, während sie sich gerade anziehen. Sie sitzen oder stehen splitternackt herum und versuchen ihre Blößen zu bedecken, während wir Mädchen sie auslachen und verspotten. Wir singen merkwürdige Lieder: »Als die gollne Abendsonne, sandte ihren letzten Schein, letzten Schein / zog ein Regiment von Hitler in ein kleines Städtchen ein, ja ein ...« Brüllen und Schreien, wie z.B. Heil Moskau! oder: Hitler varekke mitn Arsch anne Dekke! sind nicht mehr erwünscht. Vielmehr, kein Mensch kommt auf die Idee, so etwas in den Mund zu nehmen. Die Jungen erzählen den Mädchen, was bei ihnen vorgefallen ist. Mit der Stimme, mit der sie sonst Obszönitäten berichten, erzählen sie, daß sie die Sachen eines verdächtigen Jungen untersucht haben und haben in seiner Tasche eine ›Rote Fahne‹ gefunden. Ich weiß nichts davon, daß es eine verbotene Zeitung gibt, die so heißt. Ich beobachte diesen absonderlichen Jungen unausgesetzt und warte darauf, daß er aus seiner Tasche die rote Fahne ziehen wird, um sich damit die Nase zu schneuzen.

Lokaler

Es ist Wahltag. Wir wollen uns mit dem Zeitungsaustragen beeilen und noch den Fahnenumzug mitansehen. In der Kleinen Hamburger Straße treffen wir auf Frau Baumgarten. Frau Baumgarten trägt den ›Lokaler‹ aus. Später erfahre ich, daß das die Abkürzung von Lokalanzeiger ist. Da unsere Touren sich überkreuzen, nehmen wir für die Kleine Hamburger den Lokaler mit und geben ihr für die Große Hamburger unsere BVZ (›Berliner Volks-Zeitung‹). Die Frauen stehen und stehen und reden und reden. Ich erleide die übliche Wartepein, die das Leben der analphabetischen Kinder ausfüllt. Plötzlich sagt meine Mutter was von dem Umzug, den wir uns ansehen wollen. Frau Baumgarten meint: Det wissen Sie nich? Der Umzug findet janich statt. Die ziehn mit de »injerollten Fahnen nach Hause«. Sie erzählt eine umständliche, uninteressante Geschichte, warum der Fahnenumzug verboten worden ist und schließt mit dem triumphalen Aufschrei: »Den ham unsre ufft Pflaster breitjetrampelt!«

Meine Mutter hat ein ganz kleines, weißes Gesicht und macht einen ganz kleinen, weißen Mund ein wenig auf und sagt ganz leise: »Mein Gott, was kann denn ... dafür!« Frau Baumgarten brüllt auf. Ihr Gesicht wird puterrot, sie wirft die Arme hoch, sie ist doppelt so groß und breit wie meine Mutti. Dann ist alles wieder ruhig. Das Palaver geht weiter. Ich vertiefe mich in das nicht unangenehme Gruselgefühl, das die Worte »ufft Pflaster breitjetrampelt« in mir ausgelöst haben und denke, das ist wie im letzten Bild von ›Max und Moritz‹, wo die Enten die Körner fressen. Später sehe ich einen Menschen, der eine große, wachstuchumhüllte Fahne auf der Schulter trägt. Es stimmt also, was Frau Baumgarten gesagt hat. In der Artilleriestraße stehen Menschenmengen am Straßenrand und warten. Eine Mutter hält ein Mädchen, das viel größer ist als ich, an der Schulter fest und sagt, sie möge Geduld haben, sie kämen doch bald. Ich denke, das weiß ich besser. Sie kommen nicht, sie gehen mit den »injerollten Fahnen nach Hause«.

Bärenstiebel

Ich bin in Baruchas Gemüsekeller, um Suppengrün zu kaufen. Da steht eine alte Frau und weint: Wat meinen Sie, wie ick meinen Jungen wiederjekricht habe, wo die mit de Bärenstiebel sind druff rumjetrampelt. Ich finde es lächerlich, daß eine so alte Frau mit weißem Haar und einem Rock, der die Beine bis zu den Schuhen bedeckt, noch einen »Jungen« haben kann, wo sie doch eine Oma ist. Ich gehe zum Schuhgeschäft Leiser, wo sie Elefantenschuhe verkaufen. Aber das sind keine Bärenstiefel. Eines Abends sind wir bei Baumgartens zu Gast. Sie haben zwei Jungen in meinem Alter, die mich langweilen. Herr Baumgarten sitzt in der Küche im braunen Hemd und Unterhosen. Die nackten Füße stehen in einer Schüssel. Neben der Schüssel stehen zwei braune Stiefel. Ich sehe sie und weiß: Das sind die Bärenstiefel.

Überfallen

Ich verschaffe mir eine echte lederne Kassiertasche, bohre einige Löcher hinein und ziehe eine Schnur durch. Ich hänge mir die Tasche über die Schulter und will aussehen wie ein Zeitungskassierer. Von den Zeitungskunden erhalte ich Groschen oder Bonbons, die ich in die Tasche tue. Eine Frau hält meine Mutter auf der Straße an: Frau! Nehmen Sie Ihrer Tochter die Tasche ab, oder wollen Sie, daß das Kind überfallen wird? Ich bekomme einen Schreck und denke an den, den sie »ufft Pflaster breitjetrampelt« haben. Ohne Sträuben liefere ich meiner Mutter die Tasche aus. Später versteife ich mich darauf, daß der, den sie »ufft Pflaster breitjetrampelt« haben, ein Kind gewesen sei und brüste mich: Ich habe noch miterlebt, wie Hitlerjunge Quex ermordet worden ist.

Jude jewesen

Der erste altbekannte Mensch, den wir nach dem Krieg in Berlin auf der Straße antreffen, ist ausgerechnet Frau Baumgarten. Wir haben sie jahrelang nicht mehr gesehen. Sie erzählt: »Wat wir jelütten haben, Sie wissen doch, mein Mann is Jude jewesen. Aber jetzt jehts uns gut.« Ich bilde mir ein, daß ich im Kopf verrückt bin und erkundige mich bei meiner Mutter. Ich erzähle ihr das Erlebnis mit den »Bärenstiebel« und das mit dem »Pflaster breitjetrampelt«. Meine Mutter bestätigte mir, daß ich noch in Ordnung sei: Ja, die Baumgartens sind alles gewesen, alles der Reihe nach, jedes zu seiner Zeit.

Artilleriestraße

Im Jahre 1959 erteile ich eine Auskunft: Die Tucholskystraße hat ursprünglich Artilleriestraße geheißen. Man hat sie nach dem Krieg umbenannt, weil das ein militaristischer Begriff ist. Merkwürdig, füge ich hinzu, mir ist der Name niemals mit dem Begriff von Kanonen verhaftet gewesen. Wenn ich Artilleriestraße denke, dann denke ich an die Häuser, an die Menschen, an das rote Postgebäude, aus dessen Kellerfenster ein merkwürdiger Summton dringt. Dann denke ich an den aufgeworfenen Sand, an den S-Bahnbau, an die weißen, datierten Gipsmarken, die man über die Risse geklebt hat, die während des Tunnelbaus in den Häusern erschienen. Ich denke an Onkel Gerhard, der Fallschirme aus dem Fenster warf und an meine Kusine, die in der Artilleriestraße geboren ist. Das Panorama meiner Kindheit stand unverstellt vor mir und ich bemerkte mit Erstaunen, daß ich seit mehr als zehn Jahren keinen Blick in diese Welt zurückgeworfen hatte. Dann aber erschrak ich und erkannte, daß es in meinem Inneren zwei spiegelgleiche Räume gab, Bibliotheken mit genau den gleichen Regalen, Bücherrücken, Nummern, Titeln, aber sobald man ein Buch aus dem zweiten, dem neuentdeckten Raum herauszog und aufschlug, hatte es einen ganz anderen Text, als man vermuten konnte, und von Zeit zu Zeit traf man auf eine leere Seite von der jemand die Schrift gelöscht hat. Das Panorama meiner Kindheit war klarscharf und eben darum erschienen die leeren Kreise klarscharf, jemand hatte in das Panorama Löcher hineingeschossen. Eine Zeitlang glaubte ich, ich hätte den Verstand verloren. Langsam lernte ich, mich von meinen Erinnerungen tragen zu lassen ohne Furcht, in einen bodenlosen Abgrund zu stürzen.

Ich sehe den kleinen weißen Mund meiner Mutter. Ich höre, sie sagt: »Mein Gott, was kann denn ... dafür.« In der Lücke hat kein Name gestanden, dessen bin ich mir bewußt. Was für ein Begriff ist an dieser Stelle aus meinem Kopf getilgt worden und wer hat ihn getilgt und aus welchem Grund?

Platte Hausfrau

Wir sind in die Ackerstraße umgezogen. Vor der Haustür ist ein Zeitungsstand. Meine Mutter hat das Blatt der Hausfrau abonniert. Ich verstehe »platte Hausfrau«. Der Ausdruck: Ich bin platt, oder: Da bist du platt, bedeutet höchstes Erstaunen. Die platte Hausfrau ist also die höchst erstaunte Hausfrau. Der Zeitungsbote bringt ein neues Heft. Mutti moniert. Es sei durch Regen verdorben. Das Heft wird von dem Boten untersucht. Die Flecken sind keine Regenflecken. Es sind Tränen, echte, gedruckte Tränen. Das gleiche Heft hängt unten am Zeitungsstand. Es zeigt das Bild einer weinenden Madonna. Mutti sagt: Geh schnell Milchholen. Aus irgend einem Grund ist Eile geboten. Ich nehme die Kanne und renne los. Es ist das erste Mal, daß ich mich herablasse, Milch holen zu wollen. Mir fällt etwas Furchtbares ein: Meine Mutter, die mit mir Weihnachten Krippen anschaut und Karfreitag die Kirche besucht, zwingt mich, mit einer Blechkanne an dem Bildnis der weinenden Muttergottes vorüberzugehen. Eine halbe Treppe von unserer Wohnungstür bleibe ich stehen. Ich bin so blockiert, daß ich auf einem Bein stehenbleibe. Das andere Bein schwenke ich hin und her und trällere Melodien. Nach einiger Zeit hat wohl meine Mutter das Scharren und Singen gehört. Sie öffnet die Tür und meint: So komm doch endlich. Ich komme, die Kanne ist leer. Wieder einmal gibt es endlose Senge.

Hänsel und Gretel

Im Brennpunkt meiner Idolatrie steht das Bild von Hänsel und Gretel. Ursprünglich war es der Schiebedeckel zu einem Legespiel aus Klötzern. Die Klötzer und der Kasten sind verlorengegangen. Hänsel und Gretel haben überdauert. Sie sind vielfach zerbrochen. Großvater ist Tischler und muß sie immer wieder leimen. Das Bild zeigt Hänsel und Gretel vor dem Pfefferkuchenhaus.

Wir wohnen jetzt Ackerstraße 156. Ich darf niemandem sagen, wo wir wohnen, weil die Gegend so verrufen ist. Wenn ich gefragt werde, sage ich »Ackerstraße hundert!« Mutti ist entsetzt: Das ist ja noch schlimmer, da ist die Schrippenkirche (die Heilsarmee). Im gleichen Quergebäude zwei Treppen unter uns wohnt das Geschwisterpaar Heini und Dorchen Gresch. Sie prügeln sich jeden Tag. Ich erinnere mich, wie mein Spieltisch zwischen die beiden Fenster der neuen Wohnung gestellt wurde. Ich kramte meine Sachen in die Schublade ein. Darunter ist auch das vielfach geleimte, durch Hinterkleben von Brettchen fingerdick gewordene Hänsel-und-Gretel-Bild. Das ist das letzte, was ich davon weiß.

Kannegießer

Wir wohnen Johannisstraße 13 im Keller. Neben uns wohnt der alte Held. Im Parterre wohnen Müllers und Kannegießers. Im ersten Stock wohnen Pallentins. Im dritten Stock wohnen Königs. Im Vorderhaus wohnt der Hauswirt, Herr Dr. Bolick und seine Haushälterin, Frau Stolzenburg. Dann ein Fräulein Wasmund, das fast hundert Jahre alt ist. 1931 sind wir da weggezogen. Aber wir kamen noch einmal zurück, um Fräulein Wasmund zu besuchen. Meine Mutter ist Hauswartfrau. Der Hof ist mit Katzenkopfsteinen gepflastert. Daneben ist ein Garten. In dem Garten hat mein Großvater seine Werkstatt. Über der Werkstatt ist das Fenster von Kannegießers. Herr und Frau Kannegießer sind lustige Leute und wissen es nicht. Wenn sie nicht da sind, lacht man über sie. Einer sagt: »Mein Mann ist Beamter, gleich kommt er um die Ecke gefegt.« Alles lacht. Auf einmal ist Herr Kannegießer nicht mehr Straßenfeger, sondern Nachtwächter. Einer sagt: »Mein Mann arbeitet im Ministerium. – Was macht er denn da? – Er ist Nachtwächter.« Alles lacht. Ich lache mit und weiß nicht warum. Ich werde getadelt: Du darfst nicht über den Kannegießer lachen. Er hat dir das Leben gerettet.

Tot

Dorchen Kannegießer kommt in den Keller, mich besuchen. Sie ist ein Jahr älter als ich und putzt Mohrrüben, schält Kartoffeln und fegt mit dem Besen, alles Dinge, bei denen ich mich schämen muß, wenn man mich dazu zwingt. Wir quälen meine Mutter so, daß sie sich lang aufs Chaiselongue fallen läßt und »tot« ist, mausetot. Wir rütteln und zerren sie. Sie rührt sich nicht. Dorchen weint: Tante Martha, ach, bitte, wach doch wieder auf! Vorsichtig zwischen Daumen und Zeigefinger hebe ich das Augenlid ab und sehe, wie sich das Auge bewegt. Mutti springt auf und ist lebendig. Sie nimmt uns beide an die Hand und geht hinauf, Dorchen bei deren Mutter abzuliefern. Sie erzählt ihr alles. Es kommen auch andere Nachbarn. Bald weiß das ganze Haus, was für eine zarte Seele Dorchen ist und was ich für ein Rabenkind bin.

Der tapfere Held

Mein Großvater nennt ihn so. Er heißt Held und ist der Sohn vom alten Held. Er kommt aus Holland, denn sein Vater hat ihm geschrieben, daß er hier eine große Fabrik besitzt. Der alte Held ist ein Spinner. Er wohnt in einer Rumpelkammer. Einmal hat er so viel Qualm veranstaltet, daß die Schwaden in unsere Wohnung zogen. Der Kannegießer sah den Rauch aus unseren Fenstern kommen. Er drückte sie ein und holte mich heraus. Das hat man mir erzählt. Der alte Held liebt mich sehr und nennt mich Mausi. Einmal schrei ich: Bei dir stinkts! und schlage seine Tür zu. Man sagt mir, daß ich ihn schwer beleidigt habe. Ich bringe ihm meinen Schokoladenautomaten zum Reparieren und er ist versöhnt. Spätabends kommt der tapfere Held aus Holland und findet seinen wahnsinnigen Vater in einer Rumpelkammer. In der Werkstatt von meinem Großvater brennt noch Licht. Dann wohnt er bei uns. Der tapfere Held wird der erste meiner Onkels. Ich kann ihn nicht leiden. Denn er benutzt meinen Nachttopf mit und läßt sich von mir seinen Schwengel pumpen.

Theo König

Herr König ist Buchbinder und hat sich selbst ein Familienwappen gezeichnet mit einer Krone, weil er König ist. Das Wappen ist gerahmt und hängt in der Stube. Herr König spielt Mandoline. Er hat zwei Söhne, Rudi, der wahnsinnig wird und in eine Heilanstalt kommt, und Theo. Theo ist sehr hübsch, obwohl er schon erwachsen ist. Als Theo Geburtstag hat, sind wir bei Königs eingeladen. Meine Mutter tanzt. Ich finde ihr Verhalten unanständig und schäme mich für sie. Als sie aber mit Theo tanzt, werde ich rasend und werfe mich dazwischen. Ich klammere mich an die Beine des Paares und hindere sie am Tanzen. Der Geburtstag geht in meinem Gebrüll unter. Es muß entsetzlich gewesen sein. Meine Mutter hat für den Rest ihres Lebens nie mehr getanzt.

Bankert

Meine Mutter hat die Gewohnheit, mich anzureden mit: »drekkichter Bankert, du dreckichter!« Da wir mehr im Guten als im Bösen miteinander auskommen, ist diese Redensart häufig mit zärtlicher Betonung und mit einer Gabe verbunden: »Da hast du einen Apfel, du dreckichter Bankert, du dreckichter!« Viele Jahre später erfahre ich, daß ich tödlich beleidigt worden bin. Aber ich kann den Schimpf nicht mehr realisieren. Er bleibt mir als Kosewort im Ohr und in der Empfindung.

Taube Weiß

Taube Weiß war die Tochter des Vizepolizeipräsidenten von Berlin. Aber das hat unsere Freundschaft nicht getrübt. Denn die Erinnerung an sie reicht in eine Schicht hinunter, in der die Dinge keine politische Färbung mehr haben. Ihr gehörte das Café Weiß in der Oranienburger Straße. Dort trug ich das ›Berliner Tageblatt‹ aus. Wenn sie anwesend war, durfte ich ihr die Zeitung persönlich überreichen und bekam eine Tafel Schokolade und ein Negerpüppchen als Gegengabe. Es fuhren eine Menge Negerpüppchen bei uns zu Hause herum.

Frau Müller

Sie war Bardame im Café Weiß und sehr kinderlieb. Sie hatte die Wohnung über unserem Keller. Ihre Tür war nie verschlossen. Wir Kinder gingen ein und aus, wie wir wollten. Wir stellten alles auf den Kopf. Einmal bauten wir aus den Möbeln eine Pyramide bis fast unter die Decke. Günter Pallentin erstieg die Pyramide und versuchte von oben herunterpinkelnd Frau Müllers Nachttopf zu treffen. Durch den Krach, den wir veranstalteten, konnte meine Mutter genau feststellen, wann wir mit unserer Arbeit fertig waren. Dann lauerte sie mir auf. Es gab Senge, Dresche, Wimse, Haue und ich weiß nicht noch was alles für Strafen.

Ich konnte mich meiner Mutter nicht verständlich machen. Daß es mir schnuppe war, wenn Herrn Müllers Bett in der Mädchenkammer stand und mit wem Frau Müller das Ehebett teilte. Meine Mutter konnte nicht einsehen, daß ich keinen Schaden daran nahm, wenn ich auf den unterschiedlichen Müller-Matratzen genauso unbeschwert herumhüpfte wie in meinem heimatlichen Kinderbettchen. Es muß dann doch einen Kompromiß gegeben haben. Denn eines Tages nahmen mich Herr und Frau Müller in die Mitte und fuhren mit mir nach Rahnsdorf zum Baden. Ich war stolz darauf, nach Rahnsdorf fahren zu dürfen, wo noch nie ein Kind aus meiner Bekanntschaft gewesen war und Müllers waren gewiß auch stolz darauf, ein richtiges Kind vorzeigen zu können.

Interjektionen

Die Erwachsenen sind in der Ullstein-Filiale versammelt und warten auf die Zeitungsausgabe. Die Kinder spielen davor auf der Straße und warten, daß die Eltern mit den Zeitungen kommen.

Wir sind am Hackeschen Markt. Ich sitze auf den Steinstufen eines Hauseinganges und spiele nicht mit. Es gibt einen Roller und jedes Kind fährt eine Runde. Dann gibt es Streit. Der Besitzer fordert seinen Roller zurück. Es kommt zum Kampf. Der Junge mit dem Roller wird verwundet und zieht sich zurück. Wäre er rotzblasenheulend davongeschlichen, hätte ich ihn aus dem Gedächtnis verloren. Aber er kommt wieder. Mit der einen Hand hält er die Lenkstange des herrlichen, bunten, stählernen Rollers, die andere Hand hält er, zur Faust geballt, vor dem Kopf, wo man ihm die Beule geschlagen hat. Er schreit: »Au!« »Oh!« »Ih!« Er löst die geballte Faust vom Kopf und schüttelt sie gegen die Feinde, die einfach dastehen und ihn ansehen. Er kündigt in Wortfetzen an, daß er die Feinde verdreschen würde, wenn er könnte, dann ist der Schmerz zu groß, er drückt wieder die Faust an die Beule, jammert. Dann kommt wieder Faustgeschüttel und kriegerische Drohung. Günter Pallentin bedeutet mir nichts mehr. Dieser Junge mit dem Roller und der Beule, den ich nur einmal sah, wird der Held meiner schriftlosen Zeit und erst in der Kinderbuch-Epoche von Hektor, dem Trojaner, abgelöst.

Maskenball

Ich bin Clown, Elschen ist Konditor, Mutti ist Zigeunerin, Tante Petra Spreewälderin, Onkel Walter spielt auf der Bühne Akkordeon und Tante Mathilde ist einfach so, wie sie immer ist. Mein Großcousin Pirmin ist Cowboy und knallt mit der Peitsche. Er stellt der Familie die neue Braut vor. Alles scherzt: Erst sollte es eine lange Dünne sein, jetzt ist es eine kleine Dicke. Dann allgemeines Erstaunen: Die Dicke ist die Schwester von Frau Pallentin. Der Zufall hat es so gewollt.

Squaw

Günter Pallentin und ich sind nun verwandt und müssen auch heiraten. Frau Müller sitzt im Garten und vollzieht die Trauung. Sie teilt Günters Indianerschmuck in zwei Hälften und setzt jedem von uns eine Federkrone auf. Dann ziehn wir unter die Treppenstiege in unsere neue Wohnung.

Lilian

Im Nachbarhaus ist eine Plätterei. Dort plätten sie noch mit Bolzen. Ich stehe auf der Straße und sehe in die Kellerfenster hinab. Die Plätterinnen holen mit Zangen die Bolzen aus den Flammen heraus und stecken sie in die Eisen. In diesem Haus wohnt Lilian, meine Urfreundin. Ihre Eltern sind Artisten und reisen in der Welt umher und vollbringen große Taten. Herr Grimm zerreißt Telefonbücher und zerbricht Gummibälle, die ihm Frau Grimm auf offener Bühne überreicht. Lilian steht derweilen unter der Aufsicht von Frau Patis, der Hausmeisterin. Wir spielen im Garten des Nachbarhauses. Ab und zu erscheint Frau Patis und reicht jedem von uns einen Löffel Leinöl. Wir schlucken das Leinöl und erhalten zur Belohnung Erdbeeren.

Theater

Ein Zeitungskunde schenkt Mutti zwei Theaterkarten. Nun versucht sie die Karten loszuwerden. Aber keiner will sie haben. Zum Schluß gehen wir zu Königs hinauf. Herr und Frau König möchten auch lieber zu Hause bleiben. Mutti muß nun selbst gehen und damit die andere Karte nicht verfällt, nimmt sie mich mit. Das Stück spielt in einem Wald. Es gibt einen Mann mit einem Eselskopf. Ein anderer Mann hat einen Löwenkopf, den er abnimmt und sich verbeugt. Eine weißgekleidete junge Dame schlägt mit dem Kopf an eine Säule und sagt: »Ach, wär die Schuld doch mein!«

Leiter

In Frau Patis' Garten finde ich ein Stück einer Raseneinfassung. Wenn man es aufrecht hinstellt, ergibt es eine Leiter. Die Sprossen sind so klein, daß man mit den Schuhen kaum zwischen sie kommt. Trotzdem funktioniert sie. Ich stelle sie an einen Brunnenrand. Gerade will ich mein Werk einweihen, stößt mich Lilian beiseite und steigt nun selbst die Leiter empor. Ich empfinde einen grausamen Schmerz, der nicht wieder aufhört. Wenn ich allein bin, bilde ich mir ein, ich selbst sei Lilian. Dann hört der Schmerz auf.

O Tannebaum

Mein Einschlafritual wird immer komplizierter. Sobald man mich aufs Kissen legt, beginne ich mit dem Kopf heftig hin- und herzurütteln. Das habe ich der Überlieferung zufolge nie anders getrieben. Mit fortschreitender Bildung lerne ich Lieder singen. Ich beginne also mit lauter Stimme Weihnachtslieder zu singen. Damit ich besser singen kann, hört das Schütteln allmählich auf. Nun, als dritte Phase, stelle ich nach einiger Zeit das Singen ein, weil ich mich darauf konzentrieren muß, daß ich Lilian bin.

Zwitter

Lilian und ich fallen größeren Kindern in die Hände, die auf ihre Art mit uns spielen. Sie drehen mir die Arme auf den Rücken und pressen meine Ellenbogen aneinander. Ich lasse mir das gefallen. Sie tun es mit Lilian, und Lilian greint. Die Kinder meinen, sie soll sich an mir ein Beispiel nehmen. Sie pressen meine Ellenbogen erneut zusammen. Nun greine ich auch. Von mir angefeuert, beginnt Lilian zu schreien, je lauter sie schreit, desto lauter schreie ich, je lauter ich schrei, desto lauter schreit sie. Da taucht ein Kind von einer dritten Größe auf. Es ist noch größer als unsere Peiniger und behauptet mich zu kennen und will meiner Mutter alles erzählen. Die Bösewichter fliehen. Das Kind nimmt mich auf den Arm und trägt mich in die Werkstatt. Da sitzen Opa und der tapfere Held. Opa wiegt mich auf seinem Schoß. Es ist ganz dunkel geworden. Auf der Hobelbank steht eine Petroleumlampe. Mutti sagt was von einem Pullover, einem Zwitter (Sweater). Die Männer lachen sie aus, daß sie ein solches Wort gebraucht. Meiner Mutter ist die Sache furchtbar peinlich.

Weiß

Ich bin mit Lilian so identisch, daß es der wirklichen Lilian nicht mehr bedarf. Ich verliere sie aus den Augen. Die Traum-Lilian ist weiß in weiß. Ich fordere für mich ein weißes Kleid. Man verhöhnt mich: Du Drecksau! In den Sack wirst du gesteckt. Ich hebe mein Röckchen hoch, falte es zusammen und ziehe den Schlüpfer darüber. Die Erwachsenen geraten in große Aufregung. Nun höhne ich: Ich trage Hosen. Ich bin ein Junge. – Aber nicht doch! Aber nicht doch! Du bist kein Junge, du bist ein Mädchen! – Ich bin ein Zwitter! Es gibt kein weißes Kleid, sondern Prügel. Ich eskaliere. Sobald wir bei fremden Leuten zu

Besuch sind oder sich eine hochgestelltere Persönlichkeit nähert, ziehe ich mir den Schlüpfer über den Rock und bin ein Zwitter. Meine Forderung lautet nun: Weißes Kleid, weiße Schuhe, weiße Strümpfe. Mutti ist verzweifelt. Ich bekomme ein Paar weiße Wadenstrümpfe und eine riesige weiße Propellerschleife, die mir mit einer Spange ins Haar gesteckt wird. Ich gebe mich zufrieden.

Blut

Opa und ich haben ein besonderes Spiel. Wenn wir es spielen, ist das Familienleben für mindestens einen Tag unterbrochen. Es geht so. Opa: Oh, jetzt habe ich mich geschnitten. Ach, jetzt fließt Blut, Blut, Blut. Ich komme angerannt: Wo? Opa: Hier, an meinem Finger. Ich will den Finger sehen. Opa hält die Fäuste zusammen und zieht sie von mir weg. Ich springe hoch, den Finger zu erreichen. Er steht auf. Ich springe noch höher. Ich beginne schon zu kreischen und zu weinen. Zum Schluß hält er die Hände über den Kopf, wo ich sie nie erreichen kann. Ich heule und tobe und schmeiße alles kaputt. Opa und der tapfere Held wollen sich totlachen. Mutti schimpft. Sie muß die Scherben wegfegen. Ich werde ins Bett gesteckt, wo ich noch stundenlang aufschluchze. Das nennt man: Der Bock stößt sie.

Karussell

Meine Leute haben mich auf einem Rummelplatz abgestellt. Ich blicke unentwegt auf das Bild, das mir vor Augen steht. Eine riesige hölzerne Scheibe. Auf dem äußeren Rand der Scheibe sitzen Erwachsene mit dem Gesicht nach innen zum Mittelpunkt der Scheibe. Die Scheibe dreht sich im Kreis und auf und ab. Der eine Rand der Scheibe steht hoch, der andere neigt sich zur Erde. Inmitten der Sitzenden hopst ein Hampelmann herum. Eigentlich ist es ein Mensch. Er springt und schreit und schlägt Kabolz. Ich sehe, wie er mit Anstrengung die Steilseite der Scheibe erklimmt, sich gegen den Boden wirft und die Scheibe sich unter seinem Gesicht niedersenkt. Alsbald springt er auf und schmeißt sich gegen die aufsteigende Seite. Das große hölzerne Rad dreht sich und steigt auf und nieder. Der Hampelmann keucht und schreit und die Erwachsenen kreischen vor Lust.

Blechbüchsen

Wo auch immer, im Supermarkt oder im Kaufladen ich die sorgsam aufgestellte Pyramide von Blechbüchsen erblicke, befällt mich ein inniges Vergnügen, das ich nicht zu deuten weiß. Die Erinnerung, die dazu gehört, ist verlorengegangen.

Rätselbild

Es ist ein weißer Raum mit glatten Wänden ... Kacheln.
Es ist eine regelmäßige, feuchte Vertiefung ... Becken.
Es sind nackte Glieder ... Badeanstalt.
Irgend eine Gewalt zerhackt die wimmelnden nackten Glieder in Stücke und wirft sie in das Becken. Das Becken füllt sich mit Fleisch und Blut. Die Glieder sind nicht tot. Sie leben, pulsieren, sind warm und blutgetränkt. In diesem Raum weile ich und empfinde das tiefste Glücksgefühl, an das ich mich entsinnen kann.

Ende